JN098329

数学嫌いのための社会統計学 第3版

津島昌寛
山口　洋
田邊　浩
編

法律文化社

第３版の刊行にあたって

本書の第３版をお届けすることができることとなりました。ご好評いただいたこと、私たちも予想外のことで、喜びに堪えません。この改版が可能になったのは、ひとえにこれまで本書を授業のテキストとして採用してくださった先生方、本書を使って社会統計学を学んでくださった多くの皆さまのお陰にほかなりません。まずは、深く感謝申し上げます。

本書の初版刊行は2010年であり、2023年の第３版で12年が経過したこととなります。干支が一回りしたとなると、短いようで意外に長く、社会情勢にも変化が見られました。今回、新たな版とすることとなりましたが、統計学のテキストという性質上、取り上げるべきことが大きく変わったというわけではありません。また、初版刊行後に気づいた修正すべきことも、第２版で改訂を試みました。とはいえ、新たに修正が望ましいと思われるところがまったくなかったわけではありません。

社会統計学は、単に統計に関する知識を身につけるのみならず、社会調査により獲得されたデータを分析することができるようになって、初めて意味を持ちます。本書は、そうした分析の仕方、使い方を習得できるように、具体的事例として実際のデータを利用して、分析の手順を丁寧に説明していくことを心がけました。それがまた、統計学を深く理解することにつながるとも考えたからです。ただ、12年も経つと、そうした例やデータに、やや古臭さを感じることもあるかと思いました。よりリアリティを感じられることを重視して、可能なものに関しては、それらを新しいデータに置き換えることに努めました。

また、第２版と同様に、練習問題を増やすとともに、その一部も新しいものに入れ替えるようにしました。特に、ここでも《発展》として、実例を用いた問題の充実を図りました。こうした改訂の作業を支えてくださったのは、法律文化社の八木達也さんです。厚く御礼申し上げます。

社会の変化といえば、AI やビッグ・データの活用が喧(かまびす)しく唱えられており、データ・サイエンスを学ぶ学部や学科が次々と誕生しています。それだけではなく、どんな学部に所属しようと、データ・サイエンスを何らかの形で学ぶように、大学のカリキュラムも変えられつつあります。AI の発展などにより、これまで私たちが行なってきたことが AI に置き換えられ、私たちに求められる能力に大きな変化が訪れているようです。一言で述べるなら、「事務処理能力」から「問題解決能力」へと言えるでしょうか。問題解決のためには、現状の正確な把握と予測のために、的確なデータ分析が必要になることは言を俟(ま)ちません。そうすると、社会統計学は、そうした能力を向上させるためにも、よい訓練になることと思われます。

ところで、データ・サイエンスにおいては、無論、統計学が最も重要な位置を占めることに間違いありません。したがって、これから統計学を学ぶことはますます重要で、文系・理系を問わず、統計学の知識は必須のものになると言えるでしょう。とはいえ、「数学嫌い」が減ったとも思えません。よく知られていますように、日本人の数学の学力は決して低いわけではありません。むしろ、世界の多くの国々の中で、いまなおトップクラスにあります。そうではあっても、やはり数学が嫌いという人はかなり多くおり、数学への苦手意識から、統計学もなんとなく敬遠している人が多く見られるのが実情でしょう。さらには「統計学嫌い」を拗(こじ)らせてしまっているかもしれません。

ぜひとも、そうした人たちに本書が届くことを願っています。本書が数学嫌いを抱えつつも、統計学に近づく第１歩としてお役に立てるとするならば、そしてこれからの社会に適応できる能力を身につけてもらえるとするならば、著者たちにとって望外の喜びです。

2022年10月

編　者

【追記】

法律文化社のホームページに模範解答を掲載している（法律文化社トップ画面→教科書関連情報→教科書連動ページ『数学嫌いのための社会統計学〔第３版〕』https://www.hou-bun.com/01main/01_04_rendo_pdf_22.pdf）。また、ホームページではあわせて、本書中で説明しきれなかった内容を「プラスあるふぁ」として掲載している。ぜひ読んでもらいたい。

はじめに

〈数学嫌いのみなさんへ〉

「文系なのに、なぜ数学が必要なの」「記号や数式を見るとゾッとする」「何度やっても解けない……」など、数学が苦手な理由にはいろいろあると思います。統計学は文系学生が最も敬遠する授業のひとつといってもよいでしょう。

われわれ執筆者のひとりが担当した授業で、社会統計学について熱く語っていたところ、最後列の学生がギターを弾いていた、という「悲惨な事件」がありました。教員はそれに気づいて愕然（がくぜん）としました。学生への腹立たしさというより、自分の非力さを痛感したのです。学生はギターを弾くという行為によって、授業に魅力がないこと（何のために統計学を学んでいるのかわからない）を訴えていたのでしょう。「社会統計学は、ほんらいおもしろい学問のはずなのに、そのおもしろさを伝え切れていない！」教員は一念発起し、社会統計学のおもしろさを伝えるために、本書執筆にたずさわる決心をしました。われわれ執筆者は多かれ少なかれ同じような経験をし、共通の想いを抱いています。

本書は数学嫌いのみなさんにささげる社会統計学の教科書です。ここで要求される数学の予備的知識は中学卒業を想定しています。われわれは、つぎのふたつを本書のねらいとしました。ひとつは、**統計学の根本的な考え方やしくみを説明する**ことです。「根本的な考え方やしくみ」とは、「何のために使うのか、どのようにして使うのか」ということです。もうひとつは、**社会科学、とくに社会学における統計学の役割や意義を伝える**ことです。社会と統計学の「切っても切れない関係」（数字なしには、社会をじゅうぶんに把握することはできない！）を伝えたいと思います。ふたつのねらいを実現するために、本書はつぎのような特色を持っています。

◉ 本書の特色

・ **本章のねらい**で、これから学ぶところ（章）が、本書全体のなかでどの部分に位置して、ほかのところ（章）とどのように連関しているのかを、体系的に説明します。

・ **基礎概念**で、概念や分析の原理（根本的な考え方としくみ）、また、それにともなう数式を説明します。とくに数式の説明については、具体的な意味のある数字を使って、計算過程をくわしくのせています。

・ **応用研究**を設けました。そこでは、社会的事象（事実や現象）への実用例として、基礎概念の分析手法を用いた統計資料や研究を紹介します。ただし、統計学の概念や考え方の説明に徹している章（第**1**章、第**2**章、第**11**章、第**13**章）には、応用研究はありません。

・ 基礎概念で学んだ内容を確認するために、**練習問題**[1)]、**チェックポイント**を用意しています。

・ また、本書は社会調査士標準カリキュラムC・D[2)]に対応しています。

◉ 執筆者の想い

社会統計学の分析手法は社会を測る道具（ツール）であり、教科書はそのマニュアル（取扱説明書）です。マニュアルは読むだけでは役に立ちません。楽器（たとえばギター）のマニュアルを考えればわかると思います。実際に何度も失敗をくり返すことによって、最終的に使い方を修得することになります。ですから、数式がのっているところは、電卓を片手に、実際にくり返し計算することが大切です。それなくしては、マスターできないと思ってください。もちろん、統計ソフトを使えば、クリックひとつでコンピュータが分析結果を出してくれます。わかったような気がします。しかし、それはソフトの扱い方がわかっているだけで、かならずしも統計学（分析手法）を修得しているわけではありません。大切なのは、自分をごまかさず、何事にもきちんと向きあう姿勢です。これは（統計学をふくむ）調査において最も大切なことです。

また、統計学の学習を1冊の教科書でマスターするのは、容易ではありません。適宜、ほかの統計学の本にあたることが必要になってきます。本書の巻末にはリストを付けていますので、それらを参照してください。

最後に、以下の方々にお礼を申し上げます。法律文化社の掛川直之さんには、何度も寝食をともにしながら多くのご助言をいただき、また、しばしば滞る執筆作業をあたたかく見守ってくださいました。龍谷大学卒業生の中村重人くんには、先生と学生のキュートな挿絵を創作していただきました。同じく古田紀子さんには、ていねいに校正をしていただきました。そして、これまで執筆者が担当してきた統計学の（とくに数学嫌いな）学生のみなさんからは、いろいろと教わりました。彼らの存在なしには本書はあり得ない、といっても過言ではありません。ありがとうございました。

2010年 4 月

編　者

[注]

1）練習問題の模範解答についてはつぎのホームページを参照のこと（法律文化社 http://www.hou-bun.co.jp/01main/ISBN978-4-589-03279-9/index.html）。ホームページではあわせて、本書中で説明しきれなかった内容を「プラスあるふぁ」として掲載している。ぜひ読んでもらいたい。

2）社会調査士についてはつぎのホームページを参照のこと（一般社団法人 社会調査協会 http://jasr.or.jp/）。

目　次

第３版の刊行にあたって
はじめに

ウォーミングアップ

第 1 章　社会を数字で捉える ―――― 002

♣ 社会調査法と社会統計学

① 本章のねらい ---- 002
② 基本概念 ---- 003
社会調査とは／統計学とは／母集団と標本／本書の構成
③ 練習問題 ---- 013

第 2 章　可能性で考える ―――― 016

♣ 確率と確率分布

① 本章のねらい ---- 016
② 基本概念 ---- 016
確率・変数・確率変数／確率分布
③ 練習問題 ---- 028

第Ⅰ部　記述統計

第 3 章　ばらばらのデータを図表にまとめる ―――― 032

♣ 度数分布

① 本章のねらい ---- 032

② 基本概念 ---- 032
度数分布／度数分布表／度数分布表作成の手順／ヒストグラム／累積度数分布
③ 応用研究 ---- 043
雇用形態の変化と若者の地位
④ 練習問題 ---- 044

第4章 分布の特性を数字でつかむ —— 047
♣ 代表値と散らばり
① 本章のねらい ---- 047
② 基本概念 ---- 047
分布の代表値／分布の散らばり
③ 応用研究 ---- 053
初婚年齢にかんする統計を事例に
④ 練習問題 ---- 055

第5章 ふたつの離散変数を同時に扱う —— 058
♣ クロス表
① 本章のねらい ---- 058
② 基本概念 ---- 059
クロス表とは／クロス表の作成／クロス表の読みとり方
③ 応用研究 ---- 067
性・年齢に応じた自殺対策
④ 練習問題 ---- 069

第6章 関連の強さをどう測る？ —— 072
♣ 属性相関
① 本章のねらい ---- 072
② 基本概念 ---- 072
属性相関とは／2×2表における連関係数／k×ℓ表における連関係数／相関関係と因果関係

③ 応用研究 ---------- 081
宗教と中絶にたいする態度(1)
④ 練習問題 ---------- 082

第7章 連続変数同士の関連を分析する（その1）—— 085
♣ 散布図と相関係数
① 本章のねらい ---------- 085
② 基本概念 ---------- 085
散布図／関連の方向性・強さと相関係数／相関係数の計算／相関係数の「目安」
③ 応用研究 ---------- 094
女子労働力率と合計特殊出生率は関連するのか？
④ 練習問題 ---------- 095

第8章 連続変数同士の関連を分析する（その2）—— 098
♣ 回帰分析
① 本章のねらい ---------- 098
② 基本概念 ---------- 099
回帰分析・回帰直線・回帰式／回帰式の求め方・回帰直線の引き方／決定係数
③ 応用研究 ---------- 106
「子」のつく名前の割合と入試難易度
④ 練習問題 ---------- 107

第9章 みえない関係を探る —— 110
♣ 多重クロス表と偏相関係数
① 本章のねらい ---------- 110
② 基本概念 ---------- 111
エラボレーション／偏相関係数
③ 応用研究 ---------- 120
宗教と中絶にたいする態度(2)
④ 練習問題 ---------- 121

第Ⅱ部　推定統計

第10章　全体のなかでの位置を把握する ―――― 126

♣ 正規分布

① 本章のねらい ---------- 126

② 基本概念 ---------- 127

母集団と標本の特性値／正規分布／正規分布から標準正規分布へ／標準正規分布表とその使い方

③ 応用研究 ---------- 136

受刑者の IQ を事例に

④ 練習問題 ---------- 137

第11章　一部から全体を推し量る（その１） ―――― 140

♣ 標本平均と中心極限定理

① 本章のねらい ---------- 140

② 基本概念 ---------- 141

標本平均の分布／中心極限定理

③ 練習問題 ---------- 149

第12章　一部から全体を推し量る（その２） ―――― 151

♣ 母集団の推定

① 本章のねらい ---------- 151

② 基本概念 ---------- 152

中心極限定理と母平均の推定／母平均 μ の区間推定／母集団の比率の区間推定

③ 応用研究 ---------- 160

ひきこもり大学生の人数

④ 練習問題 ---------- 162

第 **13** 章　偶然と必然を見分ける ―― 164
♣ 仮説検定
① 本章のねらい ---- 164
② 基本概念 ---- 164
仮説検定の考え方／仮説検定の手順／仮説検定の誤りについて
③ 練習問題 ---- 173

第 **14** 章　集団間で違いがあるか ―― 175
♣ 集団間の差の検定
① 本章のねらい ---- 175
② 基本概念 ---- 175
２種類の集団間の差の検定／差の検定方法／差の検定の考え方と検定統計量の仕組み
③ 応用研究 ---- 183
リサイクルにみる態度と行動の矛盾
④ 練習問題 ---- 185

第 **15** 章　関連の真偽を判断する ―― 188
♣ χ^2検定と相関係数の検定
① 本章のねらい ---- 188
② 基本概念 ---- 189
χ^2検定／相関係数の検定
③ 応用研究 ---- 198
血液型と性格
④ 練習問題 ---- 200

参考文献一覧
巻末資料
事項索引

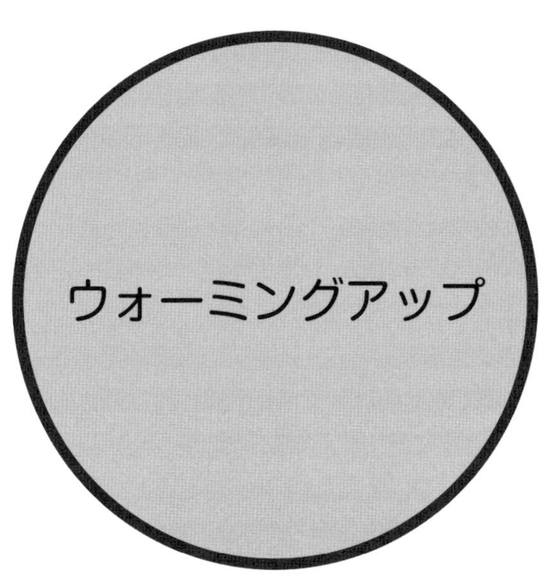
ウォーミングアップ

社会を数字で捉える

♣ 社会調査法と社会統計学

① 本章のねらい

本章では、社会統計学の本格的な学習に入る前に、ウォーミングアップとして、以下の３点を学んでいく。

１点目は、社会調査のイロハ、つまり、社会調査の基本的な事項および視点をおさえることである。社会調査は何のためにおこなうのか。また、どのような種類があるのか。２点目は、社会統計学を学ぶ意義を知ることである。なぜ社会統計学が必要なのか。なぜ数字なのか。社会統計学は量的調査を実施するうえで必要な道具であることを理解する。そして、母集団と標本についても学ぶ。３点目は、本書全体の見取り図を概観することである。見取り図は、今後みなさんが、社会事象を数字に置き換えて読むための指針になる。扱うデータによって、整理・分析する仕方も異なる。そういった点に注意してほしい。

社会調査、量的調査、質的調査、統計学、母集団、標本、全数調査、標本調査、推定、標本抽出、有意抽出法、無作為抽出法、誤差、記述統計、推定統計、仮説、変数、離散変数、連続変数、順序づけ可能な離散変数、順序づけ不可能な離散変数

② 基本概念

2－1　社会調査とは

◉ 調査の説明と意義

社会調査（social research）とは、人びとの意識や行動、社会（個人・集団・文化）に関連する事象の実態を捉えるための調査である。それは、人が人に興味関心あることをたずね、その質問に人が答え、その結果を人が集計･分析する。社会調査は人と人とのコミュニケーションでもある。

では、なぜ社会調査が必要なのか。

たとえば、農業社会においては、穀物の収穫予定量、そのために必要な耕地面積、種子の量などを調べることは、生きていくうえで最も基本的な営みのひとつであった。近世になって、数字による表現が進展し、数字による認識が可能となった。社会を数や量で調べることは、国力を調べることであり、それがわかってはじめて政策が立案されることにつながる。人びとの数はどれほどか。その人たちはどういう人たちか。（さらに時代が進めば）人びとは、どのような考えを持っていて、どのような行動をとるのかなど。それらを知らなければ適切な政策を立てることはできない。

現在、国の人口や世帯の実態を明らかにする代表的な社会調査として『国勢調査』がある。国の人口を調べることは国の勢い（国勢）を知ることと直結している。正確な人口統計なしに政策の立案はできない。また、諸外国や過去の結果と比較すれば、世界のなかでのその国の位置づけや歴史的変遷を確認することも可能である。アメリカでは選挙定数の算出のために国勢調査が始まったことを鑑みると、国勢調査は民主主義の基礎であるともいえよう。

日本における国勢調査は、1920年からほぼ５年ごとに実施されており、世帯員の氏名や性別のほか、配偶関係や就業状態などを問うている（**図表１-１**）。ちなみに、**図表１-１**の赤ちゃんは国勢調査のマスコット「センサスくん」と「みらいちゃん」である。センサスくんの名前の由来は、英語の Population Census（人口調査）からきている。みらいちゃんは、2015（平成27）年にオンラインによる回答を促進するためのキャラクターとして誕生した。

ここでは、2020（令和２）年の国勢調査の結果を2015（平成27）年の結果と比較しながら、年齢構成の変化に注目してみよう。日本の総人口は１億2614万６千人（世界11位）で、前回調査（2015年）から94万９千人ほど減り、２回連続で少なくなった。年齢別でみると、65歳以上人口は3602万７千人（総人口の28.6%）で、256万１千人増加している。逆に、15歳未満人口は1503万２千人（総人口の11.9%）で、85万４千人減少している。前回同様、総人口に占める65歳以上人口の割合は世界で最も高く、15歳未満人口の割合は世界で最も低い。これが「少子高齢化」である。

また、近年「多文化共生」という言葉もしばしば耳にするようになった。国勢調査の結果はそれを証明する。総人口のうち日本人人口は１億2339万９千人（総人口の97.8%）、外国人人口は274万７千人である。2015年と比べると、日本人人口は178万３千人減少する一方、外国人人口は83万５千人増加している。総人口に占める外国人の割合は2015年の1.4%から2.2%に上昇している。総務省統計局によると、今後、人口減少に伴う人手不足が懸念される日本にとって、外国人の動向にはさらに注目が集まると指摘されている。

以上、農業社会から現在の「少子高齢化」「多文化共生」社会まで、時間軸でたどりながら社会調査の必要性をみてきた。私たちは、社会をはかり（数え上げ）、経験知などを絡めながら、社会を記述していく。「社会的存在」である私

図表１-１　センサスくん・みらいちゃんと国勢調査票

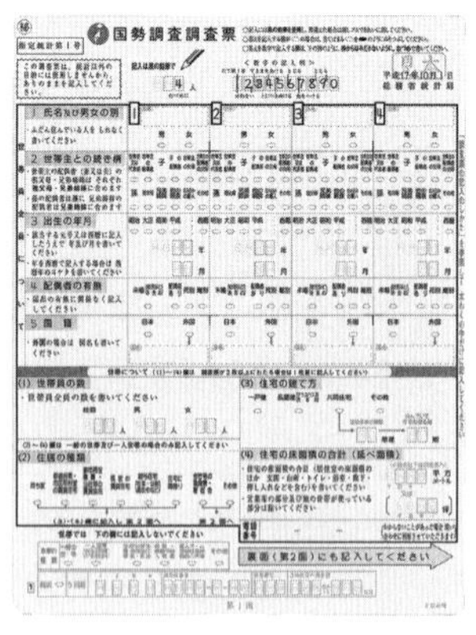
国勢調査調査票

1 氏名及び男女の別

2 世帯主との続き柄

3 出生の年月

4 配偶者の有無

5 国籍

(1) 世帯員の数

(2) 住居の種類

(3) 住宅の建て方

(4) 住宅の床面積の合計（延べ面積）

裏面（第２面）にも記入してください

（総務省統計局 提供）

たちが社会で生きていくためには、自分以外の他者（社会）を知る必要がある。社会を知ることは、現実問題の解決に寄与するだけでなく、将来的に予想されるリスクを事前に回避する視点を養うことをも意味するのである。

◉ 量的調査と質的調査

では、国勢調査以外に社会を調べる方法としてどのようなものがあるだろうか。社会調査には**量的調査**（quantitative research）と**質的調査**（qualitative research）というふたつの方法がある。

量的調査と質的調査

・量的調査：多くの対象者から回答を得て、人びとの意識や実態を数字に置き換えて分析する調査のこと。
・質的調査：ひとりの人の語りにじっくりと耳を傾けたり、集団や組織に参与して人びとの会話や行動を読みながら、それらを文字として記述していく調査のこと。

量的調査の手法としては、訪問面接（聞き取り）による調査票調査、電話やインターネット[1)]、郵送や留め置きを使った調査票調査、官公庁や民間の既存統計資料の分析などがあげられる。これにたいして、質的調査の手法としては、事例調査、インタヴュー調査、参与観察、ライフヒストリー、ドキュメント分析などがあげられる。量的調査と質的調査の違いは、収集されたデータが数字なのか文字なのかによるところが大きい。

国や地方公共団体における業務上の記録や統計調査の結果は、『白書』と呼ばれる報告書にまとめられる。いじめやフリーター問題であれば『青少年白書』、少年非行や犯罪については『警察白書』や『犯罪白書』、日常の暮らしや労働者をとりまく環境や社会保障・健康については『厚生労働白書』、女性の社会進出や子育て支援についてなら『男女共同参画白書』といった具合に。白書を読めば、ある社会事象が、主に数字（○○歳、△△人、□□%）を用いて説明されているので、私たち一般国民にも理解しやすい。社会動向が数字で示されることによって、私たちはそれを具体的かつ客観的に捉えることができる。

しかし、数字だけではわからないこともある。罪を犯した人たちや子育てに四苦八苦しているママたちの一人ひとりの声というのがその例だ。彼らの声を汲みとり、一人ひとりの苦しみや悲しみ、喜びや感動を浮き彫りにする方法として質的調査がある。質的調査のデータ（資料）は、数字ではなく、主に文字による記述である。社会には、数字だけで示せない事象がたくさんあることを忘れてはならない。数値化された情報だけを重視し頼ることは、ときに大きな間違いを引き起こすことになる。

量的調査と質的調査との違いは、「鳥の目（マクロ）」と「虫の目（ミクロ）」といった対比とも捉えられる。どちらが優れていてどちらが劣っているという訳ではなく、鳥の目で「広く」社会を知るには量的調査、虫の目で「深く」社会を知るには質的調査というふうに、社会を知るためには両方の目が必要である。

図表１－２　量的調査と質的調査

	量的調査	質的調査
データ	数　字	文字・ことば、画像・映像
具体例	調査票調査、官公庁統計など	インタヴュー、参与観察、ドキュメント分析など
特　徴	広く浅く（大規模）	深く狭く（小規模）

2－2　統計学とは

◉ 統計はどのように使われているのか

ここでは「鳥の目」になって、日本の子どもたちの問題に目を向けてみたい。ひきこもり、あるいはフリーターやニートが社会問題として浮上して久しい。その大本をたどれば、小中高校時代の不登校に端を発していると考えられる。「不登校」という言葉は、1998年度の『学校基本調査』から用いられるようになった比較的新しい言葉である。

1980年代、学校に行か（け）ない子どもは「登校拒否児」「学校嫌い」として、その生徒あるいはその家族に問題があるといわれていた。教員やカウンセラーは、生徒や家族に一生懸命話を聞いて、問題解決のために奔走した。ところが、学校基本調査の結果、あちこちで学校に行か（け）ない子どもがいることがわかってきた。登校拒否児が数万から十数万単位で存在することが判明し、一教員、一カウンセラーの力でどうにかなる問題でないことがわかった。こうして、1990年代後半からは「登校拒否」とはいわず「不登校」と呼ばれるようになった。

個人や家族だけに問題があるからではなく、学校制度や制度を生み出す社会に問題があるから不登校児が出現する。このように、登校拒否（不登校）は、「個人」の問題から「社会」の問題へと転換した。社会問題となれば、それを解決するための視点や施策も一転せざるを得ない。当然、現行の制度や社会のあり方を問い直す視点が必要になってくる。スクールカウンセラーやスクールソーシャルワーカーの導入、フリースクールの設立はその一例である。

◉ 量的調査・統計学の意義

そうはいうものの、「数字で人間や社会の何がわかるんだ！」「数字で人間の心や意識の深さが測れるのか？」と批判する人もいるだろう。そういった声に、数字は何を教えてくれるのだろうか。ここでは、数字の重要性、つまり**統計学**（statistics）の意義について考えてみる。

では、再び鳥になって、現代日本社会を空から眺めてみよう。どんな数字がみえるだろうか。「自殺者数なお２万人超え（2021年）」「最低の合計特殊出生率は1.26（2005年）」「満40歳から満64歳までのひきこもり推計数は61.3万人（2019年）」「雇用者の約４割は非正規雇用（2021年）」などがあなたの目に飛び込んでくるだろう。これらはいわゆる「社会問題」といわれる事象である。これらの社会問題を解決しようとするならば、その背後にある社会経済構造（雇用形態や医療・福祉制度、育児サービス、家族形態の変化など）に目を向け、対策を講じなければならない。そのためには、たとえば、男性と女性による違い、年齢による違い、学歴や収入による違いによって、人数を数え上げ、社会事象を整理していく必要がある。そうすることによって、あるカテゴリーに特別な傾向やある一定の法則がみえてきたりする。こうして、調査で得たデータ（数字）から、統計学という道具を使って、社会を読み解いていくのである。

社会動向を数字で明らかにすることは、社会に起因する問題を根本的に見直すこと（政策提言や法律の立案・改正など）でもある。さらに、現状から将来を見通し、あらかじめ問題に対処できるよう防御策を考えることにもつながるということを意識してほしい。

2－3　母集団と標本

◉ 全数調査と標本調査

「鳥の目で社会全体を見渡す」といえども、みえるものには限界がある。全体を見渡すことはできるのか、できないのか。できるとするならば、どのようにすれば全体が見渡せるのか。それが**母集団**（population）と**標本**（sample）の関係である。

・母 集 団・

ある特性を共有する人やモノ、事象など、調査対象となる集合全体のこと。

先の国勢調査や学校基本調査など、母集団すべてを対象とする調査を**全数調査**（complete survey）という。しかし、実際に全数調査をおこなうことは金銭的にもマンパワー的にも困難である。たとえば、ある時点における日本国民の意識を調査するにしても、人口は出生や死亡等で常に変動しているし、全員をつかまえるには膨大な労働コストがかかる。調査期間が長期におよべば、同一人物であっても調査開始時から意見や属性（年齢や職業、結婚の有無など）が変化してしまうかもしれない。こうした問題点を回避するために標本を用いる。

・標　　本・

分析のために母集団からとり出した部分のこと。

全体（母集団）から部分（標本）をとって、部分における一定の法則らしきものを見出し、それを全体にあてはめて考える。こうといった手法をとる**標本調査**（sample survey）をおこなうことが多い。

標本調査の例としては視聴率調査があげられる。視聴率調査は、テレビ番組やCMがどのくらいの世帯や人びとにみられているかを明らかにする調査である。調査は、全世帯（母集団）ではなく、ある一定数の世帯と個人（標本）の協力によって実施されている。標本を選ぶ際には、地域性や属性（性・年齢・職業）などに充分配慮がなされている。

このように、標本における一定の法則を母集団にあてはめて推し量ることを**推定**（inference）という（**図表１－３**）。標本を調査すれば母集団を推定することが可能なのである（第**12**章を参照）。

図表１－３　標本調査

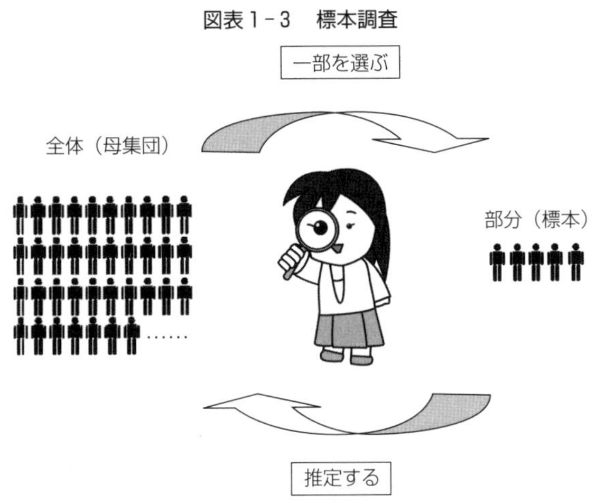

◉ 標本抽出

標本の選び方（**標本抽出** sampling）には２種類ある。ひとつは調査する側で恣意的に選ぶ**有意抽出法**（purposive sampling）、もうひとつはくじ引きに似た方法で、系統的に選ぶ**無作為抽出法**（random sampling）である。くじ引きといわれるとびっくりするかもしれないが、調査でより望ましいのは後者の無作為抽出法である。一般的にランダムサンプリングと呼ばれる。ランダムサンプリングについては、サイコロやおみくじを思い浮かべてもらえば話ははやい。サイコロをふるときの１から６までの目の出方、おみくじを引くときの番号の出方は、すべて同じ確率になっている。

ここで味噌汁を思い浮かべてほしい。味見をするとき味噌汁全部を飲む人はいない。少しだけスプーンにすくって味見をするが、すくうときに全体をよくかき混ぜる。鍋のどこをすくっても同じ味にするためだ。ランダムサンプリングは味見の際の「よくかき混ぜる」という行為に類似している。調査者に都合のよい標本だけを勝手に選んではならない。ランダムサンプリングで選ばれた標本（味見としてスプーンにすくった味噌汁）は、母集団（味噌汁全部）の性質を忠実に表すものでなければならない。

しかし、どれほど正確にランダムサンプリングをしようとも、標本が母集団を忠実に反映しているとは限らない。標本と母集団との間にはつねにズレ（味見と本当の味との違い）があることを想定せねばならない。だが、標本をとる際などに統計学を使うことで、このズレ（誤差 error）を確率的にあらかじめ想定の範囲に抑えることがそれなりに[2]可能である。

2－4　本書の構成

◉ 記述統計と推定統計

この標本と母集団という考え方は、統計学において欠かすことのできない概念であり、本書においても非常に重視している。第Ⅰ部記述統計と第Ⅱ部推定統計の前提となっている。

記述統計と推定統計

・記述統計（descriptive statistics）：主に標本から得られた結果を記述する統計手法（整理して、読みとる）のこと。
・推定統計（inferential statistics）：標本調査をして母集団を推定する統計手法（推測して、検証する）のこと。

具体的にいうと、記述統計とは観測されたばらばらのデータを整理して、その特徴を説明するための方法であり、推定統計とは観測されたデータからまだ観測されていないデータ全体を推測するための方法である。とくに、推定統計には、仮説検定という独特の考え方が登場する。仮説検定とは、**仮説**（hypothesis、ここでは「よくできたお話」と考えてほしい）が正しいか否かを計算して、統計学的にその真偽を問うことである。

◉ 変数の種類

本書は、記述統計と推定統計という２部構成になっているほか、もうひとつ重要な概念である**変数**（variable）にも着目して構成している。さいごに、変数について、少し細かい話をしておく。

変数とは、人やモノやコトによって異なる特性のことである。とくに社会学では、変数とは「人や集団によって異なる能力や性質」だと思っておけば、理解しやすい。

変　数

人や集団によって異なる能力や性質のこと。

たとえば、友人を思い浮かべながら考えてみてほしい。A さんは女性で身長が165cm、B さんは男性で身長が170cm、C さんは男性で身長154cm だったとする。友人の身長は３人でそれぞれ異なる。身長は、人によって異なる値であるから、変数である。性別（男／女）も友人によって異なる。したがって性別も変数である。[3)]

変数は**離散変数**（discrete variable）と**連続変数**（continuous variable）とに大きく分けられる。離散変数とは、人や集団を調べたときに、それらが持つ特性の量や質にしたがい、カテゴリーとして分類できる変数のことである。具体的には、性別、人種、出身国などが離散変数にあたる。他方、連続変数とは、連続した値、つまり、切れ目なく、いくらでも正確な値をとることが理論的に可能な変数のことである。具体的には、失業率、投票率、犯罪率などが連続変数にあたる。また、年齢や勤続年数のように、もともとは連続変数であっても、カテゴリー化することによって、離散変数（正確にはつぎに説明する順序づけ可能な離散変数）に変換することができる。数字だけに目を奪われないよう、コンテクスト（文脈）から判断することも必要である。

さらに、離散変数は、**順序づけ可能な離散変数**（orderable discrete variable）と**順序づけ不可能な離散変数**（non-orderable discrete variable）とに分けられる。順序づけ可能な離散変数は、大学の成績評価（優、良、可、不可、もしくは、A、B、C、D、F）や授業の満足度（大変満足、満足、ふつう、不満、大変不満）など、カテゴリー間に順番をつけることができる変数のことである。順序づけ不可能な離散変数は、性別、国籍、居住地域、人種、出身県など、一般的にいって、カテゴリー間に順番をつけることができない変数のことである。[4)]

• 変数の種類 •

変　数
- 離散変数
  - 順序づけ可能な離散変数
  - 順序づけ不可能な離散変数
- 連続変数

統計学では、連続変数、順序づけ可能な離散変数、順序づけ不可能な離散変数によって、それぞれ分析の仕方が違う[5)]。いま私たちが扱っているのはどの種類の変数なのかを知ったうえで、記述や計算をする必要がある。とくに、ふたつの変数を同時に扱う場合、それが離散変数同士なのか、連続変数同士なのかによって、分析の仕方はもちろんのこと、図表の書き方も異なるため、充分注意してもらいたい。

以上、記述統計と推定統計、変数による分析手法の違い、といった点に着目して、本書の構成を表示しておく（**図表1-4**）。

本章と第**2**章はウォーミングアップの章、以降は2部構成となっている。第Ⅰ部「記述統計」は第**3**章から第**9**章まで、第Ⅱ部「推定統計」は第**10**章から第**15**章までである。とくに、第**3**章以降、いま自分が何を対象に（標本か母集団か）、どのような変数を（離散変数か連続変数か）、いくつ扱っているのか（1変数か2変数か）、わからなくなってしまう可能性がある。そうなってしまったら、この表へ戻って、自分の立ち位置を確認してほしい。

図表1-4　本書の構成

<table>
<tr><th></th><th colspan="2">テーマ</th><th>標本／母集団</th><th>離散変数／連続変数</th><th>1変数／2変数</th></tr>
<tr><td rowspan="2">ウォーミングアップ</td><td>第1章</td><td>社会調査法と社会統計学</td><td colspan="3" rowspan="2">全体にかかわる説明</td></tr>
<tr><td>第2章</td><td>確率と確率分布</td></tr>
<tr><td rowspan="7">記述統計</td><td>第3章</td><td>度数分布</td><td rowspan="7">標　　本</td><td>離散変数と連続変数</td><td rowspan="2">1変数</td></tr>
<tr><td>第4章</td><td>代表値と散らばり</td><td>連続変数</td></tr>
<tr><td>第5章</td><td>クロス表</td><td rowspan="2">離散変数</td><td rowspan="5">2変数</td></tr>
<tr><td>第6章</td><td>属性相関</td></tr>
<tr><td>第7章</td><td>散布図と相関係数</td><td rowspan="2">連続変数</td></tr>
<tr><td>第8章</td><td>回帰分析</td></tr>
<tr><td>第9章</td><td>多重クロス表と偏相関係数</td><td>離散変数と連続変数</td></tr>
<tr><td rowspan="6">推定統計</td><td>第10章</td><td>正規分布</td><td rowspan="6">標本と母集団</td><td rowspan="3">連続変数</td><td rowspan="4">1変数</td></tr>
<tr><td>第11章</td><td>標本平均と中心極限定理</td></tr>
<tr><td>第12章</td><td>母集団の推定</td></tr>
<tr><td>第13章</td><td>仮説検定</td><td>離散変数と連続変数</td></tr>
<tr><td>第14章</td><td>集団間の差の検定</td><td>連続変数</td><td rowspan="2">2変数</td></tr>
<tr><td>第15章</td><td>χ^2 検定と相関係数の検定</td><td>離散変数と連続変数</td></tr>
</table>

3　練習問題

※模範解答を法律文化社 HP に掲載(詳しくは、本書 ii 頁)。

①《基礎》日本の国勢調査について、ｉ～ｖの空欄にあてはまる数字を、文献や資料、ホームページなどで調べて埋めよ。

（　ｉ　）年に実施された第1回国勢調査は、統計関係者はもちろん、国民も「文明国の仲間入り」を合言葉に、たいへんな意気込みで本調査に臨んだそうである。具体的には、各地で名士による講演会が開かれ、新聞では華々しい報道がなされ、旗行列や花電車、さらにチンドン屋までが広報に活躍した。また、調査の日時である（　ii　）月（　iii　）日午前（　iv　）時の前後には、各地でサイレンや大砲が鳴り、お寺やお宮では鐘、太鼓を鳴らし、鳴り物入りの「国を挙げての一大行事」となった。以降、国勢調査は、（　ｖ　）年ごとに実施され、国内に住むすべての人を対象とする国の基本的な統計調査となっている。

②《基礎》標本および標本調査にかんする文章(i)~(v)を読んで、下線部が正しいか間違っているかを答えよ。

(i)　標本を調査する側で恣意的に選ぶことを有意抽出法という。

(ii) 国勢調査は標本調査である。
(iii) 無作為抽出法では、母集団の一人が標本として選ばれる確率は均一である。
(iv) 標本調査から母集団の特徴を推定する統計は記述統計と呼ばれる。
(v) 標本と母集団との間には、性や年齢など属性の割合について一寸の違いもない。

③《基礎》(i)～(iv)の変数は、連続変数、順序づけ可能な離散変数、順序づけ不可能な離散変数のいずれにあたるか、答えよ。
(i) 近畿地方：大阪・京都・兵庫・奈良・和歌山・滋賀
(ii) 韓国の男性歌手グループのBMI：22.46（A）、19.66（B）、19.88（C）、20.83（D）、20.74（E）、19.48（F）、19.44（G）
(iii) 大学生活の充実度：たいへん充実している・充実している・ふつう・あまり充実していない・充実していない
(iv) 一日のスマホ使用時間：0～15分未満・15分以上30分未満・30分以上1時間未満・1時間以上2時間未満・2時間以上
(v) 大学生が希望する業種：営業企画／営業部門・総務／経理／人事などの管理部門・商品企画／開発／設計部門・研究／開発部門・その他
(vi) 外国人人口に占める国籍別の割合（2020年）：27.8%（中国）、15.6%（韓国・朝鮮）、13.4%（ベトナム）、9.6%（フィリピン）、7.5%（ブラジル）

④《トレーニング》近年、大学生の薬物問題がニュース等で大きくとりあげられている。「覚醒剤事犯の場合、再犯率が50%前後」。警察当局や取り締り側は、この「50%」という数字を根拠にして、「覚醒剤事犯は再犯率が高い」と喧伝（けんでん）する。あなたは、この「50%」という「数字」をどう読むか、自由に論ぜよ。

⑤《発展》国勢調査をはじめとした社会調査の必要性と実施上の課題（とくに「プライバシー意識」と「回収率」にふれながら）について述べよ。

チェックポイント

□社会調査はなぜ必要なのか、理解できたか？
□社会統計学の意義を理解できたか？
□母集団と標本の関係を確認できたか？

［注］
1）インターネットを使った調査では、つぎの2点を念頭に入れておく必要がある。まず、インターネットへのアクセスを持っていない人は調査そのものから排除されてい

る（この点は、かつての電話調査にもいえることである）。つぎに、インターネットは「匿名性」が保持される空間である。回答に責任がともなわないことから、回答者が「いいかげん」に答えたり、同一人物が複数回にわたって回答するといった可能性が考えられる。このように、データの信頼性といった新たな課題が付随してくる。また、近年、個人情報保護法にたいする過剰反応により、社会調査（とくに調査票調査）は協力を得にくく、回収率も悪化の一途をたどっている。社会調査とは人と人とのコミュニケーションであるからこそ、プライバシーや信頼の問題ともかかわってくるのである。

2）「それなりに」とまわりくどい表現をするのは、回収率の低下によって発生しているかもしれない偏りや実査時のメイキング（調査員自らが結果を加工すること）、データを電子化する際のコンピュータへの誤入力によるズレなどの問題もあり、完璧な対処をすることが難しいことが念頭にあるからである。

3）その一方で、人によって異ならない値は定数という。定数とは、人やモノやコトによって異ならない値である。たとえば、あなたが女子大学の学生であれば、学友は全員女性である。学内で調査をしてデータをとったとしても、性別は人によって異ならないから、この場合、性別は変数ではなく定数である。

4）歴史上、性別や人種のカテゴリー間に順番をつけていたことがあったため、不当な差別や偏見が生み出され、いまなおそれらが残っている事実も押さえておきたい。

5）社会統計学の教科書の多くは、名義尺度・順序尺度・間隔尺度・比率尺度という4つの測定水準を用いている。しかし、ボーンシュテットとノーキ［Bohnstedt and Knoke 1988＝1990］は「社会的データの解析に使う統計手法を適切に選択する際には細かすぎる」と判断し、離散変数と連続変数のふたつの選択基準を採用している。本書もこの立場にたつ。

第2章 可能性で考える

♣ 確率と確率分布

① 本章のねらい

本章では社会統計学の基礎部分といえる確率と確率分布の内容を学ぶ。確率は、量的調査の一連の過程のなかで、部分（標本）において見出された傾向が全体（母集団）にあてはまりそうかどうかを考えるときに便利な道具となる。確率という考え方を用いると、社会的な事象において、あたらずとも遠からず、大きくはずすことなく対象を捉えたり、予測できたりする。確率はそうした便利な道具である。この道具を用いることによって、少しだけ「バラ色の人生」に近づくことができる（かもしれない）のだ。これを知っておかない手はない。

ここでは、まず、確率という道具について説明する。つぎに、確率と変数を組み合わせた確率変数について学ぶ。そして最後に、離散分布と連続分布という2種類の確率分布についての考え方と分布図の読み方について解説する。

確率、関数、確率変数、分布、確率分布、離散分布、連続分布、確率密度、確率密度曲線、確率密度関数、期待値

② 基本概念

経験として、つぎのようなことを考えたことはないだろうか。好意を寄せている相手にたいして告白しようと考えている。友人の事例や自分の過去の経験

から、遊園地に一緒に行った帰りに告白したら成功したことがあった。そこでは、何回目に告白するのかが、成功するかどうかの鍵を握っている。ある人の周囲の14例では、はじめて遊園地に一緒に行った帰りに告白した２人はいずれもフラれてしまった（成功例は２人のうち０人）。２回目の帰りに告白して成功したのが４人のうち２人。３回目の帰りに告白して成功したのが４人のうち３人。４回目の帰りに告白したら成功例が減って４人のうち１人だった。もちろん、現実には諸々の要因をさらに検討するだろう。ここは単純化した例だと了解してほしい。

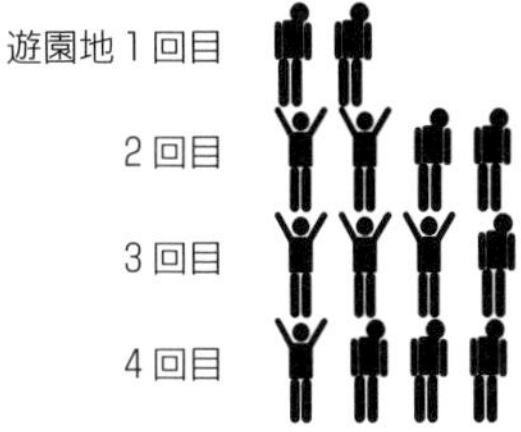

告白を考えている人は当然、成功したいと思うだろう。そうして、それぞれの回で告白した人数のうち成功した人数の割合の高さから、何回目に告白するかを決断するのではないだろうか。この成功の割合が後述する確率の１つの姿である。また、「遊園地に行った帰りに告白すると成功する」可能性は各回で異なる。この可能性の分布状況、つまり、１回目だと２人中０人、２回目だと４人中２人、３回目だと４人中３人、４回目だと４人中１人という成功の可能性の散らばり方が、やはり後述する確率分布といわれるものに該当する。

以上はやや強引で粗い身近な事例であるが、こうした事例にかかわらず、社会的な事象の多くは確率によって、その存在や生起を捉えることができる。

2－1　確率・変数・確率変数

◉ 確率

まずは確率（probability）から説明しよう。

確　率

ある現象のすべての起りうる状態にたいして、特定の状態が起るとみなせる割合のこと。

ただ、これだけだと抽象的すぎてわかりにくいと感じるかもしれない。10円玉や100円玉、500円玉といったコインを使ったコイン投げの例を使って考えてみよう。

コイン投げ。表か裏か。場合は２通り

コインには表と裏がある。コインを投げて動きが止まると、原則として表か裏がみえる状態になる（ここではコインの側面の部分で立つという状態を無視する）。コイン投げをして起りうる状態は、表と裏の２通りである。このとき、とりあえず表に特定して注目してみると、表が出る確率は、すべての起りうる状態である２通りのうちの１通りだから、その割合は $\frac{1}{2}$（＝0.5）である。

確率は生じうる全体にたいする特定のことが生じる部分の割合に注目している。確率では生じうる全体を１として扱う。したがって、部分の割合を数値で示すと、０～１の範囲内のいずれかの値となる。確率を％（パーセント）で表記する場合もある。パーセントは、０～１の範囲内の値を100倍にした値である。だから、０～１の範囲ではなくて、０～100の範囲になる。$\frac{1}{2}$＝0.5ならば0.5×100＝50で、50％である。

図表２－１　コイン投げで表と裏の出る確率

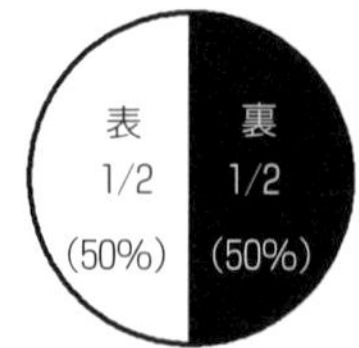

＊　全体は１（＝$\frac{1}{2}+\frac{1}{2}$）、％で表記すれば100％（=50%+50%）

◉ 確率の表記と性質

確率の英語はprobabilityである。そのため、統計学では確率の数学的な表記に頭文字であるPを使って、つぎのように表記する場合が多い。

P（対象となる状態）＝○○

○○の部分には「対象となる状態」の確率（数値）が入る。コイン投げの例では、表（おもて）の確率が$\frac{1}{2}$だったから、

$$P（表）=\frac{1}{2}$$

と表記される。$\frac{1}{2}=0.5$であるから、P（表）＝0.5としてもよい。0.5という表記でわかりにくければ、0.5に100を掛けた％で考えるとピンとくるかもしれない。％で表記すると0.5は50％と同じである。

表か裏か一方ではなく、すべての状態は表と裏をあわせた場合だから、

$$P（すべての状態）= P（表+裏）=\frac{1}{2}+\frac{1}{2}=1$$

となる。％でいえば100％だ。くり返しになるが、確率ではこのように特定の状態をすべて加えた状態、すなわち、すべての状態のときの確率は100％である。％表記でなければ１である。

図表２-２　サイコロの目が出る確率

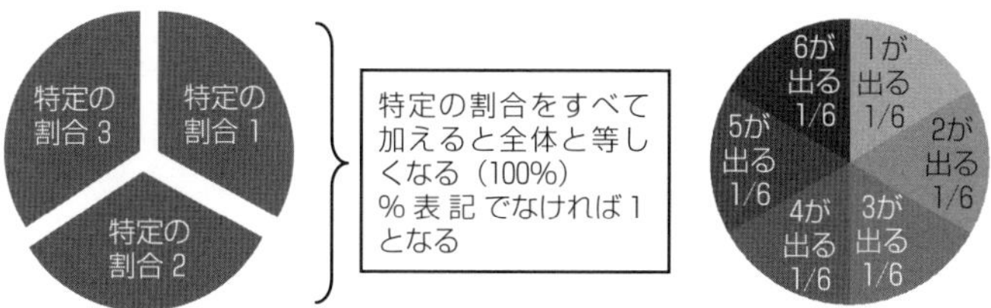

つぎに、サイコロの場合でみてみよう。サイコロを１回振って、１が出る確率は

$$P（1が出る）=\frac{1}{6}=0.1666666\cdots\cdots \fallingdotseq 0.17$$

となる（≒の記号は「約、およそ」を意味し、a≒bは「aはbとほとんど等しい」とい

う意味である)。以下、同様に確率の表記とその値を示す。

・P(2から4のいずれかが出る)= P(2が出る + 3が出る + 4が出る)

$$= \frac{1}{6} + \frac{1}{6} + \frac{1}{6} = \frac{3}{6} = \frac{1}{2} = 0.50$$

・P(偶数が出る)= P(2が出る + 4が出る + 6が出る)

$$= \frac{1}{6} + \frac{1}{6} + \frac{1}{6} = \frac{3}{6} = \frac{1}{2} = 0.50$$

・P(1から6のいずれかが出る)= P(1が出る + 2が出る + 3が出る +……+ 6が出る)

$$= \frac{1}{6} + \frac{1}{6} + \frac{1}{6} + \frac{1}{6} + \frac{1}{6} + \frac{1}{6} = \frac{6}{6} = 1.00$$

となる。

コイン投げの例に戻って考えてみよう。ここで、表裏について、表を1、裏を0と数字で表現すれば、

$$P(1) = 0.5$$
$$P(0) = 0.5$$

となる。P( )のカッコ内は1か0かどちらかの値になるのだが、具体的な数値を入れるかわりにどちらの数値にもなりうる状態を示したい。その場合、カッコ内を空欄にしておかずに、「未知数」を意味するXという文字を埋めておくことにする。Xには1または0の値が入る。コインの例を表記し直すとつぎのように表記される。

$$P(X) = \begin{cases} 0.5 \ (X = 1 \ \text{表}) \\ 0.5 \ (X = 0 \ \text{裏}) \end{cases}$$

このとき、Xは第**1**章でみた変数に該当する。変数は文字どおり変わる数のことである。コインではXが1または0に変わるため、変数といえる。

ちなみに、Xが発生する確率P(X)は**関数**(function)のひとつである。関数とは、ある値にたいして別の値を定める規則、入力する値にたいして出力する値を定めた規則のことである。P(X)は、Xが起る確率を示している。コイン

であれば表を示す1にたいして、0.5という値が定められている。それを表記すると、P（1）＝0.5となる。

確率の性質について述べてきたことをまとめよう。

● 確率の性質 ●

・確率は0～1の値をとる。
・起りうるすべての状態の確率を加えると1になる。

◉ 確率変数

では、「確率」と「変数」が組みあわさった確率変数とは何だろう。コイン投げの場合、起りうる状態は表か裏かだった。このとき、この起りうる状態が変数である。さらに、表か裏か、すなわち、1か0かは、確率によって、その生じる可能性が規定されている。1回のコイン投げで、1となる確率は2分の1（＝0.5）、0となる確率は2分の1（＝0.5）である。

図表2－3　確率変数の例

変数の値	1	0
変数の値の意味	表	裏
確　　率	0.5	0.5

このように変数の値のあらわれ方が、確率によって規定されている変数を、**確率変数**（random variable）という。

● 確率変数 ●

変数の値のあらわれ方が確率によって規定されている変数のこと。

サイコロであれば、1～6の目の出る確率はそれぞれ$\frac{1}{6}$である。サイコロの目の出方も確率変数である。

では、私たちが生活している社会に目を向けてみるとどうなるだろう。2020（令和2）年の国勢調査によれば、日本人は1億2614万6千人ほどだという。そのうち男性の割合が48.6％、女性の割合が51.4％である。だいたい半々くらいだ。だから日本人全員に番号を振って、くじ引きの原理で任意のひとりを選んだら、選ばれた人が男性である確率はだいたい50％、女性である確率もだいたい50％である。年齢については15歳未満人口が総人口の11.9％、15～64歳人口が59.5％、65歳以上人口が28.6％であるから、選ばれる人は、11.9％の確率で15歳未満、59.5％の確率で15～64歳、28.6％の確率で65歳以上である。人によって性別や年齢が異なり、任意の人を選んだときの性別、年齢などの出方は確率によって規定されている。だから、社会的な事象と捉えられる性別や年齢も確率変数として扱うことができる。また、こうした基本的な属性以外に、原発の設置・利用にたいする賛否や理想とする子どもの数といった人びとの意識も確率変数として捉えることができる。そして、それらもやはり、さまざまな割合で**分布**（distribution）している。分布とは、ある事象が、大小さまざまな大きさで、どのように出現しているかということをさす。このような状態を「分布している」と表現する。

2－2　確率分布

◉ 確率分布

コイン投げの確率と確率変数を図示したのが**図表2－4**である。

図表2－4　コイン投げの確率分布

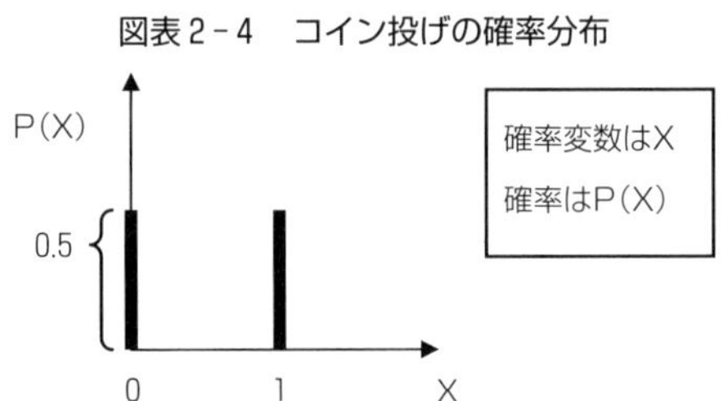

Xの値にたいする確率の配分状況を**確率分布**（probability distribution）という。**図表2－4**では、横軸が確率変数を、縦軸が各値の発生する確率P（X）を示している。

• 確率分布 •

変数の各値にたいする確率の配分状況のこと。

◉ 離散分布と連続分布

コイン投げやサイコロの確率分布の図をみてわかることは、確率変数Ｘの値が０、１または１、２、３、４、５、６などと、値が離れて存在していることである。このように確率変数の値が、離ればなれで存在しており、各値の間にさらに小さな尺度を設定することができないときの分布を**離散分布**（離散型の分布、discrete distribution）という。６面のサイコロを１回振ったときに、出た目が3.11234だったということはない。その値は確率変数として存在しない。

図表２－５　サイコロの確率分布

その一方で、確率変数Ｘの尺度をいくらでも小さくすることができる場合、そういった分布を**連続分布**（連続型の分布、continuous distribution）という。たとえば身長や体重がそれに該当する。身長は170cm、171cm、172cm、……、と一見すると離散変数のようにみえるかもしれない。しかし、その測定尺度を0.1cm単位にして、170.1cm、170.2cmにもできるし、0.01cm単位にして、170.01cm、170.02cm。そしてさらに0.001cm単位にして、170.001cm、170.002cmというようにすることもできる。離散分布と違って、連続分布には確率変数の値が理論上存在しないという箇所がないのだ。

図表２－６　連続変数の例（身長）

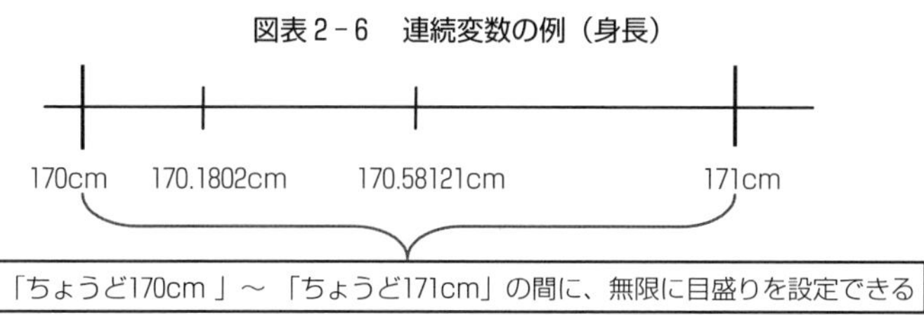

◉ 確率分布の捉え方

離散分布の場合の確率は、**図表２－４**や**図表２－５**のように変数の各値における棒の高さで捉えることができる。しかし、連続分布の場合、ある1点における棒の高さを、それぞれの値の確率として利用することが難しい。なぜかというと、それは変数が連続することから生じる特性のためである。

離散分布であるサイコロの例との比較で説明しよう。サイコロを1回振った場合、1、2、3、4、5、6の値が、それぞれ$\frac{1}{6}$の確率で出る。

・サイコロの場合

$$ある値の出る確率 = 1 \div 6 = \frac{1}{6} = 0.1666666\cdots\cdots \fallingdotseq 0.17$$

ところが、連続分布の場合、サイコロの目に対応する確率変数の値が、切れ目なく無限大になるほど多数存在してしまうから、サイコロの場合と同様にして確率を計算しようとすると、

・連続分布の場合

$$ある値の出る確率 = 1 \div \infty \ （インフィニティ、無限大のこと）$$
$$= \frac{1}{\infty} = 0.000000\cdots\cdots \fallingdotseq 0$$

となる。分母が限りなく大きくなるので、その確率はほとんど0となってしまい、離散分布と同じ方法で考えて、縦軸を確率にして棒線で表現しようとしても、まったく棒線がないような意味をなさない図になってしまう（**図表2-7**）。

図表2-7　連続変数の確率分布

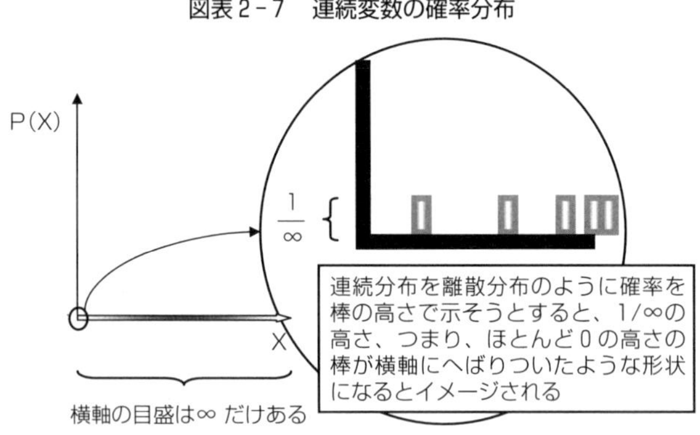

＊棒の高さがほぼ0のため、棒がないのとほぼ同じ図になる

そこで、値が連続している変数Xについては、横軸を区間に区切って考えて、その区間内での事象の発生しやすさに注目する。身長を例にとって考えて

みよう。身長は平均（第**4**章を参照）に近い人が比較的多く存在し、低くなるにつれて、あるいは高くなるにつれて、次第に人数が減ってくる。

図表2－8は数直線上に、測定した男性の身長をでプロットした仮想的な図である。平均は170cmである。

図表2－8　個人の身長を直線上にでプロットしたイメージ

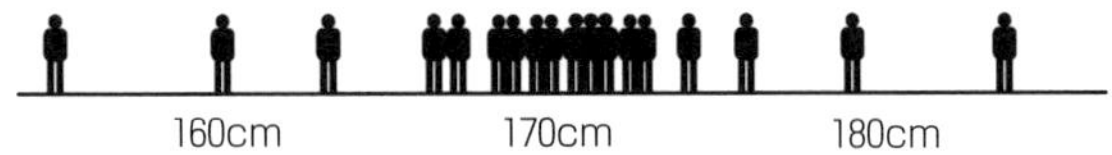

確率変数の値は数直線上に無限に存在する。したがって、点で捉えるのをやめて、一定の区間で考える（**図表2－9**）。

図表2－9　区間で考えるイメージ

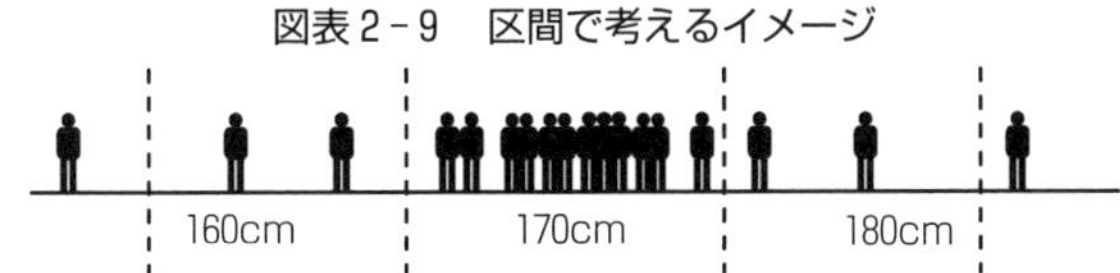

そうすると、平均である170cm付近の区間は多くの人がいて混雑しており、平均から離れるにつれて区間内の混雑状況が減じてくる。いわば、一定の範囲での密度が高いか低いかという状況として捉えられる。密度は**図表2－10**のような色の濃淡のような状態であり、そこでは色が黒くなるほど密度が高いことを示している。

図表2－10　身長において予想される混雑状況を濃淡で示した場合

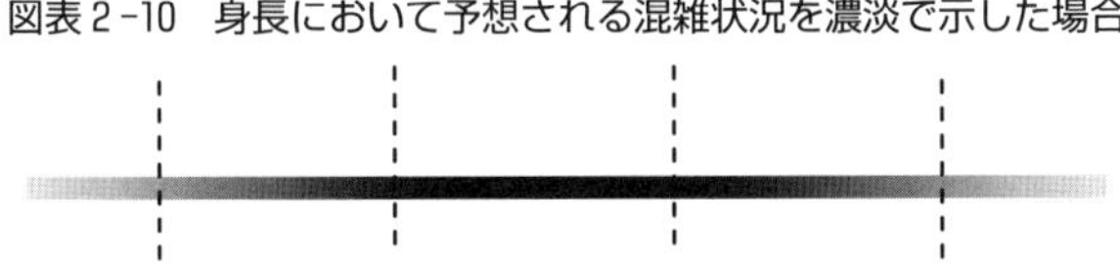

濃い部分は混雑しているから密度が高い。薄い部分は空いているから密度が低い。この密度の高低に着目して、密度の高低を縦軸にした図が**図表2－11**である。この密度は確率の密度なので**確率密度**（probability density）という。

図表 2 -11　縦軸は確率密度、横軸は確率変数の値

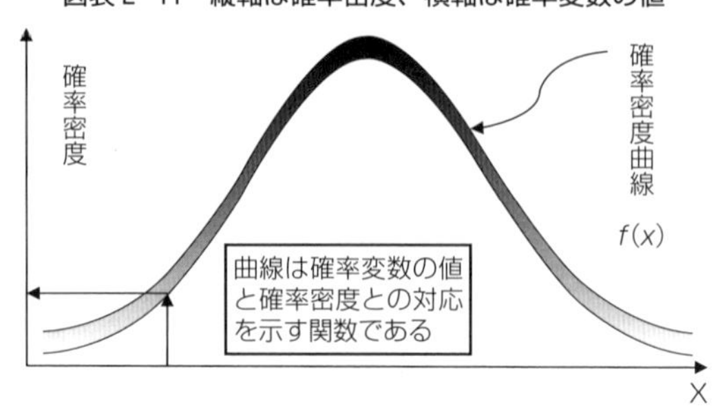

離散分布の図（**図表 2 - 4**、**図表 2 - 5**）の縦軸は確率、連続分布の図（**図表 2 -11**）の縦軸は確率密度である。連続分布の図は確率密度という考え方が特徴である。また**図表 2 -11**の山型の曲線は、**確率密度曲線**（probability density curve）という。

f（*X*）は、確率密度を示す関数であるので、**確率密度関数**（probability density function）という。確率密度関数は、関数であるから、何かと何かを結びつけているものである。*f*（*X*）の場合は、X 軸上の具体的な点 X と確率密度を結びつけている関数である。*f* は関数の英語である function の頭文字 f を用いている。**図表 2 -12**では、縦軸（縦方向）が確率密度、横軸が確率変数になる。では確率はどの部分で示されるのだろうか。

答えは面積の部分。横軸と確率密度曲線で挟まれた部分の面積が確率である。全体の確率は、横軸と確率密度曲線に挟まれた部分全部の面積であり、1 となる（%でいえば100%）。

図表 2 -12　連続分布のイメージ

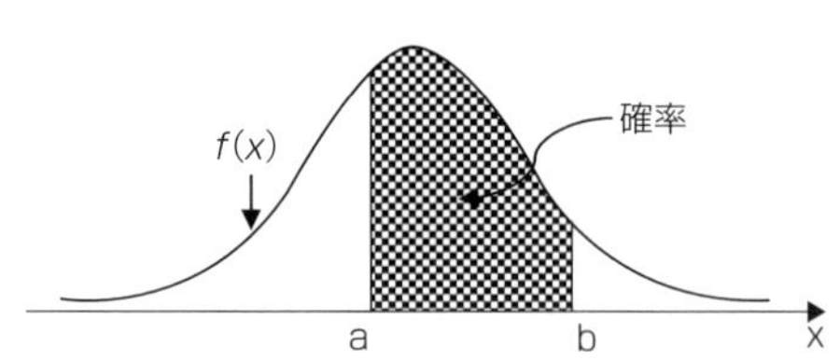

部分的な確率、たとえば、165cm 以上180cm 以下の確率だったら、全体の面積のうち、横軸が165～180cm の幅の面積が確率になる。**図表 2 -12**でいうと、165cm が a、180cm が b で、確率はブロック模様で示された部分の面積として

示される。

確率分布の確率の捉え方

・離散分布→棒の高さが確率
・連続分布→山型の内側の当該範囲の面積が確率

離散分布の確率の場合、確率変数Ｘがａという値をとるときの確率はＰ（a）と表記された。連続分布の確率においては、一定区間の両端をそれぞれａ、ｂとするならば、連続分布の確率はａからｂまでの幅の確率ということになる。記号で表記すれば、

Ｐ（ａ≦Ｘ≦ｂ）

となる。

注意が必要なのは、離散分布の場合、確率は棒の高さであったが、連続分布の場合は面積だという点である。よく間違うのは、連続分布の場合も離散分布の場合と同様に、確率は高さであると考えてしまう点である。**図表２-12**で山型の頂点から横軸に垂直に線を下ろし、その交点がＸ上の値ｃであったとき、ｃの確率Ｐ（ｃ）が最も高い確率であると考えるのは間違いである。あくまでも面積で考えるので、ｃという１点だけだと、ａ≦Ｘ≦ｂのａとｂの幅が狭くなり、a=bの状態になる。このときｃにおける曲線と横軸で囲まれた部分は、極細の形状となる。極細の形状では面積はほとんどなく、ほぼ０になる。面積がほとんど０になるというのは、確率がほとんど０になるということである。これは連続分布を離散分布の計算で捉えようとした状況を思い出せば、合点がいくのではないだろうか。

以上、コインやサイコロ、身長などの例を使って、確率と確率分布について説明してきた。こうした例ばかりでなく、社会的な事象の多くは確率を用いて捉えることができる。くわえて「こうしたケースについては、この分布にあてはめて考えると具合がいい」という分布がいくつか存在している。代表的な分布は正規分布といわれる連続分布である。正規分布については独立した章を設けてあるので、詳しくは第**10**章を読んでもらいたい。そのほか、離散分布には、二項分布、ポワソン分布などが、連続分布には、ｔ分布（第**12**章）、χ^2（カ

イ二乗）分布（第**15**章）などがある。

③ 練習問題

※模範解答を法律文化社HPに掲載(詳しくは、本書ii頁)。

①《基礎》(i)(ii)(iii)(iv)は文章化し、(v)(vi)(vii)は式の形にせよ。

(i) P（X＝4）＝0.24

(ii) P（試験の点数≦30点）＝0.017

(iii) P（a≦I≦b）＝0.67

(iv) P（1年≦在職期間＜3年）

(v) 在学年数が1年未満の確率は0.23である。

(vi) コインの「おもて」が出る確率がPのとき、「おもて」が出ない確率。

(vii) 仮説が間違いである確率は0.02である。

②《基礎》50枚のおみくじが入っている箱がある。50枚のうち大吉は10枚、中吉は20枚、小吉は20枚となっている。大吉を引けば幸福ポイントが3点、中吉を引けば2点、小吉を引けば1点が得られるものとする。

(i) 大吉、中吉、小吉を引く確率をそれぞれ求め、下の表に書き入れよ。

	小吉	中吉	大吉
幸福ポイント	1	2	3
確率			

(ii) 上の表に基づいて、幸福ポイントを確率変数とする確率分布のグラフを、本文の**図表2-5**の要領で描け。

(iii) 上の結果を使えば、このおみくじを1回引くことで平均何ポイントが得られるかが計算できる。計算式は「大吉を引く確率×大吉のポイント＋中吉を引く確率×中吉のポイント＋小吉を引く確率×小吉のポイント」である。実際に計算して答えを求めよ。(ちなみに、この式のように確率変数の各値とその確率を掛け、その結果をすべて足した値を**期待値**(expected value)と呼ぶ。これは確率変数の平均値を意味する。)

③《基礎》確率分布図の縦軸と横軸は、何を意味する直線か。離散変数と連続変数、それぞれの場合について答えよ。

④《発展》

(i)「表」と「裏」が等しく出るコインを2回続けて投げる。そのとき、「表」が出る回数に着目して、パターンの数をまとめようとしたのが下の表である。空欄を埋めて、表を完成させよ。

「表」の回数	１回目	２回目	パターンの数
０回	●「裏」	●「裏」	１通り
１回	○「表」	●「裏」	２通り
	●「裏」	○「表」	
２回			１通り

(ii)　コインを２回続けて投げて、１回目が「表」、２回目が「裏」となる確率は、P（表）×Ｐ（裏）＝１／２×１／２＝0.50×0.50＝0.25である。では、２回続けて投げて、「表」が１回だけ出る確率はいくらか。

(iii)　コインを２回続けて投げて、「表」が０回または１回または２回出る確率はいくらか。

(iv)　コインを２回続けて投げて、それぞれの「表」の回数Ｘがどのくらいの確率Ｐ（Ｘ）で出現するのかを表すグラフを作成せよ。その際、本章の**図表２－４**を参考にすること。

(v)　さらに、コインを投げる回数を増やしていくと、(iv)で作成したグラフの形状は、正規分布（第10章参照）と呼ばれる山型に近づくことが知られている。コインを投げる回数を３回、４回としたときのグラフを作成し、このことを実感してみよう。

⑤《発展》『学校基本調査』によれば、Ｋ県のある年度の高校卒業者数は16640人だった。進路をみると、四年制大学に進学した者は6248人、短期大学へ進学した者は666人である。Ｋ県の高校を卒業して１年目であるという者と４月中頃に出会えたとき、それが四年制大学の大学生である確率はどの程度だと考えられるか。またそれが四年制大学や短期大学の学生ではない確率はどの程度であると考えられるか。それぞれ答えよ。

チェックポイント

□社会統計学で確率の学習がなぜ必要なのかを理解できたか？

□確率と確率分布の違いを説明できたか？

□離散分布と連続分布の図の縦軸の意味の違いを説明できたか？

第Ⅰ部

記述統計

ばらばらのデータを図表にまとめる

♣ 度数分布

① 本章のねらい

本章から第Ⅰ部記述統計に入る。第Ⅰ部記述統計は、扱う変数が1変数か2変数かによって、大きくふたつに分けられる。まず、本章と次章では1変数のみを、第**5**章から第**9**章までは2変数を扱う。また、本章から応用研究が登場する（第**11**章・第**13**章を除く）。

本章では調査で集めたデータを整理する方法を学ぶ。それは、集めたデータのなかにどの数値がどの程度あるのか把握することから始まる。データを大量に収集しても、ばらばらのままではたんなる数字の山なので、それらを整理することから始めよう。さまざまな値で散らばっているデータを図表にまとめたものを度数分布という。まとめたデータは表＝度数分布表、図＝ヒストグラムという形で表される。分布については、次章の分布の特性によってさらに検討していく。度数分布表については第**5**章のクロス表で発展した形を学んでいく。

観測値、度数、度数分布、度数分布表、階級、階級値、絶対度数、相対度数、百分率、ヒストグラム（度数分布図）、度数分布多角形、累積度数分布、累積度数、累積相対度数、累積百分率、累積相対度数分布図

② 基本概念

財布に小銭がいくらあるか、総額を知りたい。あなたならどうするだろう。たいていの人は、小銭を全部取り出して、1円玉が7枚、5円玉が3枚、

……、500円玉が２枚というように、まず貨幣の種類ごとに積み上げて数える。そして、種類ごとの小計を出し、最後にそれらを全部足して、小銭の総額を算出するのではないだろうか。貨幣を種類ごとに積み上げていく作業の過程においては、それぞれの貨幣が何枚あるのか、といった合計金額以外の情報も提供してくれる。このように、個々のデータ（貨幣の１枚１枚）を種類別（値別）に数え上げることは、全体（財布のなかにあるたくさんの小銭）の内訳を明らかにして、全体の「見通しをよくする」作業といってよい。

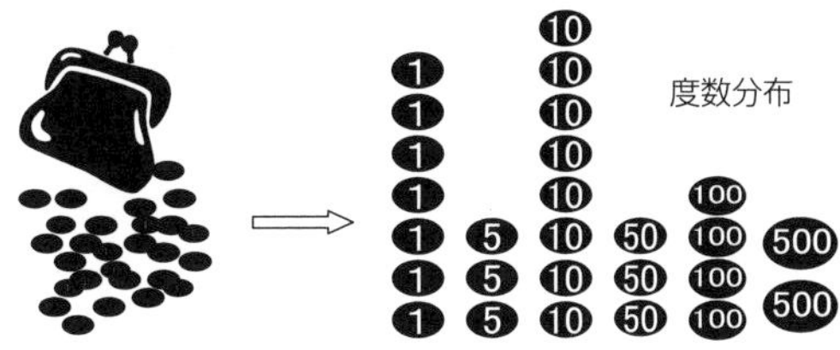

本節では、上の小銭の例と同じ作業、ばらばらのデータを種類ごとに数え上げて整理する、という作業過程について学ぶ。

2－1　度数分布

作業に入る前に、重要となる、観測値、度数、分布、度数分布、という概念を押さえておく。

観測値（observed value）とは、任意のデータが有する特性で、観察や測定をして得られる値のことである。先の例でいえば、10円や100円などの貨幣が有する金銭的価値をさす。

度数（frequency）とは、同じ観測値を持つデータがどれだけあるのか、その数を意味する。先の例では、種類ごとに数え上げた貨幣の枚数が度数にあたる。１円玉が７枚あれば７が度数である。

分布とは、第**2**章で学んだように、ある事象が、大小さまざまな大きさで、どのように出現しているかということをさす。先の例では、財布に異なる貨幣が異なる枚数入っていることである。ある貨幣は多くて、ある貨幣は少ないという状態が分布である。

度数分布（frequency distribution）とは、先の例でいうと、小銭を貨幣の種類ごとに積み上げて全体の様子をわかりやすくしたものである。

● 度数分布 ●

ある事象が、どのくらい存在しているか、または起っているか、事象の種類ごとの度数を数え上げて、それを一覧にした様子のこと。

これから学ぶ作業は、データを種類（値）ごとに数え上げ、度数として把握し、それを一覧できる状態、つまり度数分布にすることである。度数分布を作成するねらいは、分布全体の特徴をつかむことにある。

2－2　度数分布表

はじめに、最終的に完成させる**度数分布表**（frequency distribution table）を確認しておく。**図表3－1**は2019年の大学新卒者の初任給額（企業規模1000人以上[1]）の度数分布表である。度数分布表は階級（番号）、階級値、絶対度数、相対度数、百分率からなる表である。

図表3－1　2019年の大学新卒者の初任給額

階級番号	階級	階級値	絶対度数	相対度数	百分率
1	18万円以上19万円未満	18万円5千円	7300	0.077	7.7%
2	19万円以上20万円未満	19万円5千円	9970	0.105	10.5%
3	20万円以上21万円未満	20万円5千円	31680	0.333	33.3%
4	21万円以上22万円未満	21万円5千円	24950	0.262	26.2%
5	22万円以上23万円未満	22万円5千円	10630	0.112	11.2%
6	23万円以上24万円未満	23万円5千円	5370	0.056	5.6%
7	24万円以上25万円未満	24万円5千円	5260	0.055	5.5%
合計	―――	―――	95160	1.000	100.0%

（出典：厚生労働省『令和元年賃金構造基本統計調査』に修正をくわえて筆者作成）

階級（class）とは、全体をいくつか等間隔に区切った際にできる区間のことである。「18万円以上19万円未満」というように、以上・未満（以上・以下はその数を含むが未満は含まない）を用いてあらわされる。その階級に順に番号を振ったものが**階級番号**（class number）である。

階級値（class value）とは、各階級の中央の値をさす。たとえば、階級番号１：「18万円以上19万円未満」の場合は、18万５千円である。

絶対度数（frequency）とは、各階級に該当するデータの数のことである。通常、度数という場合、絶対度数をさす。

相対度数（relative frequency）とは、データの総数を１としたとき、その総数にたいする各階級の度数の割合（比率）のことである。たとえば**図表３-１**の階級番号１の相対度数0.077は、絶対度数の7300を合計の95160で割った値である（合計が１になるように、まるめ〔切り上げや切り捨て、通常は四捨五入〕をおこなう。まるめの作業によって、ある程度の歪みが生じるという点を忘れてはならない。この場合、小数第４位を四捨五入して小数第３位まで求めている）。

百分率（percentage）とは、相対度数を百分率に直したもの。つまり、データの総数を100としたとき、その総数にたいする各階級の度数の割合（比率）のことをさす。たとえば、階級番号１：「18万円以上19万円未満」の相対度数0.077は百分率に直すと7.7％となる。

２－３　度数分布表作成の手順

それでは実際に、ばらばらのデータから度数分布表を作成してみよう。ただし、データの観測値が離散変数か連続変数かによって、表作成の作業量は異なってくる（変数の種類については第**１**章を参照）。

◉ 離散変数の場合

データの観測値が、たとえば製造業、卸売業･小売業、金融業･保険業といった職業分類のように、順序づけ不可能な離散変数であれば、表の作成はとても簡単である。階級は各変数の種類（カテゴリー）となり、それぞれの変数の種類に該当する数を数え上げればよい。カテゴリー間には順序がないので、必ずしも階級番号を入れなくてもよい。あとは相対度数、百分率なども計算すればできあがり。**図表３-２**のとおりとなる。また、離散変数には順序づけ可能な離散変数もあるが、度数分布表の作り方は順序づけ不可能な離散変数と同じである。ただし、順序をつけることができるので階級番号は入れるようにしよう。

＊相対度数、百分率の求め方は、つぎの連続変数の度数分布表作成のなかで紹介する。

図表３－２　2019年の業種別新卒者の人数

	絶対度数	相対度数	百分率
製造業	51670	0.275	27.5%
情報通信業	12780	0.068	6.8%
運輸業、郵便業	12850	0.068	6.8%
卸売業、小売業	29090	0.155	15.5%
金融業、保険業	21550	0.115	11.5%
学術研究、専門・技術サービス業	9900	0.053	5.3%
医療、福祉	10340	0.055	5.5%
サービス業	12190	0.065	6.5%
その他	27730	0.147	14.7%
合計	188100	1.001	100.1%

＊相対度数を四捨五入で小数第３位まで求めたため、合計は１にならない。

（出典：厚生労働省『令和元年賃金構造基本統計調査』に修正をくわえて筆者作成）

◉ 連続変数の場合

しかし、初任給のようにデータの観測値が連続変数の場合は、階級をつくるところから始める必要がある。つまり連続変数を順序づけ可能な離散変数に変換するという作業が必要になってくる。この作業を含め、度数分布表の作成の仕方を以下、ステップごとにみていく。

企業規模1000人以上の大学新卒者20人の初任給にかんして、つぎのようなデータが集まったとする（このデータは令和元年『賃金構造基本統計調査』をもとに、ランダムに数字を発生させて作成した）。

【例３－１】　大学新卒者20人の初任給額（円）

209,000	221,000	185,000	195,000	208,000	207,000	206,000
217,000	200,000	223,000	239,000	201,000	217,000	215,000
211,000	202,000	248,000	197,000	181,000	213,000	

Step 1　階級をつくる（図表３－３を参照）

まず階級を決めなくてはならない。そのためには、階級の幅を設定する必要がある。階級の幅が決まれば、階級の数は自動的に決まる。階級の幅は、観測値のもとの分布をひどくゆがめないように、狭すぎず広すぎず、適切に設定する必要がある。分布の幅（レンジという。第 **4** 章を参照）や階級の数を考慮しながら、階級の幅を設定する。

【例３－１】の場合、分布の幅は最大値24万８千円から最小値18万１千円を引いた６万７千円である。階級の幅を１万円にして等間隔で区分すれば、７つの階級ができる。階級の数として妥当な数だろう。１万円という階級幅も感覚的にわかりやすい（仮に分布の幅を５千円にすると階級の数は14となり、やや多い。また階級幅を２万円にすると階級の数は４となり、少なすぎる）。したがって、階級はつぎのとおりとなる。これをもとに度数分布表を作成する。

18万円以上19万円未満
19万円以上20万円未満
20万円以上21万円未満
21万円以上22万円未満
22万円以上23万円未満
23万円以上24万円未満
24万円以上25万円未満

Step 2　階級値を求める（図表３－３を参照）

階級の中央の値を求める。

18万円以上19万円未満　$\frac{180000+190000}{2} = 185,000$

19万円以上20万円未満　$\frac{190000+200000}{2} = 195,000$

20万円以上21万円未満　$\frac{200000+210000}{2} = 205,000$

21万円以上22万円未満　$\frac{210000+220000}{2} = 215,000$

22万円以上23万円未満　$\frac{220000+230000}{2} = 225,000$

23万円以上24万円未満　$\frac{230000+240000}{2} = 235,000$

24万円以上25万円未満　$\frac{240000+250000}{2} = 245,000$

Step 3　**絶対度数を求める**（図表3－3を参照）

各階級に該当するデータの数を数え上げる。

18万円以上19万円未満	2
19万円以上20万円未満	2
20万円以上21万円未満	7
21万円以上22万円未満	5
22万円以上23万円未満	2
23万円以上24万円未満	1
24万円以上25万円未満	1

＊ばらばらのデータは、値の大きさ順に並べ替えて数え上げると、数え間違いが少なくなる

Step 4　**相対度数と百分率を求める**（図表3－3を参照）

相対度数を求めるには、各階級の絶対度数を全体の度数20で割ればよい。さらに、百分率はそれに100を掛けたものである。相対度数の合計は1、百分率の合計は100％となることに注意する。

	〈相対度数〉	〈百分率〉
18万円以上19万円未満	$\frac{2}{20}=0.10$	$0.10\times100=10\%$
19万円以上20万円未満	$\frac{2}{20}=0.10$	$0.10\times100=10\%$
20万円以上21万円未満	$\frac{7}{20}=0.35$	$0.35\times100=35\%$
21万円以上22万円未満	$\frac{5}{20}=0.25$	$0.25\times100=25\%$
22万円以上23万円未満	$\frac{2}{20}=0.10$	$0.10\times100=10\%$
23万円以上24万円未満	$\frac{1}{20}=0.05$	$0.05\times100=5\%$
24万円以上25万円未満	$\frac{1}{20}=0.05$	$0.05\times100=5\%$

Step 5　**表中に数値を書き込む**

ステップ4までに求めた値をそれぞれ表中のセル（第**5**章を参照）へ記入すると、度数分布表の完成となる（図表3－3を参照）。

図表３－３　大学新卒者20人の初任給額（度数分布表）

	step 1	step 2	step 3	step 4	
階級番号	階級	階級値	絶対度数	相対度数	百分率
1	18万以上19万円未満	18万５千円	2	0.10	10%
2	19万以上20万円未満	19万５千円	2	0.10	10%
3	20万以上21万円未満	20万５千円	7	0.35	35%
4	21万以上22万円未満	21万５千円	5	0.25	25%
5	22万以上23万円未満	22万５千円	2	0.10	10%
6	23万以上24万円未満	23万５千円	1	0.05	5%
7	24万以上25万円未満	24万５千円	1	0.05	5%
合計	---	---	20	1.00	100%

２－４　ヒストグラム

度数分布表は、データをまとめ、表にして提示する方法であった。さらに、図を使えば、一目で直感的に理解することができる。度数分布表をグラフにしたものに、**ヒストグラム（度数分布図）**と**度数分布多角形**がある。

◉ ヒストグラム

ヒストグラム（histogram）は、度数分布表中の、順序づけられた階級（カテゴリー、項目）を横軸に、階級の絶対度数を縦軸にとって描いたグラフである。**図表３－４**は、先の大学新卒者20人の初任給額の度数分布表（**図表３－３**）をヒストグラムにしたものである。

図表３－４　大学新卒者20人の初任給額（ヒストグラム）

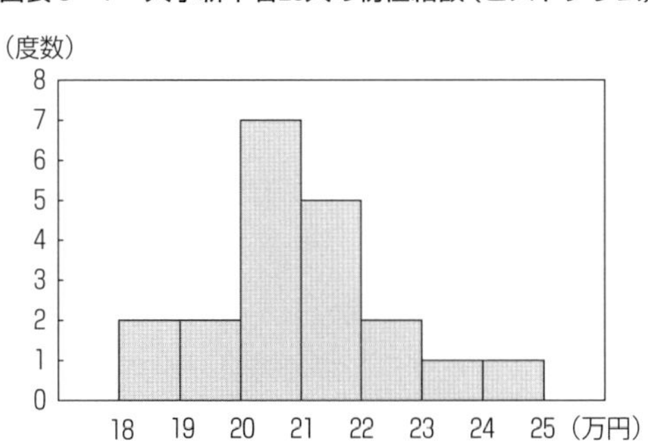

ヒストグラムの利点は、それぞれの柱状の面積が階級の量（度数・比率）を表すように描かれていて、全体の分布の、連続した形状を視覚的に把握できることにある。そのため、ヒストグラムには各階級の間に隙間はない。

よく似たグラフに棒グラフがある。棒グラフには棒（カテゴリー、項目）の間に隙間がある。棒グラフは棒の高さによって度数を比べるグラフであり、棒の面積は量とは関係ない。棒グラフとヒストグラムのどちらを使うのかは分析するデータのカテゴリーによって異なってくる。通常、データのカテゴリー間に順序がない場合（順序づけ不可能な離散変数）は棒グラフ、データのカテゴリー間に順序がある場合（順序づけ可能な離散変数）には、ヒストグラムを使う。

図表3-4を一目みるだけで、大学新卒者の初任給は、20万円以上21万円未満が多く、多数は21万円以上の階級に分布していることなどがわかる。また、20万円未満も少数ながら存在していることも読みとれる。

◉ 度数分布多角形

ヒストグラムにおける柱の階級値の頂点を結んで、分布の様子を折れ線グラフで表示したものが**度数分布多角形**（frequency polygon）である。先のヒストグラムの柱の頂点を結ぶと**図表3-5**（右図）のような度数分布多角形になる。

図表3-5　大学新卒者20人の初任給額（度数分布多角形—右図）

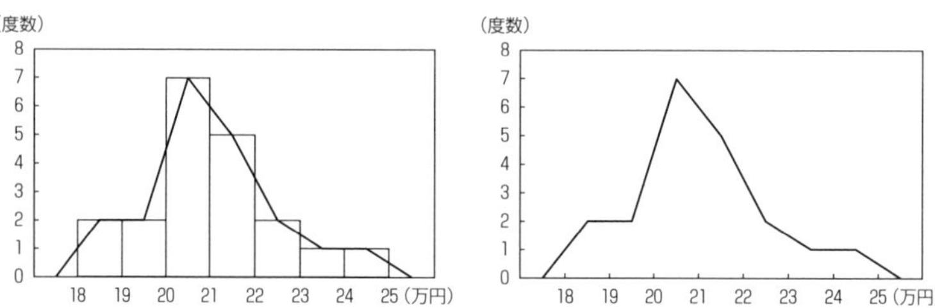

ヒストグラムと比べると、全体の分布がどのような形になっているか、よりはっきりとみてとることができる。

ヒストグラムや度数分布多角形の縦軸を、絶対度数の代わりに、相対度数、百分率を用いる場合もある。ただし、縦軸の単位が変わるのみで、分布の形状は変わらない。

2－5　累積度数分布（cumulative frequency distribution）――――――・

累積度数（cumulative frequency）とは、最小の値（階級）の度数からその値（階級）の度数までをすべて加算した数のことである。そこには、その値（階級）の度数が含まれていることに注意する。同様に、**累積相対度数**（cumulative relative frequency）はその値（階級）以下のすべての相対度数を加算した数である。

それでは、先ほど利用した20人のデータを用いて、まず**累積度数分布表**（cumulative frequency table）を作ってみる。そのあと、累積度数分布表を図式化した**累積相対度数分布図**（cumulative relative frequency chart）を紹介する。

◉ 累積度数分布表

累積度数、累積相対度数、**累積百分率**はつぎのように求める。

	〈累積度数〉	〈累積相対度数〉	〈累積百分率〉
18万円以上19万円未満	2	0.10	10%
19万円以上20万円未満	2＋2＝4	0.10＋0.10＝0.20	10%＋10%＝20%
20万円以上21万円未満	4＋7＝11	0.20＋0.35＝0.55	20%＋35%＝55%
21万円以上22万円未満	11＋5＝16	0.55＋0.25＝0.80	55%＋25%＝80%
22万円以上23万円未満	16＋2＝18	0.80＋0.10＝0.90	80%＋10%＝90%
23万円以上24万円未満	18＋1＝19	0.90＋0.05＝0.95	90%＋5%＝95%
24万円以上25万円未満	19＋1＝20	0.95＋0.05＝1.00	95%＋5%＝100%

求めた値をそれぞれ表中のセルへ記入すると、累積度数分布表（**図表3－6**）が完成する。

図表3－6をみると、初任給が20万円未満は全体の20%、22万円未満は80%を占めている。大学新卒者で初任給が22万円以上となるのは少数であることがわかる。

図表３－６　大学新卒者20人の初任給額（累積度数分布表）

階級番号	階級	絶対度数	相対度数	百分率	累積度数	累積相対度数	累積百分率
1	18万円以上19万円未満	2	0.10	10%	2	0.10	10%
2	19万円以上20万円未満	2	0.10	10%	4	0.20	20%
3	20万円以上21万円未満	7	0.35	35%	11	0.55	55%
4	21万円以上22万円未満	5	0.25	25%	16	0.80	80%
5	22万円以上23万円未満	2	0.10	10%	18	0.90	90%
6	23万円以上24万円未満	1	0.05	5％	19	0.95	95%
7	24万円以上25万円未満	1	0.05	5％	20	1.00	100%
合計	----	20	1	100%	----	----	----

◉ 累積相対度数分布図

累積相対度数分布図は、累積度数分布表のなかの、階級（項目）を横軸、累積相対度数を縦軸にとって描いた折れ線グラフのことである。先の累積度数分布表を累積相対度数分布図にしたものが**図表３－７**である。折れ線の両端の累積相対度数はそれぞれ０、１となる。

図表３－７　大学新卒者20人の初任給額（累積相対度数分布図）

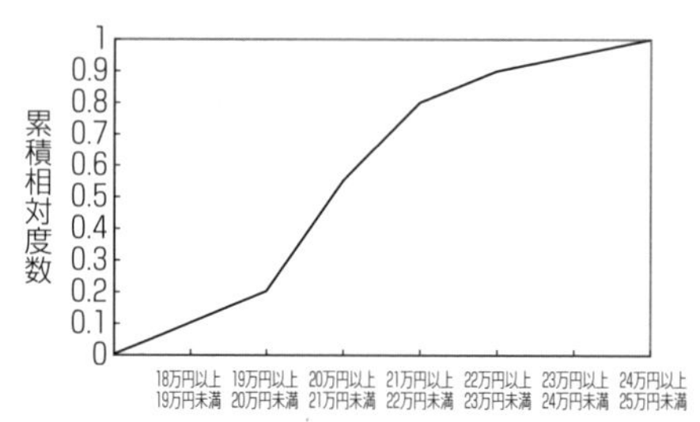

累積相対度数分布図を使えば、そのデータの観測値がグラフ上のどこにあるか、すなわちデータ全体のなかでの相対的な位置がよくわかる。

累積相対度数分布図の特性で注意すべきことは、階級の相対度数（全体に占める割合）が折れ線の傾きに反映されることである。つまり、折れ線のなかで傾きが急なところは、積み重ねた直近の階級の度数が全体のなかで大きな割合を占めていることを意味する。この例でいうと、「20万円以上21万円未満」の階級がそれに相当する。それにたいして、傾きがなだらかなところは、その階級の度数の全体に占める割合が小さいことを意味する。「23万円以上24万円未満」や「24万円以上25万円未満」の階級がそれに相当する。

3 応用研究：雇用形態の変化と若者の地位

非正規雇用とは正職員以外の雇用形態で契約を結んでいる雇用者のことをいう。パートタイマーやアルバイト、契約社員、派遣労働などは非正規雇用者である。1970年代頃から非正規雇用という雇用形態が増加している。はじめは主婦のパートの問題であったが、2000年に入ると、非正規雇用は若者の労働問題として社会問題化してきた。

若者の非正規雇用の問題は、1995年に日経連（現・経団連）が新たな雇用政策として発表した「新時代の『日本的経営』雇用の形態」に端を発しているといわれる。その内容は、正社員をできるだけ減らし、非正規雇用に置き換えていこうというものである。

雇用形態の変化にともなう正規・非正規職員の人口の増減を年齢階級別に確認してみる。**図表3－8**は男性雇用者の年齢階級別・雇用形態別人口を**度数分布多角形**で表示したものである。横軸に年齢階級、縦軸に人口をとっている。そして1995年と2021年のデータからなる折れ線を並列した。したがって、図中の折れ線は1995年の正規職員と非正規職員、2021年の正規職員と非正規職員の4つになる。

図表3－8　年齢階級別・雇用形態別・男性雇用者人口

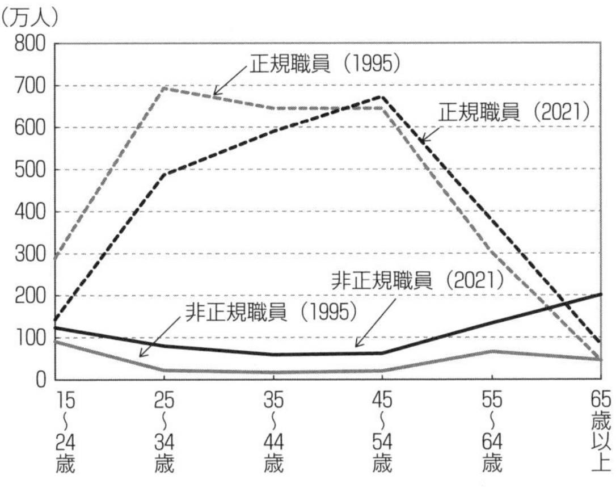

（出典：総務省「令和3年労働力調査」）

これをみると、いずれの年齢階級においても、1995年と比べて2021年の非正規雇用者が増えていることがわかる。なかでも25～34歳の若者の増加は重要である。25～34歳の年齢階級にかんしていえば、この四半世紀あまりで非正規職員の全体（正規職員＋非正規職員）に占める割合が2.9％から14.0％と大きく増加している。55〜64歳と65歳以上も増加しているが、これは、定年退職者のなかで生活の維持など経済的な理由から継続雇用を希望したり、再就職する人が増えたためだと考えられる。この年代の非正規雇用者の増加も問題といえるが、若者の方がより深刻だといえる。なぜなら、非正規雇用から正規雇用へ移動する際には、一定の障壁があるからである。すなわち、若いときに非正規雇用で雇用されると、途中から正規雇用になるのは難しい。そうなると結果的に、生涯で稼ぐ賃金に大きな差が出てくる。

『令和３年　賃金構造基本統計調査』によると、大卒の男性正規雇用者（企業規模1000人以上）の20〜24歳の時点での平均月収は23万８千円。そして年齢とともに徐々に増加していき、55〜59歳で56万８千円となる。そのあと、定年を迎える60〜64歳で47万３千円と減少する。他方、非正規雇用の場合、20〜24歳で21万６千円と正規雇用に比べてそれほど遜色ないが、増額はほとんど見込めない。55〜64歳で32万円程度である。

これを生涯賃金でみると（企業規模1000人以上の大学・大学院卒サラリーマン男性を想定）、正規雇用となった場合、生涯賃金は約３億１千万円である［労働政策研究・研修機構 2021］。しかし、一生を非正規雇用で生活するとなると約１億６千万円となり、正規雇用に比べると１億５千万円以上もの差がつく。

正職員であれば雇用期間に定めはない。いったん雇用されると、合理的な事由がない限り解雇されるということほとんどない。身分が定年を迎えるまで保障されることによって、安定した人生を送ることが可能である。また、賃金や社会保障もある程度の水準で保障されている。それにたいし、非正規雇用では決められた雇用期間があり、契約の更新は雇う側の都合により左右される。また、賃金や社会保障も正職員と比べると冷遇されている。

現代の若者は不安定な身分の非正規雇用者が少なくなく、社会経済的に非常に不利な立場に置かれているといえよう。

4 練習問題

※模範解答を法律文化社 HP に掲載（詳しくは、本書ⅱ頁）。

①《基礎》次の文章を読み、ⅰ〜ⅶの空欄に、下記の選択肢のなかから正しい語句を選んで埋めよ。

たくさんのデータを収集したら、それらを整理して、分布全体の特徴をつかむことが必要である。その作業は、データを種類または同じ（　ⅰ　）ごとに数え上げ、度数として把握し、それを一覧できる状態、つまり（　ⅱ　）にすることである。このようにまとめたデータを表にして提示したものは（　ⅲ　）とよばれる。また、（　ⅲ　）の、順序づけられた階級を（　ⅳ　）に、階級の絶対度数または相対度数を（　ⅴ　）

にとって描いたグラフは（　vi　）とよばれる。さらに、（　vi　）における柱の階級値の頂点を結んで、分布の様子を折れ線グラフで提示したものが（　vii　）である。（　vi　）や（　vii　）を使えば、分布全体の特徴を見て直感的に把握することができる。

選択肢：度数分布表、ヒストグラム（度数分布図）、累積度数分布表、横軸、縦軸、観測値、累積相対度数分布図、度数分布、度数分布多角形

②《基礎》ヒストグラムと棒グラフの形状の違いについて述べよ。その上で、２つのグラフをどのように使い分ければよいのか、具体例を使って、説明せよ。

③《トレーニング》次のデータは、2020年の殺人の検挙件数（未遂をふくむ）を被疑者と被害者との関係別にその内訳をみたものである。これらのデータをもとに、相対度数、百分率をふくむ度数分布表を作成せよ。なお相対度数の値を計算して割り切れない場合は、小数第４位を四捨五入して、小数第３位まで求めよ。

図表３-９　殺人における被疑者と被害者との関係別検挙件数

家族*	その他の親族	元配偶者	交際相手	知人・友人	職場関係	その他	面識なし
347	16	8	83	106	51	59	95

＊家族は親子・配偶者・兄弟姉妹。親子は養父母・養子、継父母・継子をふくむ。

（出典：警察庁「令和２年の犯罪」）

④《トレーニング》内閣府県民経済計算によると、2019年度の１人当たり県民所得は次のとおりであった。

図表３-10　１人当たり県民所得

（単位：千円）

北海道	青森県	岩手県	宮城県	秋田県	山形県	福島県	茨城県
2832	2628	2781	2943	2713	2909	2942	3247
栃木県	群馬県	埼玉県	千葉県	東京都	神奈川県	新潟県	富山県
3351	3288	3038	3058	5757	3199	2951	3316
石川県	福井県	山梨県	長野県	岐阜県	静岡県	愛知県	三重県
2973	3325	3125	2924	3035	3407	3661	2989
滋賀県	京都府	大阪府	兵庫県	奈良県	和歌山県	鳥取県	島根県
3323	2991	3055	3038	2728	2986	2439	2951
岡山県	広島県	山口県	徳島県	香川県	愛媛県	高知県	福岡県
2794	3153	3249	3153	3021	2717	2663	2838
佐賀県	長崎県	熊本県	大分県	宮崎県	鹿児島県	沖縄県	
2854	2655	2714	2695	2426	2558	2396	

（出典：内閣府「令和元年度県民経済計算について」）

(i)　このデータを元に度数分布表とヒストグラムを完成させよ。なお、割り切れない場合は小数第4位を四捨五入して、小数第3位まで求めよ。

(ii)　作成したヒストグラムからどのようなことが読み取れるか述べよ。

⑤《トレーニング》**【例3-2】**は、企業規模1000人以上の高校新卒者20人の初任給である。

【例3-2】　高校新卒者20人の初任給額（円）

182,000	175,000	164,000	176,000	172,000	157,000	163,000
171,000	187,000	161,000	180,000	169,000	168,000	162,000
168,000	132,500	166,000	173,000	153,000	155,000	

階級番号	階級	階級値	絶対度数	相対度数	百分率	累積度数	累積相対度数	累積百分率
¦	¦	¦	¦	¦	¦	¦	¦	¦

＊階級の幅、階級の数をいくつにするかは自分で考えよう

(i)　これらのデータをもとに、以下にあげる度数分布表(累積度数分布表)を完成させよ。

(ii)　(i)度数分布表（累積度数分布表）からヒストグラムと度数分布多角形を作成せよ。

(iii)　(i)度数分布表（累積度数分布表）をもとに累積相対度数分布図を作成せよ。

(iv)　(ii)、(iii)で作成したグラフと **②基本概念**で作成した企業規模1000人以上の大学新卒者の初任給のグラフを比較せよ。

チェックポイント

□度数分布とは何か、具体例を出して説明ができるようになったか？

□観測値を数え上げて、度数分布表を作成できたか？

□ヒストグラム（度数分布図）を作成することができたか？

□作成した表や図をもとに特徴を読みとれたか？

[注]

1)『賃金構造基本統計調査』には、18万円未満や25万円以上のデータも存在しているが、全体からみると少数であるため、この度数分布表から除いている。

分布の特性を数字でつかむ

♣ 代表値と散らばり

1 本章のねらい

前章では、ばらばらのデータを数え上げて図表としてまとめる手法、そして、データの分布の形状からデータ全体の特徴を読みとることなどを学んだ。本章では、引き続き、データの分布について学ぶ。ここでは、データの分布の特性を数値にしてあらわす。つまり計算して値を求めていく。分布の特性には代表値と散らばりのふたつがあり、そのなかでも、平均値と標準偏差は、今後いろいろなところで用いられる重要な概念である。

また、本章から数式を使った計算が出てくるが、数式は覚えるためのものではなく、計算過程を整理して確認するためのものである。数式から計算の仕方が読めるようになれば、それで充分である。そのためには、電卓を片手に、実際に計算をしながら読み進めてほしい。

メディアン（中央値）、モード（最頻値）、平均値、はずれ値、レンジ、分散、標準偏差

2 基本概念

2－1 分布の代表値

分布の代表値はデータ全体の中心的指標となる数値、つまり、何らかの意味

で中心的な目印となる値のことである。代表値には、メディアン（中央値）、モード（最頻値）、平均値の３つがある。

◉ メディアン（中央値）

メディアン（median）は、分布をちょうど二等分する値である。メディアンより小さい値のデータの数と大きい値のデータの数は同じになる。メディアンを求めるには、集めたデータを値の大きさの順にならべて、ちょうど真ん中に位置する値を探せばよい。

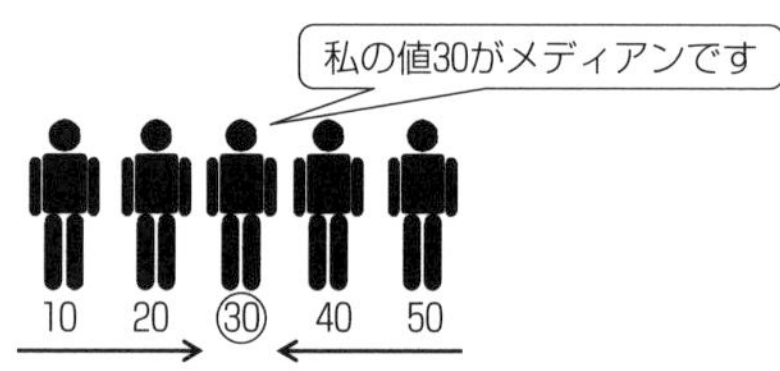

【例４－１】 は、女性９人の初婚年齢である。この集団のメディアンを求めてみよう。まず９人を年齢の若い順にならべかえる。そして、全員の真ん中、端から数えて５番目に位置する人を見つける[1)]。真ん中は観測番号５の女性になる。彼女の年齢（観測値）28歳がメディアンとなる（観測番号 i には１、２、……、N と番号が入る。i はゼッケン番号みたいなものと覚えればよい。ちなみに、観測番号５の女性の観測値は X_5 と表す）。

【例４－１】　女性９人の初婚年齢

観測値	24歳	38歳	33歳	27歳	31歳	30歳	24歳	24歳	28歳

↓ 若い順にならべかえて、真ん中の値を選びだす。　メディアン

観測番号（i）	1	2	3	4	5	6	7	8	9
観測値（X_i）	24歳	24歳	24歳	27歳	28歳	30歳	31歳	33歳	38歳

◉ モード（最頻値）

モード（mode）は、集めたデータのなかで、最も頻繁に観測される値のことである。前章で学んだヒストグラムや度数分布多角形では山のピーク（最も度数が多いところ）に相当する値となる。

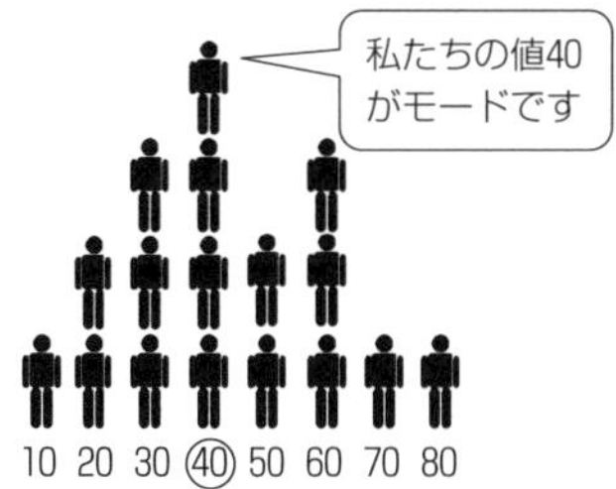

モードを求めるには、それぞれの値の度数を数え上げて、一番数の多い値を選べばよい。それがモードになる。

先の【例４-１】の場合、24歳が３人、あとは27歳、28歳、30歳、31歳、33歳、38歳がそれぞれひとりである。24歳が一番多いので、モードは24歳となる。

◉ 平均値（$\overline{X}$：「エックスバー」と読む）

平均値（mean）は、データの代表値として、最も重要な概念である。平均値は、分布の重心（重さの中心となる点）である。下図のように、大きさ順に並べたデータ全体を天秤にのせて、釣り合いのとれたときの支点に位置する値が平均値である。平均値を求めるには、すべてのデータの値を合計して、その値をデータの数Ｎで割ればよい。

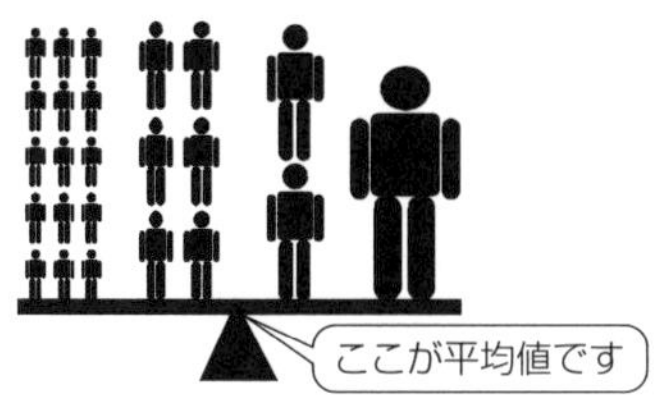

$$平均値 = \frac{１番目のデータ＋２番目のデータ＋\cdots\cdots＋Ｎ番目のデータ}{データの数}$$

これを数式で表すと、

$$\overline{X} = \frac{\sum_{i=1}^{N} X_i}{N}$$

となる。

ここで見覚えのあるΣというギリシャ文字が出てきた。読み方は「シグマ」で、「すべてを足せ！」という意味である。$\sum_{i=1}^{N} X_i$ の中身を確認すると、Σの下にある i は足し算を開始する値の観測番号、上にある N は終了する値の観測番号が入る。この場合、「観測値の最初から最後（X_1 から X_N）までのすべてを足せ！」という意味である。

先の**【例4－1】**を使って、女性9人の初婚年齢の平均値（平均初婚年齢）を求めてみよう。

$$\overline{X} = \frac{\sum_{i=1}^{9} X_i}{9} = \frac{24+24+24+27+28+30+31+33+38}{9} = 28.777\cdots\cdots \fallingdotseq 28.8$$

よって、女性9人の平均初婚年齢は28.8歳となる。

ここで注意することは、平均値は、データ中の**はずれ値**（outliers、極端に大きい値や小さい値）の存在によって、大きく変わるおそれがあることである。そういった場合、はずれ値の影響を受けにくいメディアンまたはモードを代表値として用いることがある。たとえば、上の女性9人に65歳ではじめて結婚した10人目の女性をくわえると、平均値は28.8歳から32.4歳となり、年齢はぐっと引き上げられることになる。この場合、32.4歳を上回るのは65歳の女性も含めて10人中3人しかいなくなるので、32.4歳がこれら女性10人の初婚年齢の「代表値」であるとはいいがたい。他方、10人目の女性をくわえた集団のメディアンは、29歳（$=\frac{28+30}{2}$）となり、平均値と比較して、はずれ値の影響をあまり受けないことがわかる。

• 分布の代表値 •

データ全体の中心的指標となる数値のことをいう。つぎの3つがある。

・メディアン：データを大きさ順に配列してちょうど真ん中となる値。

・モード　　：データのなかで、最も頻繁に観測される値。

・平均値（$\overline{X}$）：分布の重心（重さの中心となる点）となる値。

平均値の求め方：$\overline{X} = \frac{\sum_{i=1}^{N} X_i}{N}$

2－2　分布の散らばり

集めたデータがどのくらいばらついているか。これを分布の散らばりという。データ全体の広がりにかんする特性ともいえる。その散らばりの度合いを表す数値が、レンジと分散（s^2）、標準偏差（s）である。分散、標準偏差は、抽象的な概念でわかりにくいので、何回も計算をするなどして、感覚的にそれを身につけるよう努めよう。

◉ レンジ

レンジ（range）はデータの範囲を意味し、データの分布全体の広がりを表す数値である。最大値－最小値で求められる。先の**【例4－1】**では、38－24＝14歳となる。レンジは両極端のふたつの値のみで算出されるため、はずれ値の有無によって大きく左右されてしまう。したがって、レンジは実際にはあまり使われない[2]。「すべて」のデータを用いた、散らばりの尺度のほうがより望ましい。それが、つぎの分散と標準偏差である。

◉ 分散（s^2）と標準偏差（s）

データは代表値の平均値（$\overline{X}$）を中心にして散らばっている。**分散**（variance）と**標準偏差**（standard deviation）は、標準的なデータが平均値からどのくらい離れているか、その離れぐあいを示す値のことである。

図表4－1は平均値が同じふたつのデータ集団の度数分布図のイメージである。これをみればわかるとおり、平均値（$\overline{X}=0$）が同じでも、分散や標準偏差の値によって、分布の形状は異なってくる。分散･標準偏差が小さい集団（左

図表4－1　平均値が同じふたつの度数分布図

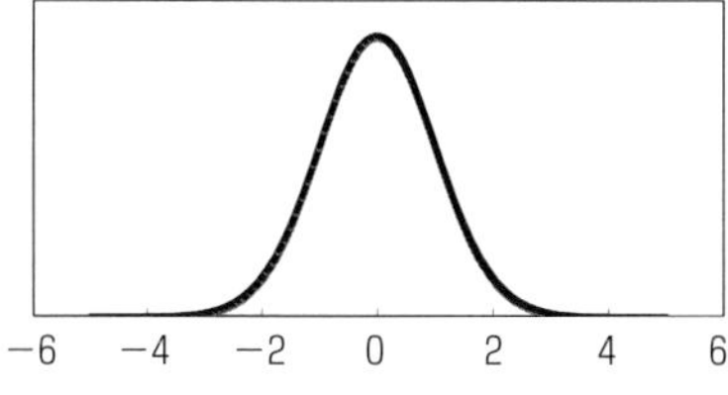

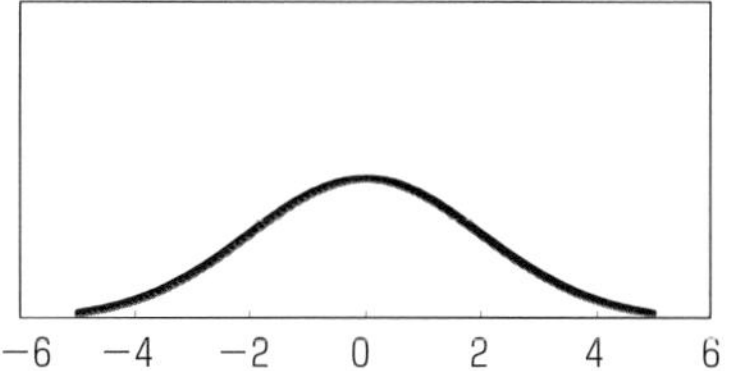

図）のほうが、分散・標準偏差が大きい集団（**右図**）と比べて、全体的にデータが平均値周辺に集中していることが読みとれる。

ではつぎに、先の**【例4－1】**の女性９人の初婚年齢を使って、分散と標準偏差を求めてみよう。

【例4－1】女性９人の初婚年齢（再掲）

観測番号（i）	1	2	3	4	5	6	7	8	9
観測値（X_i）	24歳	24歳	24歳	27歳	28歳	30歳	31歳	33歳	38歳

まず、それぞれの値と平均値の差である偏差（$X_i - \overline{X}$）を求める。９人の平均初婚年齢は28.8歳であった。それぞれの値から28.8を引けばよい。

観測番号（i）	1	2	3	4	5	6	7	8	9
観測値（X_i）	24歳	24歳	24歳	27歳	28歳	30歳	31歳	33歳	38歳
平均値（$\overline{X}$）	28.8	28.8	28.8	28.8	28.8	28.8	28.8	28.8	28.8
偏差（$X_i - \overline{X}$）	－4.8	－4.8	－4.8	－1.8	－0.8	1.2	2.2	4.2	9.2

つぎに、それぞれの偏差を２乗して、それらの平均値を求める[3]。これを分散（s^2）という。その際、偏差を２乗した総和をデータの個数（N）から１を引いた値（N－１）で割る[4]（ここで２乗の計算が出てくる。関数電卓には２乗のキーがあるので、それを使ってみよう！）。

観測番号（i）	1	2	3	4	5	6	7	8	9
観測値（X_i）	24歳	24歳	24歳	27歳	28歳	30歳	31歳	33歳	38歳
平均値（X）	28.8	28.8	28.8	28.8	28.8	28.8	28.8	28.8	28.8
偏差（$X_i - \overline{X}$）	－4.8	－4.8	－4.8	－1.8	－0.8	1.2	2.2	4.2	9.2
偏差の２乗 $(X_i - \overline{X})^2$	23.04	23.04	23.04	3.24	0.64	1.44	4.84	17.64	84.64

$$分散（s^2） = \frac{23.04+23.04+23.04+3.24+0.64+1.44+4.84+17.64+84.64}{9-1}$$

$$= 22.695$$

22.695が分散である。ただし、先ほど計算過程で偏差を２乗したので、分散の単位は観測値の単位の２乗になっている。もとに戻して同じ単位にしたい。

そのためには正の平方根（√）をとればよい。分散（s^2）に√をつけたものが標準偏差（s）である（関数電卓には√のキーがあるので、それを積極的に使おう！）。

$$標準偏差 = \sqrt{分散} \qquad s = \sqrt{22.695} = 4.76392\cdots\cdots \fallingdotseq 4.8$$

女性9人の初婚年齢の標準偏差は4.8歳となる。つまり、9人の初婚年齢は、その平均28.8歳を中心にして散らばっているが、その標準的な（平均的な）散らばりは4.8歳である。

以上、分布の散らばりをまとめると、以下のとおりになる。

• 分布の散らばり •

データ全体の散らばりの度合いを表す数値のこと。
- レンジ　　　　：データの範囲のこと。最大値－最小値で求められる。
- 分散と標準偏差：個々のデータが平均値（$\bar{X}$）からどの程度離れているかを示す基準となる値のこと。

分散の求め方
$$s^2 = \frac{\sum_{i=1}^{N}\left(X_i - \bar{X}\right)^2}{N-1}$$

標準偏差の求め方
$$s = \sqrt{\frac{\sum_{i=1}^{N}\left(X_i - \bar{X}\right)^2}{N-1}}$$

3　応用研究：初婚年齢にかんする統計を事例に

毎年の日本人の婚姻にかんする統計は『人口動態統計』という報告書に記載されている。『人口動態統計』は官庁統計のひとつで厚生労働省が所管している。出生・死亡・婚姻・離婚・死産といった人口変動の事象をまとめたもので、届出が統計資料のもとになっている。たとえば、婚姻届によって、初婚年齢、夫妻の年齢差、初婚か再婚か、前の結婚から何年経過して再婚したのか、などがわかる。ここでは、この婚姻届をもとに作成された統計表を使って、男女の初婚年齢（はじめての結婚の年齢）の代表値と散らばりを算出し、その結果を読み解いていく。

・初婚年齢の変化（1980～2020年）

図表4－2は、1980年、2000年、2020年の男性の初婚年齢を示した度数分布図、**図表4－**

3は同じく女性の度数分布図である。ちなみに、それぞれグラフの山のピークは本章で学んだモードに相当する。ふたつの図からつぎのことが読みとれるだろう。

・男女ともグラフの山の高さはしだいに低くなっている。
・男女ともグラフの山の傾斜がなだらかになってきている。つまり、初婚年齢の散らばりが大きくなっている。
・女性のグラフの山のピーク（モード）が右にズレてきている。つまり、初婚年齢のモードが上がっている。

図表4－2　初婚年齢の変化（男）

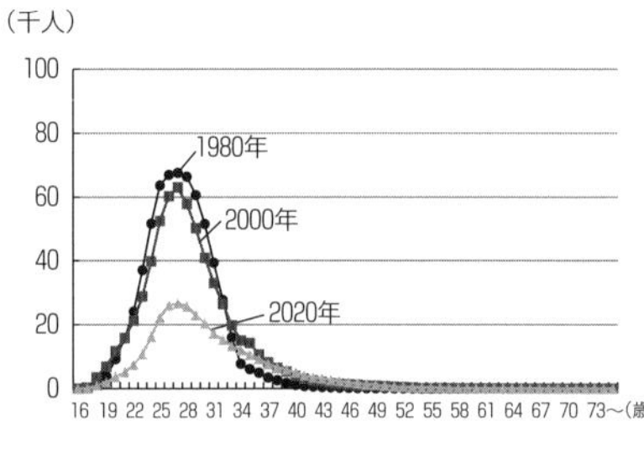

図表4－3　初婚年齢の変化（女）

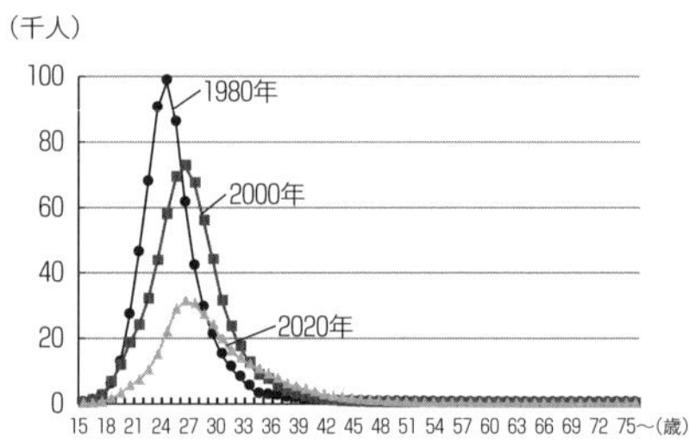

・初婚年齢の代表値と散らばり

つぎに、男女の初婚年齢のメディアン、モード、平均値、標準偏差を年ごとに算出した。その結果を図表4－4に表した。

図表4－4　初婚年齢の特性

〈男性〉

	1980年	2000年	2020年
総数（人）	634,352	614,968	319,347
メディアン（歳）	27	28	29
モード（歳）	27	27	27
平均値（歳）	27.8	28.8	31
標準偏差（歳）	3.88	5.35	6.76

〈女性〉

	1980年	2000年	2020年
総数（人）	643,514	626,764	328,670
メディアン（歳）	24	26	28
モード（歳）	24	26	26
平均値（歳）	25.2	27	29.4
標準偏差（歳）	3.89	4.47	5.91

ふたつの表からつぎのことが読みとれる。

・初婚者数は大きく減少している。男女とも40年間で半減している。
・男女ともメディアンと平均値、女性のみモードが上昇している。晩婚化である。また、男女とも平均値がメディアンやモードより高くなっている。
・男女とも初婚年齢の散らばり（標準偏差）が大きくなっている。標準偏差は、1980年には男女がほぼ同じだったが、その後、男性の方が大きくなっている。

平均値の算出には、はずれ値をふくむ中高年の初婚年齢[5)]がくわえられるため、数値が引き上げられたと考えられる。「結婚適齢期」（結婚するのに「ふつう」とされる年ごろ）は、平均ではなく、メディアンやモードのほうが実感に近いだろう。

代表値と散らばりの数値を算出することで、度数分布図では読みとれなかった細部までを確認することができた。以上の結果は何を意味するのだろうか。ひとつの見方を紹介しよう。

未婚化・晩婚化が社会問題として認識され始めた1980年代以降、女性の社会進出・価値観の多様化が加速した（男女雇用機会均等法は1985年成立、男女共同参画社会基本法は1999年成立）。やがて、未婚の有職女性の多くは、結婚して生活水準を下げるくらいなら、独身のほうがマシと考える、という「結婚先延ばし」説が登場する。男性が結婚できるかどうかは男性の年収で決まる。具体的には「年収600万円が結婚できるかどうかの分水域」というストーリー（25～34歳の未婚男性でこの年収に該当するのは3.5％であるにもかかわらず）が説得力を放つようになる。

家族社会学者の永田夏来は、「結婚先延ばし」説から20年経った今、結婚経験を持たない中高年の増加と結婚を人生設計に組み込まない若者の登場の２点に注目して、『生涯未婚時代』を著す。永田は「結婚、出産を経て配偶者と添い遂げる」という生き方や「正社員となって定年まで働く」という人生設計が社会全体で共有できなくなっているため、恋愛や結婚、家族についての「あるべき姿」を再検討する必要がある、と提案する。本章で見てきた初婚年齢のデータを一考することは、この提案に沿うものになるかもしれない。

 練習問題

※模範解答を法律文化社 HP に掲載（詳しくは、本書 ii 頁）。

①《基礎》第３章の練習問題④で作成した度数分布表とヒストグラムから、メディアンとモードにあたる階級値を読みとれ。また、それらと平均値を比較して、３種類の代表値を学ぶ理由を具体的に説明せよ。

②《トレーニング》ある調査で、違法ドラッグ（麻薬指定となった薬物を含む）を主たる依存薬物とする16症例の年齢を調べたところ、それぞれ、32、28、39、44、23、23、31、21、28、50、41、25、31、29、39、33であった。メディアン、モード、平均を求めよ。割り切れない場合は、小数第２位を四捨五入して、小数第１位まで求めよ［和田ほか2009：123－124を一部引用］。

③《トレーニング》次のデータは、2021年『女性意識調査*』でアメリカと中国の回答者が答えた、理想の子どもの数である。それぞれのメディアン、モード、平均を求めよ。「５人以上」の代表値は５人とする。割り切れない場合は、小数第２位を四捨五入して、小数第１位まで求めよ［第３回１万人女性意識調査 特別編「テーマ：少子化に対する意識・国際比較」調査報告書，25頁］。

図表4－5　「あなたが自由に子どもを持ち、育てられるとしたら子どもの数は何人が理想ですか。(「わからない」を除く)

	0人	1人	2人	3人	4人	5人以上
アメリカ	61人	44人	191人	97人	49人	27人
中国	26人	131人	266人	59人	11人	4人

＊日本財団が日本と海外7ヵ国の18～69歳の女性1万人を対象に、今後の社会はどうあるべきかについて幅広く意見を聞き、社会づくりに役立てることを目的に行われている調査である。

④《発展》**図表4－6**は、A病院に入院している摂食障害患者9名とB病院に通院している摂食障害患者10名の罹病期間（年）を調べたデータである。それぞれのメディアン、モード、平均、レンジ、分散、標準偏差を求めよ。割り切れない場合は、小数第2位を四捨五入して、小数第1位まで求めよ。そして、AB2つの病院の患者の特徴について、読みとれることを述べよ。[苅部2007：161；成尾2013：555を一部引用]。

図表4－6　摂食障害患者の罹病期間（年）

A病院：0.5，6，13，1，1，5，1，6，26

B病院：12，14，15，18，10，12，28，25，17，20

⑤《発展》**図表4－7**は、1980年、2000年、2020年の男女の再婚年齢の特性を記したものである（年齢不詳を除く）。40年にわたる男女の再婚年齢の変化について、読みとれることを述べよ。

図表4－7　再婚年齢の特性

〈男性〉

	1980年	2000年	2020年
総数（人）	60,094	93,191	73,936
メディアン（歳）	35	38	42
モード（歳）	32	32	37
平均値（歳）	37.7	40.2	43.4
標準偏差（歳）	9.91	11.13	11.52

〈女性〉

	1980年	2000年	2020年
総数（人）	50,933	81,394	64,613
メディアン（歳）	32	34	38
モード（歳）	29	29	34
平均値（歳）	33.6	36.7	40.4
標準偏差（歳）	8.19	10.18	11.19

チェックポイント

□代表値について理解し、算出できたか？
□散らばりについて理解し、算出できたか？
□代表値と散らばりから分布の特性が読みとれたか？

［注］

1）**【例4－1】**のように、データの数が奇数の場合は、メディアンはひとつになる。しかし、データの数が偶数の場合、データを2等分する値はなく、ふたつの値の間になってしまう。そのときは、そのふたつの値の中点、つまりふたつを足して2で割った値（平均値）をメディアンとして使えばよい。また、2等分する値の端からの順番はつぎの計算で求めることができる。データの数（N）が奇数の場合は$\frac{N+1}{2}$、偶数の場合は$\frac{N}{2}$と$\frac{N}{2}+1$のふたつとなる。

2）レンジには、この他、四分位レンジがあり、これを散らばりの値とする場合がある。四分位レンジは、データを大きさ順に並べて、全体を4等分するなかの3つの値（四分位点）、25％点（25パーセンタイル）、50％点（メディアン）、75％点（75パーセンタイル）のうち、25％点と75％点の範囲（75％点－25％点）のことである。四分位レンジは、計算に最小値や最大値を使わないため、はずれ値の影響を受けない。

3）偏差を2乗せずに平均値を求めると、分子にあたる偏差の総和が0となり、結果的に平均値も0になる。これは偏差のなかに負の符号をとるものがあるからである。負の符号を取り払うには、絶対値をとればよい。

$$\frac{4.8+4.8+4.8+1.8+0.8+1.2+2.2+4.2+9.2}{9}=3.7555\cdots\cdots$$

偏差の平均値（平均偏差）は3.8になる。平均偏差は直感的にわかりやすいが、統計学的には、本文中で紹介する分散や標準偏差のほうが重要視されている。

4）分散の計算の際、偏差の2乗の総和をデータの数NではなくN－1で割る。その理由は、標本（分析対象の一部分となるデータ）から母集団（分析対象すべてのデータ）の特性を推定する場合、N－1を用いたほうがよいからである。したがって、本書ではN－1を用いることにする。

5）ちなみに、2020年には、80歳以上の初婚者が、男性17人、女性11人いた。

ふたつの離散変数を同時に扱う

♣ クロス表

1 本章のねらい

本章で学ぶクロス表は、第 3 章の度数分布表の発展形である。度数分布表ではひとつの変数の変動（分布の特性）をみてきたが、クロス表ではふたつの変数の変動を同時にみていく。本章から本格的にふたつの変数が同時に登場する（変数の定義については第 1 章を参照）。

社会学をはじめ、問題追求型あるいは社会政策につながることを見越した領域では、ひとつの変数そのものを扱うことよりも、ふたつの変数を同時に扱うことのほうに関心が持たれる。たとえば、新卒者100人の平均年収・メディアン・モードを知るだけでなく、50人の男性新卒者と50人の女性新卒者の年収とを比較して、「男性新卒者は女性新卒者に比べて平均年収が高い（低い）」など、性別と年収との関連を探っていく。本章以降では、このようなふたつの変数を同時に探る方法を学ぶ。離散変数同士の扱いについては本章と次章とで、連続変数同士の扱いについては第 7 章と第 8 章で学ぶ。

本章の目標は以下の 3 つである。まずクロス表を作成する意義を知ること。つぎに、ばらばらのデータから度数クロス表と百分率クロス表を作成できるようになること。そしてさいごに、クロス表からふたつの変数同士にどういった傾向があるかを読みとれるようになることである。

クロス表（分割表）、行、列、セル、周辺度数、行周辺度数（行和）、列周辺度数（列和）、度数クロス表、百分率クロス表、2×2表、k×ℓ表

② 基本概念

2－1　クロス表とは

ふたつの変数を同時に扱う際、**クロス表**（分割表 cross tabulation）を作成すると２変数の関係をわかりやすく整理することができる。

• クロス表 •

ふたつの離散変数の分布をひとつの表で示したもの。

厚生労働省自殺対策推進室では、自殺にたいする国民の意識を問うために、2021（令和３）年に『自殺対策に関する意識調査』（有効回収数（率）2,009票（50.2%））を実施した。「あなたは、これまでの人生のなかで、本気で自殺したいと考えたことがありますか」という質問にたいして、「ある」が546人（27.2%）、「ない」が1294人（64.4%）、「無回答」が169人（8.4%）であった。

では、これを男女別にみてみるとどうなるか。クロス表であらわすと、**図表5－1**になる。このクロス表を使って「自殺したいと思った経験は性別によって異なる」という仮説を確認してみよう。ここでは性別の「回答しない」９件、「無回答」９件を除いている。

図表５－１　クロス表

	ある	ない	無回答	計
男	218 (23.3%)	630 (67.5%)	86 (9.2%)	934 (100.0%)
女	322 (30.5%)	656 (62.0%)	79 (7.5%)	1057 (100.0%)
計	540 (27.1%)	1286 (64.6%)	165 (8.3%)	1991 (100.0%)

男性934人・女性1057人の回答の内訳（「思ったことがある」、「思ったことがない」、無回答）は、男性は順に218人（23.3%）、630人（67.5%）、86人（9.2%）、女性は順に322人（30.5%）、656人（62.0%）、79人（7.5%）であった。女性は男性と比べて、「自殺したいと思ったことがある」と答えた者の割合が高くなっている。この結果（%のちがい）をみるかぎり、「性別によって自殺したいと思った経験は異なる」といえそうだ。

図表5-2　クロス表

	列↓	1列	2列	3列	
行→		ある	ない	無回答	計
1行	男				
2行	女				
	計				

クロス表は、横並びの**行**（row）と縦並びの**列**（column）からなる。ふたつの離散変数のうち、一方の離散変数のカテゴリーが行に、他方の離散変数のカテゴリーが列に並べられる。どちらの変数を行・列いずれにするかは任意である。ここでは、性別を行に設定している。

つぎに、変数Xを行に、変数Yを列に設定して、クロス表の各名称を確認しておこう。

図表5-3　k行ℓ列からなるクロス表

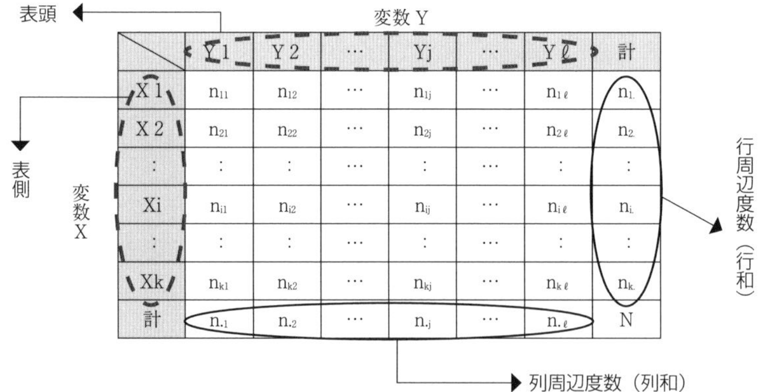

図表5-3は、変数Xのカテゴリー（表側）が「X1, X2, ……, Xk」まで、変

数Ｙのカテゴリー（表頭）が「Y1，Y2，……，Ｙℓ」までである。こういったクロス表を「k 行ℓ列からなるクロス表」という。また、行（X1，X2，……）と列（Y1，Y2，……）が交わるところを**セル**（cell）という。セルは、ふたつの変数の各カテゴリーの組み合わせに対応している。たとえば、X1 と Y2 が交わるセル度数を「n_{12}」と表す。

● 周辺度数 ●

- クロス集計されたふたつの変数のそれぞれの度数分布を周辺度数（marginal frequency）という。
- 周辺度数は、行周辺度数（row marginal frequency）と列周辺度数（column marginal frequency）とからなる。
- 行周辺度数とは、クロス表の一番右側（$n_{1.}$，$n_{2.}$，……，$n_{k.}$）であり、「行和」ともいう。列周辺度数とは、一番下側（$n_{.1}$，$n_{.2}$，……，$n_{.\ell}$）であり、「列和」ともいう。
- 一番右下の「N」は総数を示す。N を求めるための式は、つぎのとおりである。
$N=n_{1.}+n_{2.}+\cdots\cdots+n_{k.}=n_{.1}+n_{.2}+\cdots\cdots+n_{.\ell}$

2－2　クロス表の作成

◉ 度数クロス表の作成

では、実際に**度数クロス表**（frequency cross tabulation）を作成してみよう。

【例５－１】20人のデータ（架空例）

観測番号	観測値Ｘ（性別）	観測値Ｙ（自殺したいと思った経験）
1	男	ある
2	女	ない
3	女	ある
4	男	ない
5	男	ない
6	女	ない
7	男	ない
8	女	ない
9	男	ない
10	女	ない

観測番号	観測値Ｘ（性別）	観測値Ｙ（自殺したいと思った経験）
11	男	ある
12	女	ない
13	女	ない
14	男	ない
15	女	ある
16	女	ある
17	女	ない
18	女	ない
19	男	ない
20	男	ない

先に紹介した「自殺したいと思った経験の有無」の調査結果を用いて、20人のデータを任意に作成したものが**【例5－1】**である。ここでは、便宜的に無回答を除いたデータに絞り込んでいる。

【例5－1】からステップ1～3にしたがって、度数クロス表（**図表5－4**）を作成してみよう。そして、「性別」と「自殺したいと思った経験の有無」との間にどういった関係が確認できるか読みとろう。

図表5－4　度数クロス表

〈自殺をしたいと思った経験〉

	ある	ない	計
男	n_{11}	n_{12}	$n_{1.}$
女	n_{21}	n_{22}	$n_{2.}$
計	$n_{.1}$	$n_{.2}$	N

Step 1　**【例5－1】**のXとYを同時に数え上げる。Xは「男」と「女」のふたつ、Yは「ある」と「ない」のふたつのカテゴリーだから、$2 \times 2 = 4$で、4つのグループにわかれる。

・(男・ある)：2人→**図表5－4**のn_{11}に書き込む。

・(男・ない)：7人→n_{12}に書き込む。

・(女・ある)：3人→n_{21}に書き込む。

・(女・ない)：8人→n_{22}に書き込む。

Step 2　周辺度数を、行和、列和ごとに、それぞれ合計する。

・(男・計)　：2人＋7人＝9人→$n_{1.}$に書き込む。

・(女・計)　：3人＋8人＝11人→$n_{2.}$に書き込む。

・(計・ある)：2人＋3人＝5人→$n_{.1}$に書き込む。

・(計・ない)：7人＋8人＝15人→$n_{.2}$に書き込む。

Step 3　残りひとつのセルN（「男」と「女」の計であり、「ある」と「ない」の計でもある）に総数を書き入れる。

・(計・計)＝男9人＋女11人＝ある5人＋ない15人＝20人

そうすると、**図表5－5**のようになる。

図表5－5　度数クロス表（人）

〈自殺したいと思った経験〉

	ある	ない	計
男	2	7	9
女	3	8	11
計	5	15	20

◉ 百分率クロス表の作成

図表5－5から、自殺したいと思った経験について、男性女性のどちらが多いのか、すぐには読みとることはできない。それは、男女の合計（行和）が異なり、セルの度数を直接比較して違いをみることができないからである。そこで、行和や列和のセルを100％にそろえて、同じ変数のカテゴリー同士を比較できるようにした表が、**百分率クロス表**（percentage cross tabulation）である。

• 百分率クロス表 •

度数クロス表の度数を百分率で示した表のこと。

なお、百分率クロス表では、どちらの変数を基準にするかによって、行和を100％にする場合と列和を100％にする場合とがある。ここでは、性別を基準にして、自殺したいと思った経験の有無の割合を出したいため、行和を100％にする。つまり、男女それぞれの合計（$n_{1.}$ と $n_{2.}$）を100％にする。

それでは、**図表5－5**の度数クロス表から百分率クロス表を作成し、どういった関係が確認できるか読みとってみよう。

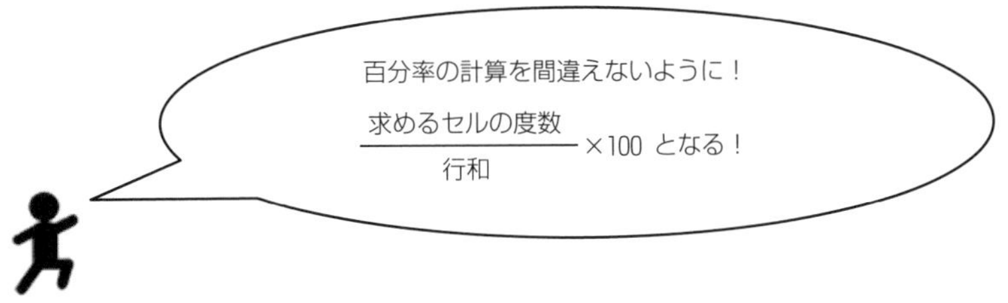

・(男・ある)：男９人のうち、「ある」と回答したふたりの割合を百分率で示す。

$\rightarrow \frac{2}{9} \times 100 \fallingdotseq 22.2\%$　→**図表５－４**の n_{11} のセルに書き込む。

・(男・ない)：男９人のうち、「ない」と回答した７人の割合を百分率で示す。

$\rightarrow \frac{7}{9} \times 100 \fallingdotseq 77.8\%$　→ n_{12} のセルに書き込む。

・(女・ある)：女11人のうち、「ある」と回答した３人の割合を百分率で示す。

$\rightarrow \frac{3}{11} \times 100 \fallingdotseq 27.3\%$　→ n_{21} のセルに書き込む。

・(女・ない)：女11人のうち、「ない」と回答した８人の割合を百分率で示す。

$\rightarrow \frac{8}{11} \times 100 \fallingdotseq 72.7\%$　→ n_{22} のセルに書き込む。

・(計・ある)：計20人のうち、「ある」と回答した５人の割合を百分率で示す。

$\rightarrow \frac{5}{20} \times 100 = 25.0\%$　→ $n_{.1}$ のセルに書き込む。

・(計・ない)：計20人のうち、「ない」と回答した15人の割合を百分率で示す。

$\rightarrow \frac{15}{20} \times 100 = 75.0\%$　→ $n_{.2}$ のセルに書き込む。

そうすると、**図表５－６**のようになる。

図表５－６　百分率クロス表（%）

〈自殺したいと思った経験〉

	ある	ない	計
男	22.2	77.8	100.0
女	27.3	72.7	100.0
計	25.0	75.0	100.0

図表５－６の結果を読んでみよう。全回答者のうち25.0%の人が「自殺したいと思った経験がある」と答えており、性別で確認すると、男性は22.2%、女性は27.3%である。つまり、女性の「自殺したいと思った経験がある」人の割合は、男性よりも、若干高いことが読みとれる[1)]。

以上のように、ふたつの変数がそれぞれふたつのカテゴリーに分類された２行２列のクロス表のことを**２×２表**（2×2 table）と呼ぶ。

2－3　クロス表の読みとり方

◉ k×ℓ表の読みとり方

クロス表には、上でみた2×2表以外のクロス表も存在する。たとえば、3行3列なら3×3のクロス表、6行8列なら6×8のクロス表。ここでは、そういった**k×ℓ表**（k×ℓ table）の読みとり方を学ぶ。

先の「自殺したいと思った経験の有無」の調査結果を年齢別に集計したものが**図表5－7**の度数クロス表である。ここでは年齢と経験のそれぞれにおいて無回答の人を除いている。スペースの都合上（年齢を「行」にすると、縦長の表になってしまい、あまり格好よくない）、自殺したいと思った経験の有無を「行」、年齢を「列」に設定している。2行7列なので2×7のクロス表と呼べる。また、第**1**章でも述べたように、年齢や勤続年数などの連続変数も、順序づけ可能な離散変数（カテゴリー）に変換することによって、クロス表に示すことができる。

図表5－7　度数クロス表（人）

〈自殺をしたいと思った経験〉

	18～19歳	20歳代	30歳代	40歳代	50歳代	60歳代	70歳以上	計
ある	5	71	73	111	108	79	99	546
ない	28	102	171	242	213	238	298	1292
計	33	173	244	353	321	317	397	1838

図表5－7を読みとってみよう。

自殺をしたいと思った経験のある人（546人）よりも、ない人（1292人）のほうが多いことがわかる。年齢のカテゴリーの数が多く、かつ行和も列和も異なるため、ふたつの変数の関係を読みとることは難しい。そこで、百分率クロス表を作成する必要がある。年齢を基準にして、自殺したいと思った経験の有無の割合を出したい。すなわち、列和を100％にした百分率クロス表を作成する必要がある。

図表5-8　百分率クロス表（%）

〈自殺をしたいと思った経験〉

	18〜19歳	20歳代	30歳代	40歳代	50歳代	60歳代	70歳以上	計
ある	15.2	41.0	29.9	31.4	33.6	24.9	24.9	29.7
ない	84.8	59.0	70.1	68.6	66.4	75.1	75.1	70.3
計	100.0	100.0	100.0	100.0	100.0	100.0	100.0	100.0

図表5-8を読みとると、自殺したいと思った経験のない人の割合（70.3%）は、経験のある人の割合（29.7%）の2.4倍高いことがわかる。また、年齢別にみてみると、経験のある人の割合は、20歳代から50歳代で高く、18〜19歳（15.2%）60歳代（24.9%）と70歳以上（24.9%）で低いことがわかる。なるほど、（18〜19歳を除いて）若年者のほうが高齢者よりも、「自殺したいと思った経験がある」と答えた人の割合が高いのである。

さいごに、度数クロス表と百分率クロス表をまとめてひとつのクロス表にした**図表5-9**を示す。レポートや論文を書く際は、度数クロス表と百分率クロス表のふたつの表を分けて掲載することはしない。まとめてひとつにしたものを掲載し、度数はN（100%とする側の周辺度数）のみ示せばよい。百分率がわかっているため、Nを示しておけば細かい内訳は計算して求めることができるのだ。

図表5-9　度数と百分率をまとめて表示したクロス表（%）

〈自殺をしたいと思った経験〉

	18〜19歳	20歳代	30歳代	40歳代	50歳代	60歳代	70歳以上	計
ある	15.2	41.0	29.9	31.4	33.6	24.9	24.9	29.7
ない	84.8	59.0	70.1	68.6	66.4	75.1	75.1	70.3
計 (N)	100.0 (33)	100.0 (173)	100.0 (244)	100.0 (353)	100.0 (321)	100.0 (317)	100.0 (397)	100.0 (1838)

本章で学んできたクロス表は、性別や年齢があたかも自殺にたいする意識を決める可能性があるように読めた。しかし、クロス表で整理する変数間に因果関係（原因と結果）が想定されなければならないということはない。クロス表はあくまでも変数の関係を整理するための道具にすぎない。たとえば、性・年齢別のクロス表を作成するということもありうる。そこでは単に、男性は何歳くらいの人が多いのか、ある年齢では男性と女性のどちらが少ないのかといっ

た対応関係を見出しているだけである。この点を押さえておきたい。

③ 応用研究：性・年齢に応じた自殺対策

本章で用いた統計資料『自殺対策に関する意識調査』からは、つぎの２点が明らかになった。１点目は、女性のほうが男性よりも「自殺しようと思った経験がある」と答えた人の割合が高かったということ。２点目は、若年者のほうが高齢者よりも「自殺したいと思った経験がある」と答えた人の割合が高かったということ。同様の傾向は自殺未遂者についてもいえることである。秋田大学医学部の調査によると、自殺未遂者は、「20代の女性が圧倒的に多く、女性が男性の倍近くである」ことが明らかになっている。

ところが、実際に自殺をした人、つまり自殺既遂者の属性をみてみると、「中高年男性」や「高齢者」が多い。自殺者数が掲載された統計資料『令和３年中における自殺の状況』（警察庁）によると、2021（令和３）年に自殺した２万1007人のうち、男性は１万3939人、女性は7068人であった。また、60歳以上の者が7860人で、全体の37.5％を占めていた。つまり、自殺者数（および自殺死亡率）は、男性の方が女性よりも多く（高く）、高齢者の方が若年者よりも多い（高い）のである。

このように自殺については、意識と実態、未遂と既遂の間には乖離（かいり）（ズレ）が存在している。なぜ乖離が生じるのか。自殺は複雑な問題であり、考察には複眼的な視点が要求される。

たとえば、『自殺対策に関する意識調査』では、「責任を取って自殺することは仕方がない」という考えについてどのように思うかたずねている。その結果を、性別と意識のクロス表（**図表５-10**）、年齢と意識のクロス表（**図表５-11**）にしてまとめた。

図表５-10からは、男性のほうが女性よりも「自殺は仕方がない」と考えている人の割合が多く、**図表５-11**からは、20歳代と70歳以上がその他の年齢階級よりも「自殺は仕方がない」と考えている人の割合が多いことが読みとれる。男性や高齢者は、じっさい、自殺者数（自殺死亡率）が多い（高い）集団である。また、20歳代は近年自殺者数が増加している年齢階級である。若い世代（10歳代及び20歳代）で死因の第１位が自殺となっているのは、先進国では日本のみであり国際的にみても深刻である（『令和３年版自殺対策白書』）。

図表５-10　性・「自殺は仕方がない」という考え別クロス表（％）

	そう思う	そう思わない	わからない	無回答	計（N）
男	10.5	69.8	11.6	8.1	100（934）
女	7.6	71.7	12.8	7.9	100（1057）
計	9.0	70.9	12.2	7.9	100（1991）

図表5-11　年齢・「自殺は仕方がない」という考え別クロス表（%）

	18〜19歳	20歳代	30歳代	40歳代	50歳代	60歳代	70歳以上	計
そう思う	5.7	11.1	8.6	6.1	7.4	7.6	13.4	9.0
そう思わない	65.7	67.8	71.1	77.3	74.2	77.9	58.2	70.7
わからない	22.9	11.6	12.0	10.7	13.2	8.7	15.2	12.3
無回答	5.7	9.5	8.3	5.9	5.2	5.8	13.2	8.0
計 (N)	100 (35)	100 (190)	100 (266)	100 (374)	100 (349)	100 (344)	100 (447)	100 (2005)

自殺率の性差について、社会学者の坂本俊生は、つぎのように説明する。「男性は女性よりも、援助を求めることによって、そのフェイス（面子、体面）が傷つきやすい。男性が他人に助けを求めることは恥だとする文化規範によって、男性は援助希求でスティグマを負わされることを女性よりも強く恐れている」。また、若年層の自殺率の上昇について、同じく社会学者の平野孝典は、「（若者にとって）不安定な就労形態や失業は、人々の心身の健康に深刻な影響を与え、自殺のリスクを高めると考えられる」と述べる。

では自殺予防のために必要なのは、男性や若者の意識改革だけだろうか。そうではない。個人の面子は、まわりのまなざしとの相互作用の中で、作られ維持されていくからだ。個人の意識だけでなく、他の男性そして女性、さまざまな年齢層の協力が必要になってくる。

たとえば、精神科の受診や失業がスティグマになるかどうかは、地域や社会によってまちまちである。人びとのまなざしや、そのまなざしを作り出す道徳観や規範意識は、個人が置かれた状況に関係なく、地域や社会との相互作用の中から生み出される。だからこそ、自殺予防においても地域ごとの取り組みが欠かせない。

かつて秋田県の自殺率は1995年から連続して全国ワースト１位を記録していた。事態を重くみた県は、2000年、行政と住民が連携して、地域づくりとしての自殺予防対策に力を入れ始めた。そこでは、住民を対象とした心の健康にかんする基礎調査の実施、住民にたいするうつ病や自殺にかんする正しい情報の提供と啓発活動、心理的に悩みを抱える人を相談窓口や医療機関につなげる努力、うつ病のリスクの高い人にたいする保健師による定期的なフォローアップ、地域で気軽に相談ができる「ふれあい相談員」というボランティアの育成などが積極的に行われた。その結果、2001年から４年間で自殺者が47％減少した。

他方、社会学者の岡檀によって行われた「自殺希少地域」研究は、自殺予防にかかわる専門家たちに大きな衝撃を与えた。岡は、自殺率が全国一低い徳島県旧海部町を、多角的に調べ上げ、自殺予防因子として５つの要素を抽出した。それらは、「いろんな人がいてもよい、いろんな人がいたほうがよい」「人物本位主義をつらぬく」「どうせ自分なんて、と考えない」「「病」は市に出せ」「ゆるやかにつながる」である。

法医学者の反町吉秀によれば、地域の首長が自殺対策に前向きな姿勢を見せるだけで、その地域の自殺の急速な減少が見られることがあるという。先に見た秋田モデルや自殺希少地域研究に倣い、社会は今後、自殺予防対策にさらに目を向けていく必要があるだろう。

練習問題

※模範解答を法律文化社 HP に掲載(詳しくは、本書 ii 頁)。

①《基礎》**図表5-12**は、「死刑制度に賛成か反対か」を男女20名に尋ねた結果である（架空例)。度数クロス表と百分率クロス表（行和を100%にする）をそれぞれ作成せよ。

図表5-12　20人のデータ

番号	性別	態度（回答）	番号	性別	態度（回答）
1	男	賛成	11	男	賛成
2	女	反対	12	男	反対
3	女	賛成	13	女	反対
4	女	反対	14	男	賛成
5	男	賛成	15	女	賛成
6	女	賛成	16	女	賛成
7	女	反対	17	男	反対
8	男	賛成	18	女	反対
9	女	賛成	19	男	賛成
10	男	賛成	20	女	反対

②《基礎》**図表5-13**は、『令和3年度全国学力･学習状況調査　保護者に対する調査』(国立教育政策研究所）の結果（速報）である。行和を100%にして百分率クロス集計表を作成せよ。割り切れない場合は、小数第2位を四捨五入して、小数第1位まで求めよ。

図表5-13　学校・教育に対する考え方　度数クロス表示（人）
「学校生活が楽しければ、良い成績をとることにはこだわらないと考えますか。」

	あてはまる	どちらかといえばあてはまる	どちらかといえばあてはまらない	あてはまらない	誤記入	無回答	計
小学校	4215	13343	9856	2547	30	334	30325
中学校	8822	28874	22190	6149	67	735	66837

③《トレーニング》**図表5-14**は、『自殺対策に関する意識調査』で「生死は最終的に本

人の判断に任せるべきである」に回答した2005人の内訳である。2変数の間にどういった傾向が確認できるか読みとってみよ。また、総数（N）を参考に各セルの度数を求めよ。

図表 5-14　年齢・「生死は本人の判断に任せるべき」という考え別　クロス表（%）

	18～19歳	20歳代	30歳代	40歳代	50歳代	60歳代	70歳以上	計
そう思う	51.5	46.3	38.3	35.6	28.4	24.4	23.9	31.5
そう思わない	25.7	29.5	30.8	38.8	49.0	55.0	43.4	42.1
わからない	17.1	14.7	22.6	19.8	17.2	14.8	19.5	18.3
無回答	5.7	9.5	8.3	5.9	5.4	5.8	13.2	8.1
計 (N)	100 (35)	100 (190)	100 (266)	100 (374)	100 (349)	100 (344)	100 (447)	100 (2005)

④《トレーニング》**図表 5-15**は、「ひきこもり」者38名のデータである。度数と百分率をまとめたひとつのクロス表を作成せよ。割り切れない場合は、小数第2位を四捨五入して、小数第1位まで求めよ。そして、2変数の間にどういった傾向が確認できるか読みとってみよ［荻野 2008：142-143を一部改変引用］。

図表 5-15　「ひきこもり」者38名のデータ

観測番号	観測値X（性別）	観測値Y*	観測番号	観測値X（性別）	観測値Y*	観測番号	観測値X（性別）	観測値Y*
1	男	大学生	14	男	高校生	27	男	高校生
2	男	大学生	15	男	大学生	28	男	大学生
3	男	大学生	16	男	中学生	29	男	大学生
4	男	高卒後	17	男	その他	30	男	その他
5	女	高校生	18	女	その他	31	女	大学生
6	男	中学生	19	女	高卒後	32	男	中学生
7	男	高校生	20	男	大学生	33	男	高校生
8	女	社会人	21	女	大学生	34	女	高卒後
9	男	中学生	22	男	高校生	35	男	社会人
10	女	社会人	23	女	社会人	36	男	高校生
11	男	高校生	24	男	大学生	37	男	高校生
12	女	その他	25	男	大学生	38	男	その他
13	女	社会人	26	女	高校生			

＊「ひきこもり」的生活開始時の属性

⑤《発展》**図表 5-16**は2008年、**図表 5-17**は2013年（あるいは2012年）の主要国別管理的

職業従事者（係長や課長、部長職など）数のデータである。百分率クロス集計表をそれぞれ作成せよ。割り切れない場合は、小数第２位を四捨五入して、小数第１位まで求めよ。そして、５年間の男女比の変化についてどういった傾向が確認できるか読みとってみよ［独立行政法人国立女性教育会館・伊藤 2012：40；男女共同参画統計研究会 2015：40］。

図表５-16　主要国別・管理的職業従事者数（2008年）

（単位：千人）

	女性	男性	計
ドイツ	1045	1719	2764
フランス	849	1356	2205
イタリア	636	1277	1913
スペイン	503	1055	1558
イギリス	1577	2981	4558
スウェーデン	76	160	236
ハンガリー	106	186	292
アメリカ	9412	12647	22059
カナダ	575	1022	1597
オーストラリア	437	753	1190
タイ	237	762	999
韓国	52	489	541
日本	160	1560	1720

図表５-17　主要国別・管理的職業従事者数（2013年）

（単位：万人）

	女性	男性	計
ドイツ	51	126	177
フランス	64	113	177
イタリア	23	61	84
スペイン	25	56	81
イギリス	108	212	320
スウェーデン	10	17	27
ハンガリー	7	11	18
アメリカ	990	1290	2280
カナダ	56	98	154
オーストラリア	46	82	128
タイ	73	116	189
韓国	5	41	46
日本	16	127	143

＊カナダ・オーストラリア・韓国は2012年のデータである。

チェックポイント

□クロス表の意義について理解できたか？

□原データから度数クロス表と百分率クロス表を作成することができたか？

□クロス表から２変数の関係を読みとることができたか？

［注］

1）ここでは架空例20人のデータを使ったが、実際の調査結果（**図表５-１**）においても、女性（30.5％）のほうが男性（23.3％）よりもやや高くなっている。自殺の原因としてうつ病が多いことはよく知られているが、うつ病は女性のほうが男性よりも２倍なりやすいといわれる。このあたりの背景が「自殺をしたいと思った経験の有無」と何か関係があるのかもしれない。

2）本来、自殺者の性別や年齢を比較するには、自殺死亡率（人口10万人あたりの自殺者数）を使う。

関連の強さをどう測る？

♣ 属性相関

1 本章のねらい

前章ではクロス表を紹介した。クロス表を用いることによって、ふたつの離散変数同士の関係をどのようにみたらよいのかについて、理解できたかと思う。本章では、離散変数の関連の度合いの分析、つまり、ふたつの離散変数がどの程度の強さで関連しているのかを測る方法について紹介する。連続変数同士の関連の度合いについては、次章の相関係数で取り扱う。

本章では、離散変数同士の関連の度合いを示す指標、すなわち属性相関のうち、主にファイ係数とクラメールの連関係数の使い方について学ぶ。ファイ係数は2×2という最もシンプルなクロス表にのみ用いることができる。2×2よりも大きいクロス表では、クラメールの連関係数を使うことができる。

統計的独立、相関関係、属性相関、連関係数、ϕ係数、χ^2値、期待度数、クラメールの連関係数、因果関係、独立変数、従属変数

2 基本概念

2－1 属性相関とは

クロス表の分析によって、2変数の間に何らかの関連がありそうだとわかった。しかし、「関連がある」といっても、「強い関連」もあれば、「弱い関連」も

ある。その関連はどの程度であるのかということを、知りたくはないだろうか。

◉ 独立と関連

変数間に「関連がある」、「関連がない」ということについて、もう少し正確に把握しておこう。まず、2変数の間に「関連がない」ことを**統計的独立**（statistical independence）と呼ぶ。

• 統計的独立 •

ある変数の分布状態が他の変数の値に応じて変化することがないこと。すなわち、2変数の間に「関連がない」ことをいう。

具体例を用いて確認しよう。**図表6－1**は統計的独立の場合のクロス表である。

図表6－1　完全に独立の場合のクロス表

	Y1	Y2	Y3	計
X1	1	5	7	13
X2	3	15	21	39
X3	5	25	35	65
計	9	45	63	117

どの行の各セルの比も、1:5:7になっている。同様に、どの列の各セルの比も、1:3:5になっていることを確認してほしい。そして、それらは周辺度数の比に等しくなっているだろう。一方の変数の値によって他方の変数の分布状態は変わっていない。これが、完全に独立な状態である。逆に、変数の分布状態が他の変数の値によって変わるとするならば、ふたつの変数の間には何らかの関連があるということになる。この状態は**相関関係**（correlation）と呼ばれる。

◉ 属性相関

2変数間に何らかの「関連がある」として、その関連の強さはどのようにしたら知ることができるのだろうか。離散変数の相関関係のことを**属性相関**（measure of association）と呼ぶ。そして、属性相関の強さを知るための指標として、これまでにいろいろな連関係数が開発されてきた。

◉ 連関係数

・連関係数・

ふたつの離散変数同士の関連性をあらわす指標のこと。

ここでは代表的な**連関係数**（coefficient of association）について理解しよう。

連関係数は、2×2表にのみ利用できるものと、それ以外のクロス表（k×ℓ）にも利用できるものに分けられる（**図表6-2**）。

図表6-2　代表的な連関係数

クロス表の大きさ	連関係数	統計量
2×2	ファイ係数	ϕ
k×ℓ	クラメールの連関係数	v

2-2　2×2表における連関係数

まず、最もシンプルなクロス表である2×2表において利用可能な係数を紹介しよう。

◉ φ係数（四分点相関係数）

φ（ファイ）**係数**（phi coefficient）は四分点相関係数とも呼ばれる。まずは**図表6-3**をみてほしい。2×2表で、独立であるということは、$n_{11}:n_{12}=n_{21}:n_{22}$ということである。したがって、$n_{11}\times n_{22}=n_{12}\times n_{21}$となる。φ係数の計算式はこれを利用して作られている。

図表6-3　2×2のクロス表

	Y1	Y2	計
X1	n_{11}	n_{12}	$n_{1.}$
X2	n_{21}	n_{22}	$n_{2.}$
計	$n_{.1}$	$n_{.2}$	N

$$\phi = \frac{n_{11} \times n_{22} - n_{12} \times n_{21}}{\sqrt{(n_{11}+n_{12})(n_{21}+n_{22})(n_{11}+n_{21})(n_{12}+n_{22})}}$$

分子をみてほしい。$n_{11} \times n_{22} - n_{12} \times n_{21}$となっている。したがって、独立であるならば、式＝０になる。ϕ係数は$-1 \leqq \phi \leqq 1$をとる。また、ϕ係数は、n_{11}とn_{22}が、n_{12}とn_{21}と比較して、大きければ＋になり、逆に、n_{12}とn_{21}が、n_{11}とn_{22}と比較して、大きければ－になる（＋－の符号は２変数の関連の方向性を示し、それをどのように読むかについては、２変数のカテゴリーの種類・特性やその配列によって適宜解釈することになる）。

では、こうして計算されたϕ係数はどのような意味を持つだろうか。０が無関連（統計的独立）であり、±１に近づくほど関連が強いといえる。なかなか値の意味を理解しにくいと思うが、いくつかのクロス表とϕ係数の例を示しておこう（**図表６－４**）。ϕ係数の値が0.6もあれば関連は強いといえるだろうが、0.2ぐらいであれば関連はあるにせよ、それは弱い関連だとみなせるだろう[1)]。

図表６－４　クロス表とϕ係数

	Y１	Y２
X１	100	0
X２	0	100

ϕ =1.0

	Y１	Y２
X１	90	10
X２	10	90

ϕ =0.8

	Y１	Y２
X１	80	20
X２	20	80

ϕ =0.6

	Y１	Y２
X１	70	30
X２	30	70

ϕ =0.4

	Y１	Y２
X１	60	40
X２	40	60

ϕ =0.2

	Y１	Y２
X１	50	50
X２	50	50

ϕ =0.0

ϕ係数は、つぎに学ぶクラメールの連関係数の、２×２表に適用されたときの特殊なケースである。あとで確認して欲しい。

では、具体例を用いて計算してみよう。

【例６－１】大学生に１日の平均的な動画サイト利用時間をたずねた。それを男女別に整理したところ、**図表６－５**のようなクロス表が得られた。利用時間が１日に２時間未満か、２時間以上かで分けている。男性と女性では、動画サイト利用時間に違いがあるだろうか。計算式に値をあてはめて、性別と動画サイト利用時間の関連の強さについて計算してみよう。

図表6－5　性別と1日の動画サイト利用時間（架空例）

	2時間未満	2時間以上	計
男	22人	38人	60人
女	43人	52人	95人
計	65人	90人	155人

ϕ係数はつぎの計算で求めることができる。

$$\phi=\frac{22\times52-38\times43}{\sqrt{(22+38)(43+52)(22+43)(38+52)}}=\frac{1144-1634}{\sqrt{60\times95\times65\times90}}=\frac{-490}{\sqrt{33345000}}=-0.0848\cdots\cdots\fallingdotseq-0.085$$

ϕ係数は0に近いので、性別と動画サイトの利用時間にはほとんど関連がないといえるだろう。

2－3　k×ℓ表における連関係数

つぎに、k×ℓ表における連関係数として、クラメールの連関係数について説明する。そのまえに、まずχ^2値を紹介しよう。

◉ χ^2値

k×ℓ表は、たとえば、2×4だったり4×4だったりするが、例としてあげる図表6－6のクロス表は3×3である。

図表6－6　k×ℓのクロス表

	Y1	Y2	Y3	計
X1	n_{11}	n_{12}	n_{13}	$n_{1.}$
X2	n_{21}	n_{22}	n_{23}	$n_{2.}$
X3	n_{31}	n_{32}	n_{33}	$n_{3.}$
計	$n_{.1}$	n_{2}	n_{3}	N

k×ℓ表におけるクラメールの連関係数を算出するために、χ^2値（chi-square：「カイジジョウチ」と読む）を利用する。

• χ^2値 •

観測度数と期待度数のズレをみるための統計量のこと。

χ^2値を計算するためには、まず**期待度数**（expected frequency）を求めねばならない。期待度数 $e_{ij} = \frac{n_{i.} n_{.j}}{N}$（iは行、jは列）で求めることができる。

• 期待度数 •

ふたつの変数が独立であることを仮定したときに、予測される値のこと。クロス表の行和 $n_{i.}$ と列和 $n_{.j}$ を掛けて、それを N で割った値である。

統計的独立は無関連の状態であり、こうした独立と考えられる状態から離れているほど、２変数間の関連は強いということになる。したがって、このズレの度合いを指標化すればよい。それは実際に観測された度数と期待度数を利用することで計算することができる。このように、χ^2 値はクロス表の独立の状態からどの程度乖離しているか（ズレているか）を示す統計量である。

χ^2 値を求める公式は以下のとおりである。

$$\chi^2 = \frac{（観測度数－期待度数）の２乗}{期待度数}の総和$$

$$\chi^2 = \sum_{i=1}^{k}\sum_{j=1}^{\ell} \frac{(i行j列のセルの観測度数－i行j列のセルの期待度数)^2}{i行j列のセルの期待度数}$$

$$= \sum_{i=1}^{k}\sum_{j=1}^{\ell} \frac{(n_{ij} - e_{ij})^2}{e_{ij}}$$

$$= \sum_{i=1}^{k}\sum_{j=1}^{\ell} \frac{\left(n_{ij} - \frac{n_{i.} n_{.j}}{N}\right)^2}{\frac{n_{i.} n_{.j}}{N}}$$

χ^2値は、各セルについて、観測度数と期待度数の差を２乗したものを期待度数で割り、それらの値を足し合わせたものである。こうすることによって、独立の状態からの乖離を数値化できる。χ^2 値は第**15**章で学ぶ独立性の検定においても利用するとても重要なものなので、実際に以下の例を用いて計算の仕方をマスターしよう。

【例6－2】 高校生に校則にかんする意見をたずねた。それを学年別に整理したところ、**図表6－7** のようなクロス表が得られた。χ^2 値を求めてみよう。

図表6－7　高校生の校則にたいする意見（架空例）

	賛成	どちらでもない	反対	計
1年生	n_{11} ＝ 40人	n_{12} ＝ 8人	n_{13} ＝ 18人	$n_{1.}$ ＝ 66人
2年生	n_{21} ＝ 28人	n_{22} ＝ 17人	n_{23} ＝ 11人	$n_{2.}$ ＝ 56人
3年生	n_{31} ＝ 32人	n_{32} ＝ 10人	n_{33} ＝ 21人	$n_{3.}$ ＝ 63人
計	$n_{.1}$ ＝ 100人	$n_{.2}$ ＝ 35人	$n_{.3}$ ＝ 50人	N ＝ 185人

まず、期待度数を計算する。期待度数は行和と列和を掛けて、それをNで割ればよかった。すると **図表6－8** のようになる。1行1列について説明しよう。1行（1年生）の行和は66人、1列（賛成）の列和は100人である。したがって66×100をN、すなわち185人で割ればよい。$\frac{66\times100}{185} \fallingdotseq 35.7$ である。

図表6－8　期待度数の計算（人）

	賛成	どちらでもない	反対	計
1年生	$e_{11} = \frac{66\times100}{185} \fallingdotseq 35.7$	$e_{12} = \frac{66\times35}{185} \fallingdotseq 12.5$	$e_{13} = \frac{66\times50}{185} \fallingdotseq 17.8$	$n_{1.}$ ＝ 66
2年生	$e_{21} = \frac{56\times100}{185} \fallingdotseq 30.3$	$e_{22} = \frac{56\times35}{185} \fallingdotseq 10.6$	$e_{23} = \frac{56\times50}{185} \fallingdotseq 15.1$	$n_{2.}$ ＝ 56
3年生	$e_{31} = \frac{63\times100}{185} \fallingdotseq 34.1$	$e_{32} = \frac{63\times35}{185} \fallingdotseq 11.9$	$e_{33} = \frac{63\times50}{185} \fallingdotseq 17.0$	$n_{3.}$ ＝ 63
計	$n_{.1}$ ＝ 100	$n_{.2}$ ＝ 35	$n_{.3}$ ＝ 50	N ＝ 185

つぎに、χ^2 値を計算するために必要な値を計算する。まとめて示したものが **図表6－9** である。計算は先に示した公式を使えばよい。

図表6－9　χ^2 値の計算

i行j列	(1, 1)	(1, 2)	(1, 3)	(2, 1)	(2, 2)	(2, 3)	(3, 1)	(3, 2)	(3, 3)	計
観測度数 n_{ij}	40	8	18	28	17	11	32	10	21	185
期待度数 $e_{ij} = \frac{n_{i.}\,n_{.j}}{N}$	35.7	12.5	17.8	30.3	10.6	15.1	34.1	11.9	17.0	185
$n_{ij} - e_{ij}$	4.3	−4.5	0.2	−2.3	6.4	−4.1	−2.1	−1.9	4.0	----
$(n_{ij} - e_{ij})^2$	18.49	20.25	0.04	5.29	40.96	16.81	4.41	3.61	16.0	----
$(n_{ij} - e_{ij})^2/e_{ij}$	0.518	1.620	0.002	0.175	3.864	1.113	0.129	0.303	0.941	8.665

χ^2 値は8.67（≒0.518＋1.620＋0.002＋0.175＋3.864＋1.113＋0.129＋0.303＋0.941）となった。計算の仕方は理解できただろうか。

この χ^2 値を利用して、関連を測る係数が開発されている。χ^2 値はそのままの形では独立・関連を示す適切な指標として利用することはできない。なぜならば、χ^2 値は標本のデータの数やクロス表の行と列の数に大きく左右されるからである。この点については、第**15**章（194－195頁）で詳しく説明しているので、そちらを参照してほしい。

◉ クラメールの連関係数

χ^2 値を利用した連関係数として、**クラメールの連関係数**(v)がある。クラメールの連関係数は χ^2 値をNのサイズで調整している。

$$v=\sqrt{\frac{\chi^2}{((k\times\ell\text{表において}k\text{か}\ell\text{の小さいほうの数})-1)\times N}}=\sqrt{\frac{\chi^2}{(\min(k,\ell)-1)N}}$$

min（k、ℓ）はk×ℓ表において、kかℓのどちらか小さいほうの数を意味している。kとℓが同じ場合にはどちらでもよい。クラメールの連関係数は0≦v≦1の範囲をとることがわかっている。0が無関連であり、1に近いほど関連は強い。

クラメールの連関係数は、公式のように計算を工夫していて、データの数や行、列の数に影響されることがない。クラメールの連関係数を2×2表に適用した場合には、ϕ 係数に一致する[2)]。このことは、実際に公式を使って計算してみて、自分で確かめてほしい。

図表6－7の例を使って、計算してみよう。χ^2 値は先ほど計算して8.67とわかっている。公式に従って計算すると、クラメールの連関係数は、つぎのようになる。

$$v=\sqrt{\frac{8.67}{(3-1)\times185}}=0.1530\cdots\cdots\fallingdotseq0.153$$

クラメールの連関係数は0.153なので、「学年と校則に関する意見の間には関連がある」とはいえそうだが、その関連はあまり強くないことがわかる。

2－4　相関関係と因果関係

ここまで学んできたように、2変数間に何らかの「関連がある」ということは、ひとつの変数の変化につれて、もうひとつの変数も変化するということである。2変数の間にそうした関連がみられるとき、ある変数が原因となって、別の変数を規定しているということもあるだろう。この関係が**因果関係**(causal relation) である。

• 因果関係 •

ある変数が原因で別の変数が結果となるという、2変数間の関係のこと。

因果関係が変数間で想定される場合、原因となる変数が**独立変数**（independent variable）であり、その変数によって規定される変数が**従属変数**（dependent variable）である[3)]。

因果関係があるといいうるには、先に学んだ相関関係があるということ以外に、いくつかの条件を満たさなければならない。ひとつには時間性である。独立変数は原因であるのだから、結果である従属変数よりも時間的に先行するものでなければならないだろう。

もうひとつは合理性である。日常的な経験的知識に反するような因果関係を想定することは適切ではないだろう。たとえば、身長と成績に相関関係があったとして、身長が成績を決めているとは考えにくいだろう。ただし、この合理性は経験的知識に依存するだけに、時間性の場合ほど明確ではない。2変数間の関係がたんなる相関関係ではなく、因果関係であるかどうかは、慎重に判断する必要がある。

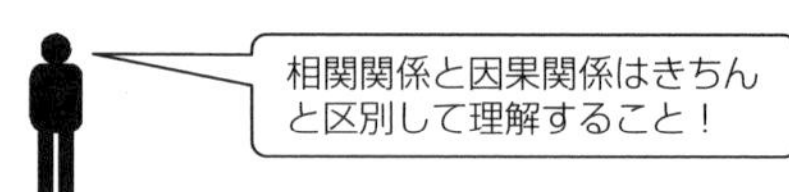

③ 応用研究：宗教と中絶にたいする態度(1)

かつて日本では、人工妊娠中絶の件数が年間に100万件を超えていた。そのイメージを引きずってか、日本は中絶件数が非常に多い国であるように思われている。だが、実際には、現在では30万件を切っており、諸外国と比べても決して多いというわけではない［国立社会保障・人口問題研究所 2010］。

かつて日本で中絶件数が多かったのは、中絶を禁ずるような宗教的教えが存在していなかったことも一因かもしれない。実際にアメリカでは、中絶にたいする態度が、大統領選においてもかなり大きな争点となる。アメリカにはキリスト教信者が多く、かれらの多くは中絶を認めることに強く反対しているからだ。一部にはかなり過激な人びともおり、たとえば、中絶手術をおこなう産婦人科医を殺害する事件さえ起きている。

ところでキリスト教といってもいろいろな宗派がある。代表的なものはカトリックとプロテスタントであろう。アメリカの国勢調査によると、アメリカ人における宗教人口の比率は、プロテスタントが51.3％、カトリック23.9％となっている（2007年）。その他の宗派も含めたキリスト教全体は75.8％である。

では、カトリックとプロテスタントで、中絶にたいする態度に違いがみられるだろうか。Frankfort-Nachmias と Leon-Guerrero は、1988年から1991年に実施されたGSS[4)]のデータの分析から、「宗派によって中絶への態度は異なる」という仮説を検証している［Frankfort-Nachmias & Leon-Guerrero 2009］。この調査では、既婚女性がそれ以上子どもを望まないときに、中絶をすることにたいして支持するか、支持しないかをたずねている。

宗派と中絶への態度の関連を表すクロス表をみてみよう（**図表６-10**）。どのようなことが読みとれるだろうか。

図表６-10　宗派と中絶への態度

	中絶支持	中絶反対	計
カトリック	56人（34％）	107人（66％）	163人（100％）
プロテスタント	109人（45％）	131人（55％）	240人（100％）
計	165人（41％）	238人（59％）	403人（100％）

（出典：Frankfort-Nachmias & Leon-Guerrero [2009]）

両派とも、中絶に反対する人のほうが多い。だが、明らかにカトリックのほうがプロテスタントよりも中絶に反対している。ここから判断すると、宗派が中絶にたいする態度に影響しているかに思われるが、連関係数を計算して判断する必要がある。２×２のクロス表であるから、ϕ係数を計算する。

$$\phi = \frac{56 \times 131 - 107 \times 109}{\sqrt{(56+107)(109+131)(56+109)(107+131)}} = \frac{7336 - 11663}{\sqrt{163 \times 240 \times 165 \times 238}}$$

$$= \frac{-4327}{\sqrt{1536242400}} = -0.1103 \cdots\cdots \fallingdotseq -0.110$$

$\phi = -0.110$となり、宗派と態度との関連はそれほど強くはないが、何らかの関連があるようだといえそうである。

さて、この分析結果から、「宗派によって妊娠中絶への態度は異なる」という仮説は支持されたといってよいのだろうか。実は、著者らはこの仮説そのものに疑いを抱き、この研究をおこなっているのである。なぜ仮説は支持されたと結論できないのだろうか。この続きは第**9**章の応用研究で紹介したい。

4 練習問題

※模範解答を法律文化社 HP に掲載(詳しくは、本書ⅱ頁)。

①《基礎》次の文章を読み、ⅰ～ⅵの空欄に適切な言葉を、下記の選択肢のなかから正しい語句を選んで埋めよ。

ある変数の分布状態が他の変数の値に応じて変化することがないこと、すなわち２変数の間に「関連がない」ことを（　ⅰ　）という。逆に、変数の分布状態が他の変数の値によって変わるとするならば、ふたつの変数の間には何らかの関連があるといえる。この状態を（　ⅱ　）関係と呼ぶ。

２変数の間に何らかの関連が見られるが、ある変数が原因となって、別の変数を規定しているとき、その関係を（　ⅲ　）関係と呼ぶ。そのときに、原因となる変数が（　ⅳ　）変数であり、その変数によって規定される変数が（　ⅴ　）変数である。

２変数の間に単なる（　ⅱ　）関係ではなく、（　ⅲ　）関係があるといいうるための条件は、原因となる変数がその変数によって規定される変数より（　ⅵ　）的に先行していること、日常的な経験的知識に照らして合理的であることである。

選択肢：因果、空間、従属、比例、時間、擬似、相関、分散、回帰、
統計的独立、媒介、独立

②《トレーニング》ある病気にたいして、新しい薬の効果を調べるために治験をおこなったとしよう。無作為抽出でそれぞれ100人のグループを作り、A 群には新しい薬を投与し、B 群には従来の薬を投与した。A 群では60人が回復し、B 群では45人が回復した。以下の問題に答えよ。

(i)　百分率クロス表を作成せよ。

(ii)　ϕ係数を算出せよ。

(iii)　χ^2値を算出せよ。

(iv)　クラメールの連関係数を算出し、ϕ係数と同じであることを確かめよ。

(v)　新しい薬の効果は従来の薬よりもあったといえるだろうか。百分率クロス表と求めた属性相関から判断せよ。

③《トレーニング》橘木俊詔と浦川邦夫の『日本の貧困研究』では、国立社会保障・人口問題研究所が2003年に実施した『社会生活基本調査』のデータを利用し、世帯所得によってサンプルを貧困層と非貧困層に分け、「家族との食事」との関連を分析している。貧困層では、「月に1回超」が75人、「月に1回以下あるいは全くない」が113人であった。それに対して、非貧困層では、「月に1回超」が771人、「月に1回以下あるいは全くない」が556人であった。これらのデータから、「家族との食事」を行にして、クロス表を作成せよ。そのうえで、ϕ係数を算出せよ。割り切れない場合、小数第4位を四捨五入して、小数第3位まで求めよ。

④《発展》内閣府は「男女共同参画社会に関する世論調査」を実施した。本調査では、「結婚は個人の自由であるから、結婚してもしなくてもどちらでもよい」という考え方についてたずねている。**図表6-11**は、年齢別にクロス集計したものである（「わからない」という回答を除外している）。

(i)　百分率クロス表を作成せよ。

(ii)　クラメールの連関係数を算出せよ。ただし、χ^2値は402.42である。

(iii)　百分率クロス表とクラメールの連関係数から、年齢別の結婚にかんする意見について、どのような解釈をすることができるか。

図表6-11　年齢別の結婚にかんする意見（人）

	賛成	どちらかといえば賛成	どちらかといえば反対	反対	計
20歳代	213	88	30	14	345
30歳代	321	153	54	21	549
40歳代	294	133	63	33	523
50歳代	344	185	122	88	739
60歳代	263	169	173	132	737
70歳以上	123	97	133	148	501
計	1558	825	575	436	3394

（出典：内閣府「平成16年 男女共同参画社会に関する世論調査」）

⑤《発展》内閣府が2020年に実施した「食生活に関する世論調査」では、自然の恩恵や食の生産活動への感謝を感じるかどうかについてたずねている。**図表6-12**は、年齢別にクロス集計したものである（「無回答」を除外している）。

(i) クラメールの連関係数を算出せよ。ただし、χ^2値は90.79である。

(ii) クラメールの連関係数から、年齢と自然の恩恵や食の生産活動への感謝の有無の関係について、解釈を記述せよ。

図表 6-12　年齢別の自然の恩恵や食の生産活動への感謝の有無

	よく感じることがある	ときどき感じることがある	たまに感じることがある	全く感じない	計
20歳代	45	75	76	15	211
30歳代	71	85	66	21	243
40歳代	104	137	94	15	350
50歳代	109	134	86	10	339
60歳代	127	115	73	8	323
70歳以上	238	162	81	19	500
計	694	708	476	88	1966

（出典：内閣府「令和２年 食生活に関する世論調査」）

チェックポイント

□２変数の間に「関連がある」「関連がない」（統計的独立）ということの意味が理解できたか？

□χ^2値について理解することができたか？

□連関係数（ϕ、v）について理解し、係数の値を算出することができるようになったか？

[注]

1）ただし、一概に「強い」「弱い」といい切ることはできない。詳細については、第**7**章で深く検討する。

2）クラメールの連関係数は正の値しかとらないのに対して、ϕ係数は負の値もとる。したがって、厳密にいえば、ϕ係数の絶対値がクラメールの連関係数と一致するということである。絶対値とは、数直線上において、原点（0）からどのくらい離れているかという大きさを表したものである。

3）独立変数は説明変数（explanatory variable）、従属変数は被説明変数（explained variable）とも呼ばれる。

4）GSS（General Social Survey）は1972年から継続してアメリカでおこなわれている総合的社会調査で、それらのデータは公開され、幅広く利用されている。シカゴ大学のNational Opinion Research Center によって実施されている。

第7章 連続変数同士の関連を分析する（その1）

♣ 散布図と相関係数

1 本章のねらい

第5章と第6章では離散変数同士の関連性を分析する仕方を学んだ。その分析の第一歩はクロス表を作成することだった。本章と次章では、連続変数同士の関連性（たとえば、身長と体重の関連性、国の面積と人口の関連性など）を分析する仕方を学ぶことにしよう。その分析の第一歩は散布図を作ることである。また、第6章ではクロス表から属性相関を計算し、離散変数同士の関連の方向性や強さを数値で示す仕方を学んだ。同様に、本章でも散布図にもとづいて相関係数を計算し、連続変数同士の関連の方向性と強さを測定する仕方を学ぶ。

本章の主な目的は散布図の見方、描き方、相関係数の考え方、計算方法、解釈の仕方を学ぶことである。本章の内容は第8章や第9章の内容をマスターする際の基礎になる。しっかり頭に入れておこう。

散布図、相関係数、偏差積和、共分散

2 基本概念

2－1 散布図

図表7－1は成人男性9人の身長と体重の関連性を調べた結果である。データ

は左から順に、身長が低い人から高い人へとならべてある。身長が高い人ほど体重が重い、という関連がありそうだが、身長のわりに体重の軽い人（5番さん）や、身長のわりに体重の重い人（4番さん）もいて、表の数値をみただけでは、なかなかピンとこない。

図表7-1　9人の成人男性の身長と体重（架空例）

観測番号（i）	1	2	3	4	5	6	7	8	9
身長（cm）：(X_i)	162	165	168	170	173	175	177	179	183
体重（kg）：(Y_i)	58	60	65	72	60	70	65	69	78

そこで**図表7-1**をグラフで表現したのが**図表7-2**である。これを**散布図**(scatterplot）という。横軸に身長、縦軸に体重をとっている。

散布図

ふたつの連続変数の関連性をグラフで示したもの。点の散らばり具合で、2変数の関連性を視覚的に把握するために使う。

図表7-2　身長と体重の散布図

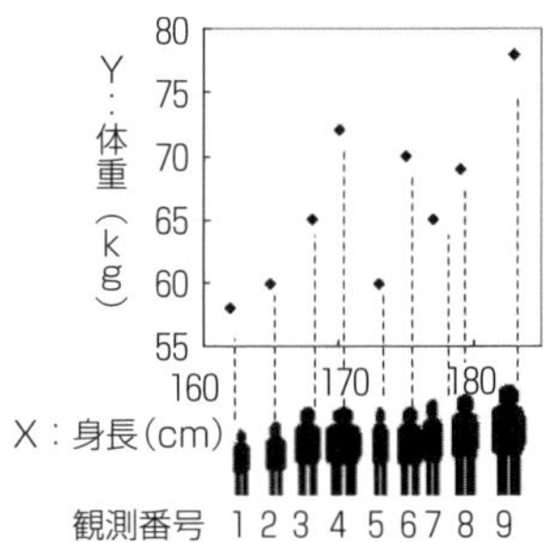

図上の各点は**図表7-1**の1番から9番の人に対応する。各点からX軸へ縦線を下ろしてX軸の目盛を読めばその人の身長がわかり、同じ点からY軸に横線を引いてY軸の目盛を読めばその人の体重がわかる。点の散らばりをみると、図の右側の点（身長が高い）ほど上のほうにある（体重が重い）。つまり、身長が高い人ほど体重が重いという関連がある。こうして散布図から2変数の関連性を視覚的に把握できるのだ。

では実際に散布図を描いてみよう。**図表7-3**は、塾講師のバイトをする大学生、計子さんが担当クラスの小学生９人の国語と社会のテストの点をまとめたものである。ここから国語の成績と社会の成績との関連について、どんなことがいえるか。国語は全教科の基礎とされ、社会とともに文系科目とされているが、実際に国語のできる子は社会もできるのか。計子さんは散布図を描いて傾向を確かめることにした。しかし観測番号１番の点（国語60点、社会65点）を書き込んだところで、あなたに助けを求めてきた。２番さんから９番さんの点を**図表７−３**に書き入れ、散布図を完成させてほしい。

図表７−３　９人の小学生のテストの得点（架空例）

観測番号（i）	1	2	3	4	5	6	7	8	9	平均
国語の点数（X_i）	60	65	70	70	75	80	80	85	90	$\overline{X}=75$
社会の点数（Y_i）	65	75	70	75	90	75	85	95	90	$\overline{Y}=80$

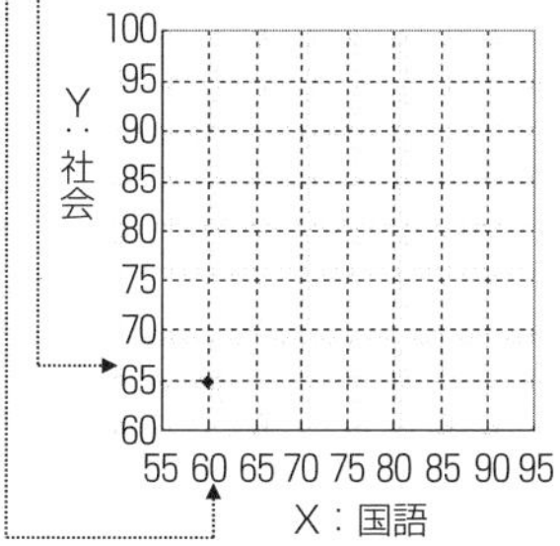

２−２　関連の方向性・強さと相関係数

図表７−２や**図表７−３**で散布図とは何かがわかったと思う。ふたつの散布図の点の散らばりはよく似た形になっただろう。しかし、まったく違った形の散布図が描かれることもある。散布図を描く目的は、こうした点の散らばり方の違いで、２変数の関連の方向性と強さの違いを把握することにある。

関連の方向性とは何か。**図表７−４**の点は右肩上がりの一本の直線状にならぶ。Xが大きければYも大きく、Xが小さければYも小さい。これを正の関連という。この図ほど完全ではないが、**図表７−２**や**図表７−３**も正の関連を示す。一方、**図表７−５**の点は右肩下がりの一本の直線状にならぶ。Xが大きければYは小さく、Xが小さければYは大きい。これを負の関連という。ちなみに**図表７−６**では、点は曲線状に分布し、右肩下がりの部分と右肩上がりの部分がある。

関連は認められるが方向性は正とも負ともいい難い（また、本書では２変数の直線的な関連のみを説明する）。

図表７－４　正の関連

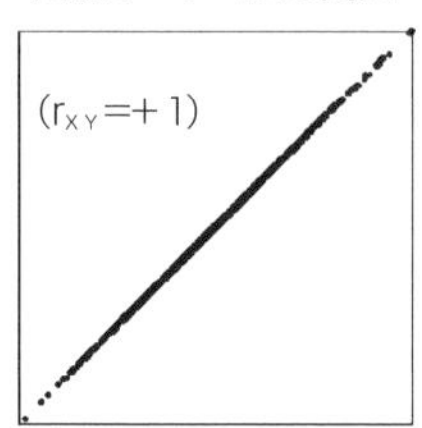

図表７－５　負の関連

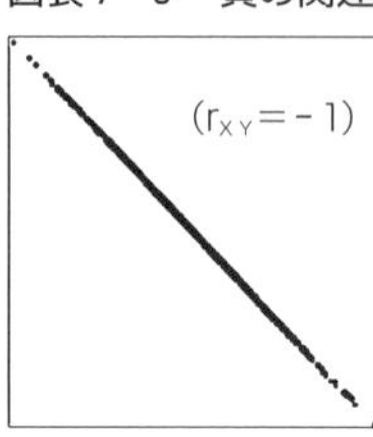

図表７－６　曲線的な関連

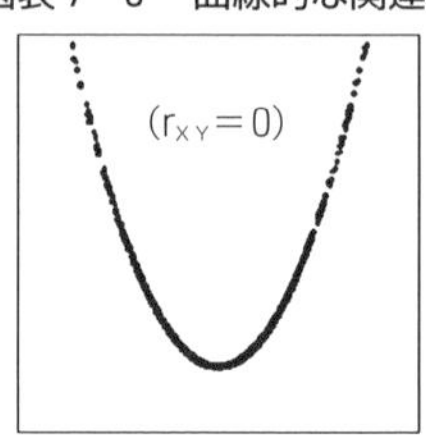

つぎに、関連の強さとは何か。**図表７－７**～**図表７－９**を見比べよう。**図表７－７**・**図表７－８**では、（先の**図表７－４**ほど完全ではないが）ともに一応、点は右肩上がりに並んでいる。しかし、**図表７－７**の点のほうがより１本の直線に近い。さらに**図表７－９**の点の分布はもはや右肩上がりとも右肩下がりともいい難い。よって、関連の度合いは**図表７－７**が最も強く、**図表７－８**はつぎに強い。そして、**図表７－９**は最も弱いといえよう。

図表７－７

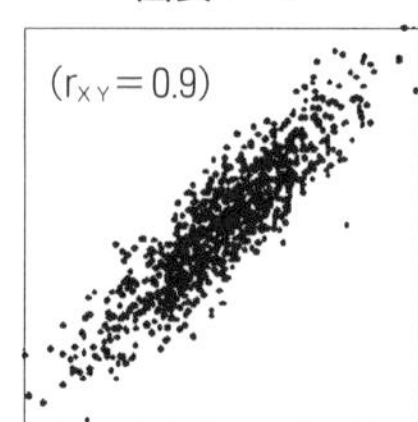

図表７－８

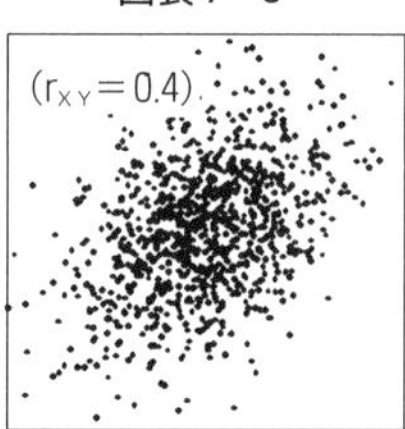

図表７－９

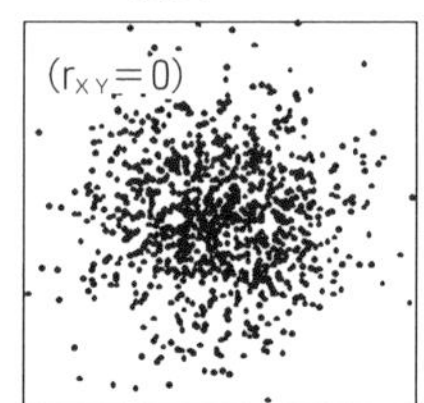

関連の方向性・強さ

- 正の関連　⇒散布図の点が右肩上がり⇒Ｘが大きければＹも大きい
- 負の関連　⇒散布図の点が右肩下がり⇒Ｘが大きいとＹは小さい
- 関連が強い⇒散布図の点が線状になる
- 関連が弱い⇒散布図の点が線状にならない

しかし、１枚の散布図をみて誰もが同じ判断を下すとはかぎらない。たとえば、先ほどは**図表７－８**を「右肩上がり」と判断したが、**図表７－９**と大きな違いを見出せない読者もいるに違いない。クロス表での関連性を属性相関で判断したように（第**6**章を参照）、散布図での関連性も何らかの数値で判断するのがよい。そこで**相関係数**（correlation coefficient）という数値が使われる。

図表7-4～**図表7-9**に表示した数値が相関係数である。XとYの相関係数を記号で r_{XY} と書く。相関係数は最大＋１、最小－１の値をとる。相関係数の符号から関連の方向性、絶対値の大きさから関連の強さがわかる。相関係数が＋１になるのは完全な正の関連がある場合、つまり、**図表7-4**のように、散布図が右肩上がりの一直線になる場合である。逆に、相関係数が－１になるのは、完全な負の関連がある場合、つまり、**図表7-5**のように散布図が右肩下がりの一直線になる場合である。相関係数が０になるのは、**図表7-9**のように直線的な関連性がまったくみられない場合である。ただし、**図表7-6**のように相関係数がゼロでも曲線的な関連がある場合もあるので注意しよう。**図表7-7**と**図表7-8**を比べれば、関連が強いほど、相関係数の絶対値が大きいということが実感できるだろう。

相関係数

・ふたつの連続変数の直線的関連性の強さと方向性を示す数値のこと。
・変数ＸとＹの相関係数 r_{XY} は－１～＋１までの値をとる。
・r_{XY} ＝１（完全な正の相関）、r_{XY} ＝－１（完全な負の相関）、r_{XY} ＝０（無相関）

2－3　相関係数の計算

相関係数の計算は前章までの計算よりも面倒である。実際の分析では表計算ソフトや統計ソフトを使うとよい。しかし、まずは電卓での手計算に挑戦しよう。１度手計算してプロセスを確認すれば、必ず理解が深まるからだ。

数男くんが知人９人の年齢（X）と携帯電話への月額支出（Y）との関連性を調べることになった（**図表7-10**）。若い人ほど携帯電話をよく使用するといわれるが、身近な９人の知人でこのことがいえるだろうか。以下、ステップごとに計算のプロセスをみていく。

図表7-10　９人の年齢と携帯電話への月額支出（架空例）

観測番号（i）	1	2	3	4	5	6	7	8	9	平均
年齢（歳）：(X_i)	25	30	35	40	45	50	55	60	65	$\bar{X}=45$
支出（千円）：(Yi)	10	6.5	8	4.5	5.5	8	3	4	4.5	$\bar{Y}=6$

Step 1　偏差積和の計算——Xの偏差とYの偏差を掛けたものを合計する

相関係数を計算するには、まず**偏差積和**（sum of products of deviation）を計算する。偏差積和とはXの偏差（第**4**章を参照）とYの偏差を掛けた値をすべて合計した値である。偏差とは観測値から平均値を引いた値だった。

・XとYの偏差積和＝（Xの偏差×Yの偏差）の合計

・$\sum_{i=1}^{N}(X_i-\overline{X})(Y_i-\overline{Y})=(X_1-\overline{X})(Y_1-\overline{Y})+(X_2-\overline{X})(Y_2-\overline{Y})+\cdots\cdots+(X_N-\overline{X})(Y_N-\overline{Y})$

計算プロセスは**図表7-11**に示した。まずXの各観測値の偏差（$X_i-\overline{X}$）を求める。観測番号1番の年齢は25歳、平均は45歳だから偏差は25－45＝－20となる。$(X_i-\overline{X})^2$ は偏差積和の計算には関係ないが、後々必要になるから、ここで計算しておく。すると400になる。観測番号2番以降も同様に求める。**図表7-11**では観測番号3番の計算結果が空けてあるので埋めてみてほしい。

つぎに、Yの各観測値の偏差（$Y_i-\overline{Y}$）を求める。観測番号1番の支出は10（千円）、平均は6（千円）だから偏差は10－6＝4となる。やはり、あとで必要になるから $(Y_i-\overline{Y})^2$ を求めておく。すると16になる。観測番号2番以降も同様である。やはり観測番号3番の計算結果を**図表7-11**に埋めてみてほしい。

つぎに、Xの偏差とYの偏差の積（$X_i-\overline{X}$）（$Y_i-\overline{Y}$）を求める。1番のXの偏差は－20、Yの偏差は4だから、偏差の積は－20×4＝－80である。観測番号2番以降も同様に求める。観測番号3番の計算結果を**図表7-11**の空欄に埋めてほしい。

図表7-11　相関係数の計算プロセス

観測番号（i）		1	2	3	4	5	6	7	8	9	計
年齢・歳	観測値（X_i）	25	30	35	40	45	50	55	60	65	—
	平均値（$\overline{X}$）	45	45	45	45	45	45	45	45	45	—
	偏差（$X_i-\overline{X}$）	－20	－15		－5	0	5	10	15	20	—
	$(X_i-\overline{X})^2$	400	225		25	0	25	100	225	400	1500
支出・千円	観測値（Y_i）	10	6.5	8	4.5	5.5	8	3	4	4.5	—
	平均値（$\overline{Y}$）	6	6	6	6	6	6	6	6	6	—
	偏差（$Y_i-\overline{Y}$）	4	0.5		－1.5	－0.5	2	－3	－2	－1.5	—
	$(Y_i-\overline{Y})^2$	16	0.25		2.25	0.25	4	9	4	2.25	42
（$X_i-\overline{X}$）（$Y_i-\overline{Y}$）		－80	－7.5		7.5	0	10	－30	－30	－30	－180

そして、この偏差の積をすべて合計した値が偏差積和「－180」である。偏差積和の符号は関連の方向性を示す[1)]。この場合は負なので、「年齢の高い人ほど携帯への支出は低い」という負の関連があるとわかる。しかし、関連の「強さ」を把握するためには、ステップ２以降の計算が必要になる。

Step 2　共分散の計算―― 偏差積和をＮ－１で割る

偏差積和はデータの個数（N）が増すと、関連の強さとは無関係に絶対値が大きくなる。したがって、偏差積和をデータの個数から１を引いた値で割って調整する[2)]。この値を**共分散**（covariance）という。相関係数の計算だけでなく、回帰分析（第**8**章）などさまざまな統計分析で使われる大事な数値なので覚えておこう。数式は以下のとおりである。数式ではＸとＹの共分散を s_{XY} と表記する。上のデータで共分散を求めると、以下のように－22.5となる。

$$\cdot\ \text{XとYの共分散}\ (S_{XY}) = \frac{\text{XとYの偏差積和}}{\text{データの個数}-1} = \frac{\sum_{i=1}^{N}(X_i-\overline{X})(Y_i-\overline{Y})}{N-1}$$

$$\cdot\ \text{年齢と支出の共分散} = \frac{\text{年齢と支出の偏差積和}}{\text{データの個数}-1} = \frac{-180}{9-1} = \frac{-180}{8} = -22.5$$

共分散

- 偏差積和を（N－１）で割った値のこと。
- 相関係数の計算や回帰分析で使われる。

Step 3　共分散をＸの標準偏差とＹの標準偏差の積で割り相関係数を求める

しかしこの共分散も関連の強さを測るにはまだ不十分である。この値は測定の単位に左右されるからだ。先ほど求めた共分散の値は－22.5だったが、これは携帯電話への支出を千円単位（6.5など）で表したときの値であって、支出を円単位（6500など）で表すと共分散は－22500となる。千円単位の金額よりも円単位の金額の方が値のばらつきが大きいからだ。そこで共分散をＸおよびＹの値の散らばりを示す数値、つまり標準偏差（第**4**章を参照）の積で割り、単位と関係なく２変数の関連の強さだけを表すように調整する。これが相関係数である。数式は以下のようになる。前節で述べたように、ＸとＹの相関係数を、

数式では r_{XY} と表記する。

$$\cdot \text{X と Y の相関係数}\ (r_{XY}) = \frac{\text{X と Y の共分散}}{\text{Xの標準偏差} \times \text{Yの標準偏差}} = \frac{S_{XY}}{S_X S_Y}$$

共分散から相関係数を求めるには、X および Y の標準偏差を求める必要がある。第**4**章の復習になるが、各観測値の偏差の２乗の合計を（N − 1）で割ったのが分散、その正の平方根が標準偏差であった。ステップ１で、偏差の２乗、すなわち $(X_i - \overline{X})^2$ や $(Y_i - \overline{Y})^2$ を求めておいたのはこのためだ。

標準偏差を求める計算過程を以下にまとめた。第**4**章や**図表7-11**と見比べて確認してほしい。これで相関係数が計算できる。上の公式に値を代入して計算すると −0.72となる。

$$\cdot\ \text{Xの分散}\ (s_X^2) = \frac{\sum_{i=1}^{N}(X_i - \overline{X})^2}{N-1} = \frac{1500}{9-1} = \frac{1500}{8} = 187.5$$

$$\cdot\ \text{Xの標準偏差}\ (s_X) = \sqrt{\frac{\sum_{i=1}^{N}(X_i - \overline{X})^2}{N-1}} = \sqrt{187.5} \fallingdotseq 13.69$$

$$\cdot\ \text{Yの分散}\ (s_Y^2) = \frac{\sum_{i=1}^{N}(Y_i - \overline{Y})^2}{N-1} = \frac{42}{9-1} = \frac{42}{8} = 5.25$$

$$\cdot\ \text{Yの標準偏差}\ (s_Y) = \sqrt{\frac{\sum_{i=1}^{N}(Y_i - \overline{Y})^2}{N-1}} = \sqrt{5.25} \fallingdotseq 2.29$$

$$\cdot\ \text{XとYの相関係数}\ (r_{XY}) = \frac{s_{XY}}{s_X s_Y} = \frac{-22.5}{13.69 \times 2.29} \fallingdotseq -0.72$$

＊以上、いずれも小数第３位を四捨五入

さて、こうして相関係数を計算し終わった数男くんは、値の意味を解釈してみた。相関係数は −0.72で負の相関を示す。年齢が高い人ほど携帯電話への月額支出が少なく、年齢の低い人ほど携帯関係の支出が多いという傾向が数字で示されたわけである。しかし、相関係数は「− 1」ではないから完全な負の相関とはいえない。ではこの「−0.72」は、相関係数として「強い方」なのか「弱い方」なのか、数男くんは判断に困ってしまった。

2－4　相関係数の「目安」

相関係数が「±１」「０」なら私たちは関連の有無を明快に断言できる。しかし、実際のデータで相関係数は0.67、－0.15といった半端な値をとる。前節の例で数男くんが計算した相関係数は－0.72と出た。では、相関係数がどの程度なら「強い」相関で、どの程度なら「弱い」相関なのか。いままで多くの統計学のテキストがそれぞれ独自の判断基準を示してきた［肥田野・瀬谷・大川 1961、Rowntree 1980=2001、内田・菅・高橋 2007］。しかし、目安はテキストの著者によりまちまちで、とくに相関係数±0.4～±0.7の解釈が著しく異なる。

ここでは、これらのテキストの共通見解をとって、大まかな目安を示しておこう（図表７-12）。この目安によれば、上の例の－0.72は「強い相関」となる。しかし、この目安を絶対視はしないでほしい。あくまで参考程度のものと思ってほしい。この種の目安を一切示さない教科書［盛山 2004］も多いからである。

図表７-12　相関係数の目安

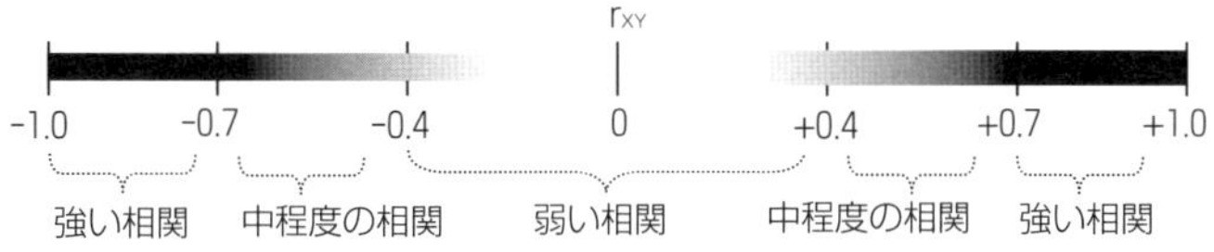

＊　注意！ 以下の段落の「使用上の注意」をよく読むこと

この種の目安を示すのが難しい理由を２点説明しよう。第１に、こうした目安は相関係数の「世間相場」との比較から導かれているが、研究分野や扱うデータの種類によってその「世間相場」が大きく異なる。たとえば、社会・心理系の研究が扱う個々人のデータでは一般にあまり強い相関は観察されないから、±0.4～±0.7の相関でも「強い」と評価できることが多い。しかし、地域別の集計データや理科系の実験データでは比較的高い相関が観察され、±0.4～±0.7程度の相関は「弱い」と判断されることがある。

第２に、ある相関係数を「強い」とみるか「弱い」とみるかは、その実質的な意味の重大性にもよる。ある食物の摂取量と血圧の相関が＋0.3だったとしよう。上の目安によれば弱い相関だが、この食物が調査地域の主食なら＋0.3という相関を一概に「弱い」とはいい切れない。一方、この食物が嗜好品の類なら＋0.3程度の相関は無視してかまわないかもしれない。

このように相関係数の値の評価は、比較対象や実質的意味合いの重大性などで変わってくる。単純に数字だけで判断しないように注意しよう。

3 応用研究：女子労働力率と合計特殊出生率は関連するのか？

男女共同参画社会が実現すれば少子化が食い止められるという考えがある。出産後、女性が職場に居づらくなったり、子育てとの両立が困難になったりする事態を改善すれば、いまより出産を選択する女性が増えるというわけである。この考え方は政府の方針にも取り入れられ、さまざまな人びとによって語られてきたから、耳にしたことのある人、また賛同する人も多いだろう。

男女共同参画社会と少子化問題を結びつける論者の多くが、**図表7-13**の散布図を引用してきた。これは横軸に各国の女子労働力率（25～34歳）をとり、縦軸に合計特殊出生率をとった散布図である。

図表7-13　女子（25～34歳）の労働力率と出生率（1995年）

(r＝0.53)
合計特殊出生率
2.2
2.0
1.8
1.6
1.4
1.2
1.0
アメリカ
アイルランド
ノルウェー
フィンランド
スウェーデン
イギリス
フランス
オランダ
日本
ポルトガル
イタリア
ドイツ
スペイン
50 55 60 65 70 75 80 85
女子の労働力率（%）

資料：女子の労働力はOECD, *Labour Force Statistics*, 1996, 出生率はCouncil of Europe, *Recent Demographic Development in Europe*, 1997.

（出典：阿藤［2000］）

合計特殊出生率とはひとりの女性が平均何人の子どもを産むかを推計した値で、母親の年齢別の出生児数を各年齢の女性総数で割り、この値を15～49歳まで足して求める。つまり現在の出生状況から「ある女性が15歳で子どもを産む確率＋16歳で子どもを産む確率＋……＋49歳で子どもを産む確率」を求める。この値が1なら平均1人、2なら平均2人の子どもを産むものと推測される。この値は少子化の進行度を測るバロメーターとされる。

一方、女子労働力率は労働力と考えられる女性の割合のことである。「労働力」とは就業中または就業意志のある（失業中を含む）人のことで、パート・アルバイトも含む。25～34歳の女性の場合、労働力に含まれない人の多くは専業主婦だと考えられ、大雑把に「女子労働力率の高さ≒専業主婦率の低さ≒男女共同参画社会の達成度」と解釈されてきた。

さて、この散布図だけをみると「男女共同参画社会化の進んだ国ほど、合計特殊出生率が高い」といえそうである。相関係数は0.53で、正の相関を示している。この図は、男女共同参画社会が実現すれば少子化が食い止められるという考えを支持しているように見える。

しかし、赤川［2005］はこの散布図に疑問を呈する。とくに、1995年当時のOECD諸国24カ国の中からこの13カ国が選ばれた根拠がはっきりしない。そこで赤川は、独自に入手した最近のデータを使って、宗教的に異質なトルコを除く23カ国で相関係数を計算したところ、値は0.238と低かった。さらに、このデータから例の13カ国を抜き出して相関係数を計算すると、阿藤［2000］の値（0.53）にかなり近くなることを明らかにした。要するに赤川は、阿藤の分析にはデータの偏りがあって、低い相関が高く見積もられていたと批判したのである。本章の練習問題④は赤川による13カ国のデータである。計算して値を確認してほしい。

阿藤の**図表７-13**は赤川によって批判されたが、この分析がまったく無駄だったとは思わない。この分析は少子化問題と男女共同参画というふたつの「大問題」を結びつけた点で非常に明快だった。だからこそ多くの人びとに利用されたのである。そして赤川の目にとまり、批判的に再検討された。こうして間接的にだが、この分野の議論の深まりに寄与した。つまり、この散布図・相関分析は研究の終点ではなく出発点として重要なものだったといえよう。そもそも、たった１枚の散布図で大問題がすべて語り尽されることはありえない。しかし、印象的な１枚の散布図が大きな社会的影響力を発揮し、その後の論議の深まりに寄与することもあるということだ。

4　練習問題

※模範解答を法律文化社HPに掲載(詳しくは、本書ⅱ頁)。

①《基礎》(ⅰ)と(ⅱ)は、それぞれ正または負の関連のどちらの例であるかを答えよ。
　(ⅰ)　国語の成績の悪い生徒ほど、英語の成績が悪い。
　(ⅱ)　勤続年数の長い人ほど、給与が高い。

②《基礎》(ⅰ)と(ⅱ)における２変数の関連の仕方（正、負、無関連）を予想し、そうなる理由も考えてみよ。
　(ⅰ)　ある地域の気温と、地域住民の平均テレビ視聴時間
　(ⅱ)　個人（成人）の年齢と、個人のインターネット使用時間

③《基礎》次の文の空欄に当てはまる語句をリストから選んで埋めよ。

　夫婦の収入の関連の強さをアメリカと日本の全国民のデータで比較したとする。た

だし単位は日米ともドルで統一されていたとしよう。仮に夫婦の収入の関連の強さがアメリカと日本でほぼ等しかったとしても、人口はアメリカが日本の２～３倍あるから偏差積和の絶対値は（ｉ　　）の方が大きくなりやすい。この種の影響を取り除くため偏差積和を（ⅱ　　）－１で割った数値を共分散という。一方、アメリカのデータはドル単位で、同じく日本のデータは円単位で調査されていたとする。このとき、夫婦の収入の関連の強さがアメリカと日本でほぼ等しくても共分散の絶対値は（ⅲ　　）の方が大きくなりやすい。こうしたデータのばらつきの影響を取り除くため、共分散を２変数の（ⅳ　　）の積で割った値のことを相関係数という。

　リスト：日本、アメリカ、データの個数、平均値、標準偏差、分散

④《トレーニング》図表７-14に、先進13カ国の女子労働力率（25～34歳）と合計特殊出生率の相関係数を求める計算の途中経過を示した。この表をもとに、つぎの各問に解答せよ。なお、このデータの意味は本章の応用研究を参照すること。

図表７-14　女子（25～34歳）労働力率（%）と合計特殊出生率（13カ国）

	観測番号 (i)	1	2	3	4	5	6	7	8	9	10	11	12	13	計
労働力率	観測値 (X_i)	77.4	77.3	73.9	72.1	59.9	62.6	77.1	81.1	81.8	70.3	81.5	73.4	74.9	—
	平均値 ($\overline{X}$)	74.1	74.1	74.1	74.1	74.1	74.1	74.1	74.1	74.1	74.1	74.1	74.1	74.1	—
	偏差 ($X_i - \overline{X}$)	3.3	3.2	−0.2	−2	−14.2	−11.5		7	7.7	−3.8	7.4	−0.7	0.8	—
	$(X_i - \overline{X})^2$	10.9	10.2	0	4	201.6	132.3		49	59.3	14.4	54.8	0.5	0.6	546.6
出生率	観測値 (Y_i)	1.74	1.71	1.32	1.92	1.22	1.39	1.54	1.86	1.44	1.15	1.53	1.71	2.02	—
	平均値 ($\overline{Y}$)	1.58	1.58	1.58	1.58	1.58	1.58	1.58	1.58	1.58	1.58	1.58	1.58	1.58	—
	偏差 ($Y_i - \overline{Y}$)	0.16	0.13	−0.26	0.34	−0.36	−0.19		0.28	−0.14	−0.43	−0.05	0.13	0.44	—
	$(Y_i - \overline{Y})^2$	0.025	0.017	0.068	0.115	0.13	0.036		0.078	0.02	0.186	0.003	0.017	0.193	0.890
$(X_i - \overline{X})(Y_i - \overline{Y})$		0.53	0.41	0.05	−0.68	5.12	2.19		1.95	−1.08	1.64	−0.38	−0.09	0.35	9.89

（出典：赤川［2005：27頁］より13カ国［阿藤 2000：202頁］を抜粋）

(ⅰ)　女子労働力率（X）と出生率（Y）の散布図を図表７-13の要領で描け。
　観測番号１＝フィンランド、２＝フランス、３＝ドイツ、４＝アイルランド、５＝イタリア、６＝日本、７＝オランダ、８＝ノルウェー、９＝ポルトガル、10＝スペイン、11＝スウェーデン、12＝イギリス、13＝アメリカ

(ⅱ)　図表の観測番号７番の空欄にあてはまる数値を入れよ。

(ⅲ)　ＸとＹの共分散を小数第２位まで求めよ（小数第３位を四捨五入）。

(ⅳ)　Ｘの標準偏差を小数第１位まで求めよ（小数第２位を四捨五入）。

(ⅴ)　Ｙの標準偏差を小数第２位まで求めよ（小数第３位を四捨五入）。

(ⅵ)　ＸとＹの相関係数を小数第２位まで求めよ（小数第３位を四捨五入）。

⑤《発展》**図表７-15**は、東京23区別（N ＝23）に、就業者に占める専門･管理職の割合と、公立小学校５年生の学力試験の平均正答率（４科目平均）を示したものである。

(i)　方眼紙またはパソコンの表計算ソフトを用いて、専門･管理職の割合をＸ（横軸）、学力試験の正答率をＹ（縦軸）とした散布図を描け。

(ii)　二つの変数の間にはどんな関連性があるか？　関連の方向性について述べよ。

(iii)　このような相関関係が見られる理由について考えよ。

図表７-15　専門・管理職の割合（上段）と学力試験の平均正答率（下段）

千代田区	中央区	港区	新宿区	文京区	台東区	墨田区	江東区	品川区	目黒区	大田区	世田谷区
31.0%	26.3%	28.6%	24.9%	32.1%	20.5%	19.7%	20.9%	24.2%	27.5%	21.4%	26.8%
70.5%	70.4%	66.4%	66.2%	72.9%	63.2%	62.2%	65.3%	64.9%	67.5%	61.9%	67.3%

渋谷区	中野区	杉並区	豊島区	北区	荒川区	板橋区	練馬区	足立区	葛飾区	江戸川区
29.9%	24.5%	26.7%	24.5%	19.7%	19.2%	20.1%	22.8%	15.0%	16.9%	16.5%
64.4%	63.1%	64.9%	63.1%	63.1%	62.3%	60.5%	63.5%	62.4%	61.4%	59.4%

（出典：上段：総務省統計局「平成27年国勢調査就業状態等基本集計（第９-３表）」より、下段：東京都教育庁指導部「平成31年度児童・生徒の学力向上を図るための調査報告書」記載のヒストグラムから筆者が推計）

チェックポイント

□散布図の見方と描き方を理解できたか？

□相関係数の意味と計算の仕方を理解できたか？

□相関係数の解釈の仕方、解釈の際の注意事項を理解できたか？

[注]

１）**図表７-16**のように散布図をＸとＹの平均を表す線で４つのエリアに分けて考える。点の分布が右肩上がりなら、一般にエリアⅠとⅢの点が多く、右肩下がりならエリアⅡとⅣの点が多くなる。偏差の積の符号はⅠで正、Ⅱで負、Ⅲで正、Ⅳで負になるから、点の分布が右肩上がりなら偏差積和の符号も正、右肩下がりなら偏差積和も負となる。

図表７-16　散布図

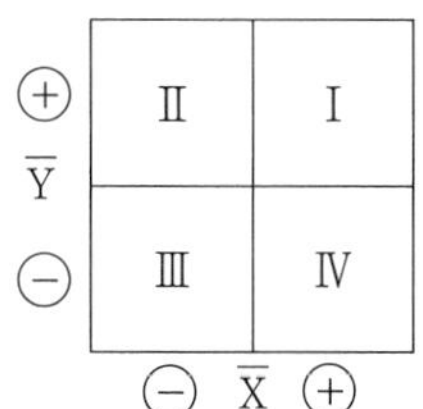

＊⊕と⊖は偏差の符号

２）Ｎで割ると結果的に相関係数の最大・最小値が±１とならず、不都合である。

連続変数同士の関連を分析する（その2）

♣ 回帰分析

1 本章のねらい

第7章の相関分析で、ふたつの連続変数が直線的に関連することがわかった。つまり、散布図の点が右肩上がり（または左肩上がり）の直線状に分布したとする。このとき点の分布をつらぬく1本の直線を実際に描き、それを表現する数式を求めれば、一方の変数の値から他方の変数の値を予測できる。この分析方法は回帰分析と呼ばれる。回帰分析を使えば、たとえば、ある地域でどれだけ灯油が消費されるかを、その地域の平均気温から予測したり、ある人が携帯電話に月いくら支出するかを、その人の年齢から予測したりできる。本章では、この回帰分析の概要、計算法、結果の解釈の仕方を順に学んでいこう。

ちなみに、回帰分析では2変数間の関連の仕方をひとつの数式で表現するが、こうしたやり方は、連続変数同士の関係を記述する他の分析法（本書では扱わない）に共通するものである。したがって、本章の知識は、のちに他のさまざまな分析法を学ぶ際にも応用できる。

なお、上で述べたように、本章の内容は第7章を応用・発展させたものである。第7章の内容を必ず先にマスターしてほしい。

回帰分析、回帰直線、回帰式、回帰係数、切片、最小2乗法、決定係数

２ 基本概念

2－1　回帰分析・回帰直線・回帰式

２変数間の関連の仕方をなんらかの数式で表現すれば、一方の変数の値から他方の変数の値を予測できる。身長と標準体重の関係を示すBMIと呼ばれる考え方によれば、「標準体重（kg）＝身長（m）の２乗×22」が成り立つという。身長が170cmの人なら（1.7×1.7）×22＝63.58kg、180cmの人なら（1.8×1.8）×22＝71.28kgが標準体重である。この標準体重の計算は、このくらいの身長の人ならこのくらいの体重だろうと「予測」していることになる。社会現象でもこの種の予測ができれば何かと便利である。ただし、通常の社会現象にはBMIのような汎用的な数式はないから、私たちはデータから「自前で」何らかの数式を導かねばならない。

たとえば、**図表8－1**のように、各都道府県の一世帯あたりの灯油にたいする支出額（Y）は、平均気温（X）と強い負の相関（r_{XY}＝－0.861）を示す。要するに、気温の低い地域ほど灯油にたいする需要が高い。さて、石油会社の新入社員、計介くんが社員研修で**図表8－1**を示され、平均気温から灯油にたいする支出額を予測せよ、といわれたとしよう。研修の講師が「平均気温14℃の地域の一世帯あたりの支出額は約何円になるか」と質問したら、計介くんはどう答えればよいか。

図表8－1　平均気温（X）と灯油への支出（Y）：沖縄を除く都道府県別

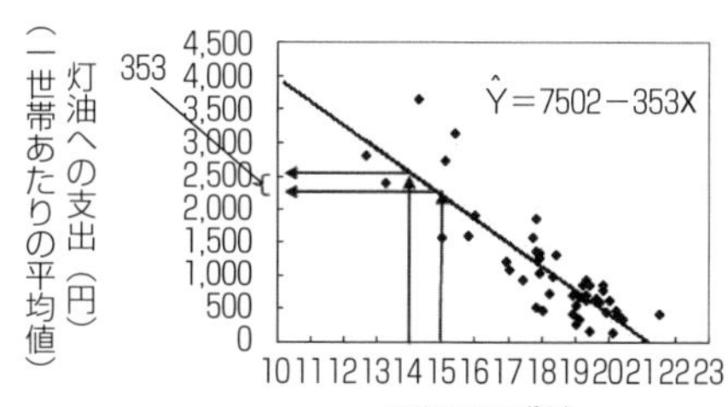

〔都道府県庁所在地、平成16年9-11月、ただし滋賀は彦根、埼玉は熊谷〕

（出典：気象庁HP、総務省統計局「平成16年全国消費実態調査」）

計介くんは、**図表８-１**のように、散布図の点の分布をつらぬく直線を引き、この直線の式を求めることを思いついた。これが**回帰分析**[1]（regression analysis）という方法である。線の引き方、式の求め方は次節で説明するが、**図表８-１**の直線の式は $\hat{Y}=7502-353X$ になる（小数点以下切捨て）。なおＹの上の＾という記号は $\hat{Y}$（ワイハット）が観測値ではなく予測値であることを意味する。

この式を使えば、計介くんは研修の講師にたいして「平均気温が14℃なら灯油への支出金額は7502－353×14＝2560円になります」と答えることができる。また、15℃なら7502－353×15＝2207円になると予想できる。この計算プロセスは、**図表８-１**に矢印で示した。矢印の終点のＹ軸の目盛りが2,560円、2,207円になる。気温が14℃から15℃へ１℃上昇すると支出額は353円減ることがわかる。

散布図の点の分布をつらぬく直線を**回帰直線**（regression line）、そして回帰直線を表現する数式を**回帰式**（regression equation）と呼ぶ。またＸの値でＹの値を予測する場合、Ｘを独立変数、Ｙを従属変数と呼ぶ。

● 回帰分析 ●

- 変数ＸとＹの散布図において点の分布をつらぬく直線を引き、この直線の式を求める分析法のこと。Ｘの値でＹの値を予測するときに使う。
- 分布をつらぬく直線のことを回帰直線という。

● 回　帰　式 ●

- 回帰直線を表す数式のこと。
- $\hat{Y}=a+bX$（従属変数Ｙの予測値＝切片＋回帰係数×独立変数Ｘ）という形で表現される。
- 式のＸに具体的数値を代入して、Ｙがどんな値をとるかを予測する。

回帰式は一般に、$\hat{Y}=a+bX$ という形になる。回帰式の a を**切片**（intercept）といい、Ｘ＝０のときのＹの値を意味する。上の例では a が7502だから、気温（X）が０度の地域の灯油への平均支出額（Y）は7,502円だと予想される。

一方、回帰式の b を**回帰係数**（regression coefficient）といい、回帰直線の傾きを示す。上の例ではbが−353だった。このようにbの符号が−なら回帰直線は右肩下がり、＋なら右肩上がりになる。またbの絶対値は、直線の傾き具合を意味し、絶対値が大きいと直線は垂直に近くなり、絶対値が小さいと直線は水平に近くなる。またbはXが１だけ増加するとYがどれだけ増加または減少するかを示す。上の例ではbが−353だから、気温（X）が１度上昇すると灯油への平均支出額（Y）は353円減少する、という意味である。

2−2　回帰式の求め方・回帰直線の引き方：最小２乗法

では散布図の点をつらぬく回帰直線はどう描いたらよいか。フリーハンドで描くと、人によってさまざまな直線が引かれてしまう。しかし、一定のルールに従って描けば、誰でも１枚の散布図から同じ１本の直線を描ける。最も一般的なルールは**最小２乗法**（method of least squares）である。

図表８−２　Ｙの観測値、予測値、誤差

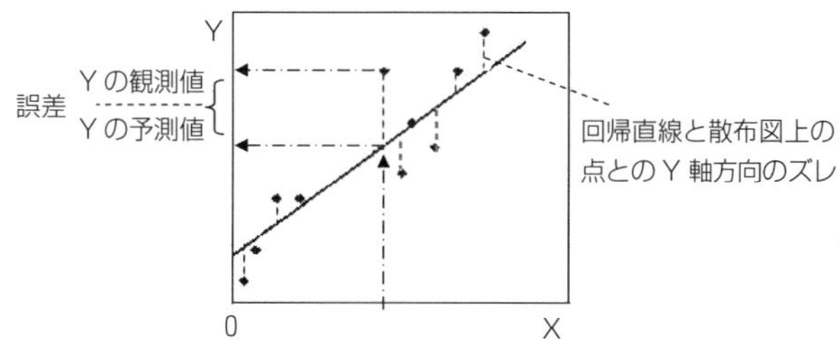

図表８−２の右側に示したように、散布図上の点がもともと一直線になっていないかぎり、どんなにうまく回帰直線を引いても、各点と回帰直線との間には「ズレ」が出てくる。最小２乗法とは、回帰直線を、各点とのＹ軸方向のズレがトータルで最も小さくなるように描くものである。また、**図表８−２**の左側で示したように、これらのＹ軸方向のズレは、Ｙの予測値と観測値との「誤差」を意味する。よって最小２乗法を厳密にいい直すと「誤差の２乗を合計した値が最小になるように回帰式のaとbを求めること」となる。

最小２乗法

・散布図に回帰直線を描くときのルールで、散布図の各点とのＹ軸方向の誤差（ズレ）が最も小さくなるように回帰直線を描くこと。
・このルールに従って回帰式の切片ａと回帰係数ｂを求める。

最小２乗法の考え方で、回帰式のａとｂを求めるための計算式は式①、式②のようになる[2)]。実際の計算では式①で回帰係数ｂを求め、それを式②に代入して切片ａを求めればよい。式①のなかの「分散」の意味と計算方法については第**4**章と第**7**章で、同じく「共分散」については第７章でもう一度確認してほしい。

・回帰係数ｂ ＝ $\dfrac{\text{独立変数Xと従属変数Yの共分散}}{\text{独立変数Xの分散}}$

$$b = \frac{s_{XY}}{s_X^2} \cdots\cdots\cdots \text{式①}$$

・切片ａ＝従属変数Ｙの平均値－回帰係数ｂ×独立変数Ｘの平均値

$$a = \overline{Y} - b\overline{X} \cdots\cdots\cdots \text{式②}$$

では式①②にしたがって実際に回帰式のａとｂを求め、回帰直線を描いてみよう。第**7**章で使った９人の人の年齢と携帯電話への月額支出の例で説明しよう。**図表８－３**がデータ、**図表８－４**がそれを表現した散布図である。この散布図に回帰直線を描き入れることを目標にしよう。

図表８－３（図表７－10再掲）　９人の年齢と携帯電話への月額支出

観測番号 (i)	1	2	3	4	5	6	7	8	9	平均
年齢（歳）：(X_i)	25	30	35	40	45	50	55	60	65	$\overline{X}=45$
支出（千円）：(Y_i)	10	6.5	8	4.5	5.5	8	3	4	4.5	$\overline{Y}=6$

図表８－４　散布図

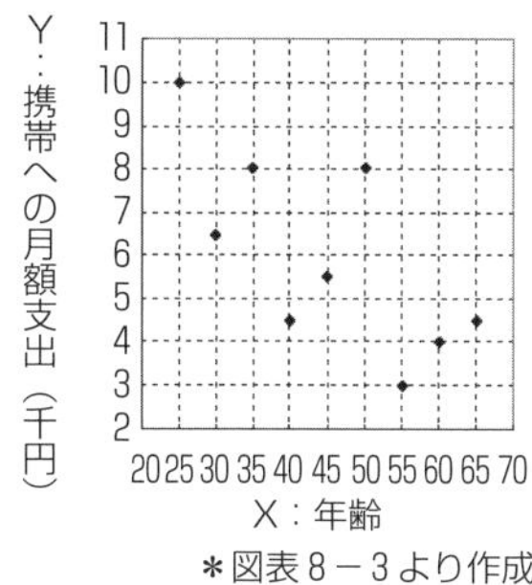

＊図表８－３より作成

Step 1　回帰係数ｂを求める

第**７**章**２－３**のステップ２より、ＸとＹの共分散（s_{XY}）は－22.5とわかっている。同じくステップ３より、Ｘの分散（s_X^2）は187.5とわかっている。よって式①より回帰係数ｂは以下のように計算できる。

$$b = \frac{s_{XY}}{s_X^2} = \frac{-22.5}{187.5} = -0.12$$

この－0.12という回帰係数は、年齢が１歳上の人は１歳下の人より、携帯電話関係の支出が0.12千円（120円）少ないだろう、という意味である。

Step 2　切片ａを求め、回帰式を完成させる

図表８－３よりＹの平均値は６、Ｘの平均値は45、上のステップ１から回帰係数ｂは－0.12とわかっている。したがって$\overline{Y}=6$、$\overline{X}=45$、$b=-0.12$を式②に代入すれば、切片ａが計算できる。さいごに、計算されたａとｂを、先に学んだ$\hat{Y}=a+bX$に代入すれば、回帰式が完成する。以下のとおりである。

$$a = \overline{Y} - b\overline{X} = 6 - (-0.12 \times 45) = 11.4$$

$a=11.4$、$b=-0.12$を$\hat{Y}=a+bX$に代入する

$$\hat{Y} = 11.4 - 0.12X$$

Step 3　回帰直線を描く

この式を用いて**図表８－４**に回帰直線を描いてみよう。直線はふたつの点を定

規で結べば描けるので回帰直線が通るふたつの点を求めればよい。X軸上のふたつの値、たとえばX＝20とX＝70を選び、それぞれをステップ２で求めた回帰式に代入すれば、Xが20ときの$\hat{Y}$、Xが70のときの$\hat{Y}$は以下のように計算できる。

$\hat{Y} = 11.4 - 0.12 \times 20 = 11.4 - 2.4 = 9$（20歳の人の支出を９千円と予想）

$\hat{Y} = 11.4 - 0.12 \times 70 = 11.4 - 8.4 = 3$（70歳の人の支出を３千円と予想）

ここから回帰直線はX＝20、Y＝９の点と、X＝70、Y＝３の点を通るとわかったので、**図表８-４**にこのふたつの点を描き、定規で結べばよい。できただろうか。点の分布をつらぬいてきれいな直線が描けたと思う。

散布図上の回帰直線と各点との位置関係からつぎのようなことがわかる。観測番号６番の50歳の人の点は回帰直線よりも上にあるから、この人は歳のわりに携帯電話関係の支出が多い。観測番号４番の40歳の人の点は回帰直線よりも下にあるから、この人は歳のわりに携帯電話関係の支出が少ない。

2－3　決定係数：回帰直線・回帰式のあてはまりのよさ

再び石油会社の新入社員、計介くんに登場してもらおう。計介くんは回帰分析をマスターして**図表８-１**のデータを分析し、講師にたいして「平均気温14℃の地域における一世帯あたりの灯油への支出額は約2560円になると思います」と答えた。しかし講師は「回帰式によれば確かにそうなる。しかしその回帰式はどれだけ信用できるのかね？」ときいてきた。つまり、回帰式のデータにたいするあてはまりが悪ければ、もっともらしい予測値をはじき出しても、それは信用に値しないのである。したがって回帰分析では、回帰式のデータにたいするあてはまりのよさを評価し、それを数値で示さなければならない。

回帰直線･回帰式のデータにたいするあてはまりのよさは、**決定係数**（coefficient of determination）で評価できる。決定係数はR^2と表記され、計算式は以下のとおりである。これはYの予測値の分散（$S^2_{\hat{Y}}$）を観測値の分散（S^2_Y）で割ったもので、XとYの相関係数（r_{XY}）の２乗に等しい。

$$\text{決定係数} = \frac{\text{Yの予測値の分散}}{\text{Yの観測値の分散}} = \text{XとYの相関係数の２乗}$$

$$R^2 = \frac{S_{\hat{Y}}^2}{S_Y^2} = r_{XY}^2 \quad \cdots\cdots\cdots \text{式③}$$

• 決定係数 •

・回帰直線・回帰式のあてはまりのよさを表す数値のこと。
・ＸとＹの相関係数の２乗に等しい。０～１の値をとる。

決定係数は相関係数の２乗に等しいから、計算方法は第**７**章で学んだ要領で相関係数を求め、それを２乗すればよいだけである。これ以上の計算方法の説明は省略しよう。以下では決定係数の意味合いを説明しよう。

決定係数は０から１までの値をとる。決定係数が１のとき最もあてはまりがよく、０のとき最もあてはまりが悪い。そして、式③の意味合いから、決定係数は、つぎのような値の解釈ができる。

決定係数は、Ｙの観測値の分散のうち、回帰式で予測できる部分（つまりＹの予測値の分散）の割合を意味する。もし決定係数が0.64（相関係数は±0.8）なら、Ｙの観測値の分散のうち64％が回帰式から予測できる部分で、36％が予測できない部分である。同じく決定係数が0.25（相関係数±0.5）なら、Ｙの観測値の分散のうち25％が回帰式で予測でき、75％が予測できない。決定係数が１（相関係数±１）のときＹの値は回帰式で100％予測できる。決定係数が０（相関係数０）のときＹの値は回帰式でまったく予測できない。

たとえば**図表８-１**の回帰分析の決定係数 r_{XY}^2 は $(-0.861)^2 \fallingdotseq 0.74$ となり、灯油への支出金額の分散のうち74％が回帰式で予測でき、26％が予測できなかったことになる。また**図表８-３**、**図表８-４**の回帰分析の場合、相関係数は第**７**章で計算したように－0.72だから、決定係数はその２乗で0.52となる。よって携帯使用料金の分散のうち52％が回帰式で予測でき、48％が予測できないことになる。

決定係数がどのくらいならあてはまりが「よい」といえるか、つまりＹの分散のうち何％が回帰式で予測できる部分なら「よい」のか、という問題は、第**７**章**２-４**の「相関係数の目安」が参考になる。相関係数の２乗が決定係数だからである。つまり決定係数が0.16以下（相関係数が±０～±0.4）ならあてはまりは「よくない」、決定係数が0.16～0.49（相関係数が±0.4～±0.7）ならあてはまりは「中程度」、0.49以上（相関係数±0.7～±1）ならあてはまりは「よい」ということになる。ただし第**7**章**2－4**で注意しておいたように、この目安を鵜呑みしてはいけない。データの性質や、関連性の実質的・社会的な意味合いを考慮して判断すべきである。

3　応用研究：「子」のつく名前の割合と入試難易度

本節では、一風変わった回帰分析の実例を紹介しよう。金原［2001］は宮城県仙台市の私立高校10校における1960～90年代の女子合格者の名前（姓でなく）を調べた。かつて、その地方の新聞には地元の私立高校の合格者名が掲載される欄があり、金原はそのデータをコンピュータに入力したのである。すると**図表8－5**、**図表8－6**のような「驚くべき」結果が明らかになった。

これらの図は、横軸に10校それぞれの入試難易度を示す合格最低点をとり、縦軸に10校の女子合格者に占める「子」のつく名前（容子など）の割合（%）をとった散布図（N＝10）である。ひとつの丸がひとつの高校を意味する。丸の上下に伸びる線はここでは無視してかまわない。**図表8－5**は1984年のデータ、**図表8－6**は1992年のデータだが、双方の散布図上の丸は右肩上がりの直線状に分布した。点線は回帰直線を示しており、回帰式は図中に示されたとおりである。決定係数は1984年で0.615（図中のRは相関係数）、1992年で0.774だった。

図表8－5　1984年の散布図

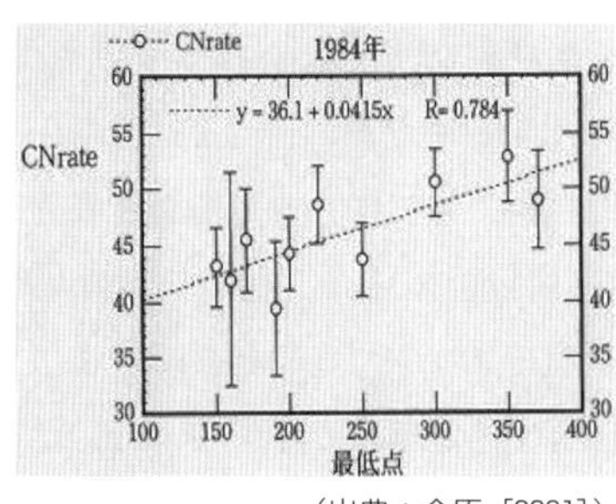

（出典：金原［2001］）

図表8－6　1992年の散布図

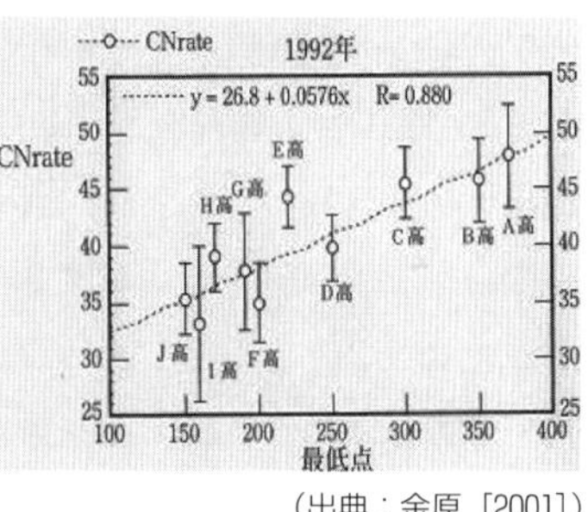

（出典：金原［2001］）

つまり、これらの図は、入試難易度の高い高校ほど、「子」のつく名前の女子が多いことを示している。つまり生誕時に（多くの場合親から）授かった名前と、15～16年後の学力との間に関連があることが明らかになった。金原の著書のタイトルにもあるように「〈子〉のつく名前の女の子は頭がいい」のである。この分析結果は1993年に発表された当時から反響を呼び、著書が出た2001年以前に、すでに多くの社会学者に知られるようになっていた。

では、こんな分析結果が生じた理由は何か。はっきりした理由は解明されていないが、少なくとも名前自体が直接子どもの学力を左右する理由は考えられない。名前と学力を直接的な因果関係で結ぶのは、おそらく誤りである。

そのかわり、名前には命名者（多くの場合、親）の特性が反映される。姓名判断の本を参考に名前をつける親もいれば、時の有名人や漫画の人気キャラクターの名前をつける親もいるだろう。しかるべき人に「名付け親」になってもらう親もいるかもしれない。いずれにせよ、名前の付け方には親の文化的背景（趣味、教養、生活様式など）が反映される可能性が高い。こうした親の文化的背景は子どもの学力とも深く関連するから、名前と学力の関連性は、親の趣味や教養が名前のつけ方に影響を与える一方、子どもの学力をも規定するところから生じたものと推測できよう。つまり、「子」のつく名前を自分の娘に与えた親は、そうでない親に比べて、子どもの学力が高くなりやすいような文化的背景を有していたと解釈しうる。少なくとも1984～92年に宮城県仙台市の私立高校に通った娘を持つ親についてはそういえるようである。

4 練習問題

※模範解答を法律文化社 HP に掲載(詳しくは、本書 ii 頁)。

①《基礎》独立変数を横軸、従属変数を縦軸にとった散布図一般について述べた次の文章を読み、ｉ～viの空欄に、下記の選択肢のなかから正しい語句を選んで埋めよ。同じ語句を何度用いてもよい。(ヒント 本章の**2－2**の図表を参照)

２変数間に（　i　）の関連があるとき、（　ii　）の符号はプラスになり、回帰直線は右肩（　iii　）になる。一方、２変数間に（　iv　）の関連があるとき、（　v　）の符号はマイナスになり、回帰直線は右肩（　vi　）になる。

選択肢：正、負、切片、回帰係数、上がり、下がり

②《トレーニング》都道府県別に、大学進学率（2019年春）を従属変数（Y）とし、親世代（2017年現在45～54歳）の大卒比率を独立変数（X）とした回帰分析を行ったところ、$\hat{Y}=20.8+1.34X$という回帰式が得られた（単位％、N＝47、$R^2=0.665$）。親世代の大卒比率が20％の都道府県の大学進学率は何％だと予測できるか。同じく親世代の大卒比率が25％の都道府県の進学率は何％だと予測できるか。小数第２位を四捨五入して、小数第１位まで求めよ。

(出典：都道府県別進学率は教育社会学者、舞田敏彦氏の試算値（http://tmaita77.blogspot.com/2019/08/2019.html）。親世代の大卒比率は政府統計総合窓口（e-stat.go.jp）で平成29年就業構造基本調査（都道府県編）の大卒者と大学院卒者を合算して求めた。)

③《トレーニング》**図表８－７**は、テストにおける生徒９人の数学の点（X）と理科の点（Y）を散布図にしたデータである。数学の平均点（$\bar{X}$）は65、分散（s_X^2）は187.5、理科の

平均点（$\overline{Y}$）は55、分散（s_Y^2）は525、数学と理科の点の共分散（s_{XY}）は225であった。

図表8－7　生徒9人の数学の点と理科の点（架空例）

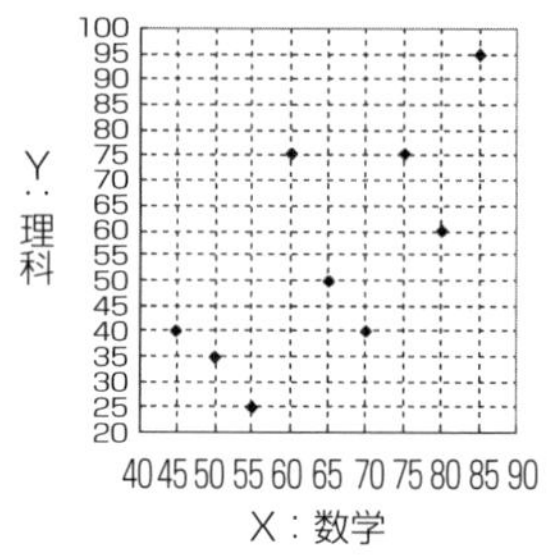

ここで以下の問いに答えよ。

(i)　数学の点を独立変数X、理科の点を従属変数Yとする回帰式を求めよ。

(ii)　決定係数を求めよ（小数第4位を四捨五入して、小数第3位まで求めよ）。

(iii)　数学が40点の人の理科の点数、数学が90点の人の理科の点数を予測せよ。

(iv)　上の(iii)の結果を図表8－7の散布図に描き入れて、回帰直線を引きなさい。

④《トレーニング》第**7**章の図表7－3のデータにおいて、国語の点数の分散（s_X^2）は93.75、社会の点数の分散（s_Y^2）は106.25、国語と社会の点数の共分散（s_{XY}）は81.25であった。ここで以下の問いに答えよ。

(i)　国語の点を独立変数X、社会の点を従属変数Yとする回帰式を求めよ。ただし、その後の計算を楽にするため回帰係数は分数で求めよ（そうすれば切片は整数になる）。

(ii)　決定係数を求めよ（小数第4位を四捨五入して、小数第3位まで求めよ）。

(iii)　国語が60点の人の社会の点数、国語が75点の人の社会の点数を予測せよ（ヒント：(i)で回帰係数を分数で求めておけば、予測値は整数となる）。

(iv)　上の(iii)の結果を図表7－3の散布図に描き入れて、回帰直線を引きなさい。

⑤《発展》第**7**章練習問題⑤で使った東京23区別のデータに基づき、就業者中の専門・管理職率を独立変数、学力試験平均正答率（公立小学校5年生）を従属変数とした回帰分析に必要な統計量を計算したところ、以下のようになった。

図表8－8　専門・管理職の割合と学力試験の平均正答率

単位：%

変　数	記号	平均	分数	共分散
就業中の専門・管理職率	X	23.5	22.3	12.9
学力試験平均正答率（公立小学校5年生）	Y	64.6	11.2	

(i)　回帰式を求め、上の表の記号を使って書きあらわしなさい。なお、単位は%とし、

回帰係数は小数第3位まで、切片は小数第1位まで求めよ。

(ii)　第 **7** 章練習問題⑤で作成した散布図に回帰直線を書き入れよ。

(iii)　決定係数を小数第3位（小数第4位を四捨五入）まで求め、回帰式のあてはまりのよさを、本章**2－3**の目安で評価せよ。

チェックポイント

□回帰分析の意味と目的が理解できたか？

□データから回帰式を求めることができたか？

□散布図に回帰直線を描き入れることができたか？

□決定係数の意味が理解できたか？

[注]

1）「回帰分析」の語源は「平均への回帰」という現象にある。イギリスの遺伝学者、ゴールトン［1822－1911］が親の身長と成人した子どもの身長の関連を分析したところ、親子の身長は正の関連を示した。しかし、極端に身長の高い（低い）親の子どもは、親ほど極端に高く（低く）ならず、平均的な身長に近づく傾向があった。この現象が後に「平均への回帰」と呼ばれ、回帰分析の語源となった。

2）最小2乗法の考え方から式①②がどう導かれるのかについては、統計学の入門書（たとえば［豊田 1998］）を参照してほしい。

第9章　みえない関係を探る

♣ 多重クロス表と偏相関係数

1　本章のねらい

第5章から前章まで、離散変数および連続変数同士の2変数の関連について、関連のある・なし、強弱、方向性などの確認方法を学んできた。だが、それで分析は終わるわけではない。結論を下すのは、まだ早い。なぜならば、クロス表や相関係数を使った2変数のレベルの分析でみいだされた関係が、実際には「なかった」ということ、あるいはその逆に何の関連も「ない」ようにみえたのに、さらに調べると本当は関連が「あった」、ということもしばしばあるからである。

本章の目的は、2変数の関連について、より詳しく検討する技法を学ぶことにある。第3変数を導入し、独立変数と従属変数の関係をより正確に捉える方法を解説する。離散変数の場合は、多重クロス表を使って、エラボレーションをおこなう。連続変数の場合は、偏相関係数を利用することになる。

こうした作業によって、擬似関係や交互作用といった、変数間の複雑な関連性が明らかになるのである。

第3変数、コントロール変数、エラボレーション、多重クロス表、擬似関係、媒介関係、交互作用効果、偏相関係数

② 基本概念

2－1　エラボレーション

クロス表を説明した第**5**章と第**6**章において、ある変数（独立変数）がもうひとつの変数（従属変数）を規定するような関係について学んだ。しかし、2変数のクロス表において、独立変数と従属変数に何らかの関係があるようにみえても、それが見せかけのものにすぎないことも多い。こうしたことは、2変数の関連をみただけではわからない。そこでつぎに学ぶような、エラボレーションという操作をおこなうのである。

◉ エラボレーションとは？

2変数の真の関係を知るには、まず2変数に共通して影響を与えている（と考えられる）他の変数の存在を考慮しなくてはいけない。そして、この変数を含めた分析を改めておこなう必要がある。この新たに分析に導入される変数を**第3変数**（third variable）ないし**コントロール変数**（control variable）と呼ぶ。この一連の操作過程を**エラボレーション**（elaboration）という。

• エラボレーション •

第3変数（コントロール変数）を導入して、2変数の関係を明確にすること。

たとえば、一時期、朝食摂取と学業成績の関係について話題になったことがある。小学生や中学生を対象にした調査において、朝食をきちんととっている子どものほうが、そうでない子どもより、学業成績が優れているというのである[1)]。「なるほど」と思った人もいるかもしれない。だが、朝ごはんを食べると成績がよくなるなんて、本当にそんなことがあるのだろうか。それ以外の共通の要因の存在が疑われる。一例をあげると、朝食をきちんと子どもに食べさせる家庭はそうでない家庭よりも教育熱心なのかもしれない。だから子どもの成績がよいのだ。このようなことが考えられないだろうか。それ以外のありうる要因についてもいろいろと考えてみてほしいが、エラボレーションをおこなえば、こうしたことを確かめることができるのである。

では、具体的にどのような分析をしたらよいのか。2変数の真の関係は、第3変数の影響を考慮する（影響を取り除く）ことによってはじめてみえてくる。社会統計学では、こうした分析上の操作を指して「第3変数をコントロールする」という。そしてそのために、多重クロス表を作成する。

◉ 多重クロス表

多重クロス表（multi cross-tabulation）はつぎのように定義される。

• 多重クロス表 •

コントロール変数（第3変数）のカテゴリーごとに、2変数のクロス表を分割したもの。

ひとつのコントロール変数（第3変数）のカテゴリーごとに2変数のクロス表を分割すると、3変数のクロス表ができ、これを「3重クロス表」と呼ぶ。コントロール変数をふたつ使った4重クロス表や、3つ使った5重クロス表なども作成可能だが、分析が困難になる。本章では、3重クロス表を使ったエラボレーションの仕方だけを説明することにしたい。

例として、先ほどから述べている朝食摂取（独立変数：X）と学業成績（従属変数：Y）のクロス表を考えよう。ただし、ここでは現実のデータを利用するのではなく、説明のために作成した架空のものを使用する（朝食をとる生徒の割合は現実にはもっと高いだろう）。

図表9－1　朝食摂取と成績（架空例）

	成績よい	成績よくない	計（N）
朝食とる	62%	38%	100%（300）
朝食とらない	38%	62%	100%（300）
計	50%	50%	100%（600）

$\phi = 0.24$

この2変数のクロス表から読みとれるのは、朝食をとる生徒のほうが成績がよいという傾向である。ϕ係数（第**6**章を参照）を算出すると0.24となる。このクロス表では、朝食摂取と学業成績には関連があるようにみえる。しかし、すでに述べたように、この関連性は、親の教育熱心さ（第3変数：T）の影響によるものかもしれない。

そこで、この第3変数の「親の教育熱心さ」を導入する。「教育熱心である」、「教育熱心でない」というカテゴリーごとに、朝食摂取と学業成績のクロス表を作成したのが、**図表9－2**の3重クロス表である。元のクロス表が、親が「教育熱心である」グループと、「教育熱心でない」グループのふたつに分割されていることを確認しておこう。

図表9－2　親の教育熱心さ別にみた朝食摂取と学業成績（架空例）

〈教育熱心である〉

	成績よい	成績よくない	計（N）
朝食とる	70%	30%	100%（240）
朝食とらない	70%	30%	100%（60）
計	70%	30%	100%（300）

$\phi=0$

〈教育熱心でない〉

	成績よい	成績よくない	計（N）
朝食とる	30%	70%	100%（60）
朝食とらない	30%	70%	100%（240）
計	30%	70%	100%（300）

$\phi=0$

ここで元のクロス表（**図表9－1**）を教育熱心なグループと、教育熱心でないグループに分けたことの意味を理解したい。教育熱心なグループと、そうでないグループが混ざっていたら、親の教育熱心さが、2変数の関係にどう影響しているのかはわからない。けれども、教育熱心なグループと熱心ではないグループに分ければ、グループごとに教育熱心さの度合いは一定になる。**図表9－2**の左側のクロス表には、親が教育熱心な生徒だけが含まれ、右側のクロス表には、教育熱心でない生徒だけが含まれることになるからである。

左側および右側のクロス表では、「親の教育熱心さ」という第3変数の影響は一定に保たれている。いい換えれば、これらのクロス表からは親の教育熱心さの影響が取り除かれている。よって、それぞれのクロス表（グループ）には、朝食摂取と学業成績の間の真の（純粋な）関連性が現れてくるはずである。以上が、先ほど抽象的な言葉で述べた「第3変数の影響を取り除く」あるいは「第

３変数をコントロールする」ということの具体的な意味である。

３重クロス表の作り方と意味は理解できただろうか。３重クロス表によって、第３変数をコントロールすることができ、２変数間の真の関係がどうなっているのかを確認することができるのである。

ではつぎに、エラボレーションによって見出すことができる３変数間のさまざまな関係について説明しよう。独立変数（X）と従属変数（Y）、そしてコントロール変数（第３変数：T）との関係には、さまざまなタイプが存在する。

◉ 擬似関係

図表９-２をよくみてほしい。親が教育熱心なグループにおける成績のよい人の割合は、朝食をとる・とらないによらず70％となり、親が教育熱心でないグループにおける成績のよい人の割合は、朝食をとる・とらないによらず30％となる。また分割されたクロス表の双方において、ϕ係数はゼロとなる。つまり、「親の教育熱心さ」という第３変数（T）をコントロールすると、朝食摂取（X）と学業成績（Y）との間に関連はなくなる。したがって、朝食摂取と成績はみかけ上の関係であったと考えられる。親の教育熱心さが朝食摂取と学業成績の両者に共通要因として影響を与えていたのである。[2)]

このように、エラボレーションを実行すれば、ふたつの変数間に新たな関係が見えてくる。第３変数をコントロールすることで、２変数の間に関係がなくなるならば、それは**擬似関係**（spurious relationship）にあったのだと考えられる。むろん、この第３変数は時間的に先行する変数でなければならない。つまり、第３変数がそれら２変数の共通の要因になっていたために、それら２変数の間にあたかも因果関係が存在するかのようにみえていただけである。図で示すと、つぎのような関係にある（**図表９-３**）。

図表９-３　擬似関係

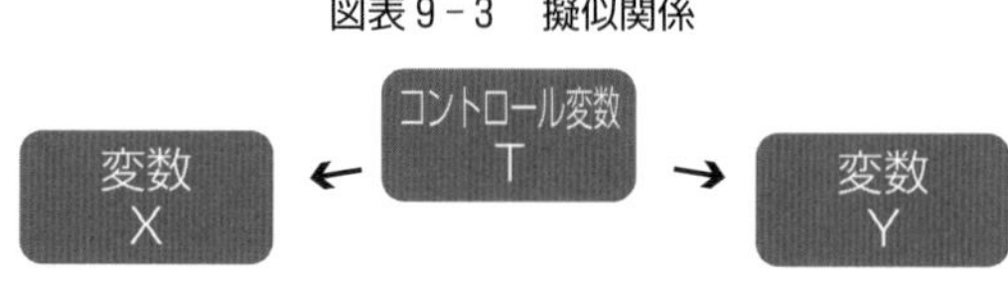

◉ 媒介関係

第3変数が独立変数と従属変数の間を橋渡しするような関係である**媒介関係**（intervening relationship）もある。要するに、独立変数がコントロール変数を媒介として、結果として従属変数に影響をもたらすタイプのものである。その関係は**図表9-4**のように示すことができる。

図表9-4　媒介関係

たとえば、「授業への集中度」という第3変数（T）を考えてみよう。朝食をとらないとお腹が空いて、午前中の学校の授業に集中できないこともあるかもしれない。そして授業に集中できないと、よい成績がとれない可能性がある。**図表9-5**では、授業への集中度（T）をコントロールすると、朝食摂取（X）と学業成績（Y）には関連はみられないことがわかる。朝食をとる・とらないによらず、授業に集中している人の80％は成績がよく、授業に集中していない人の80％は成績がよくない。そして朝食をとる人のほうが授業に集中している人が多い。この場合、朝食摂取と成績には因果関係はあるが、それは直接的なものではなく、授業への集中度が媒介して、成績に影響している。その意味で、擬似関係とは異なることをよく理解してほしい。

図表9-5　授業への集中度別にみた朝食摂取と学業成績（架空例）

〈授業に集中している〉

	成績よい	成績よくない	計（N）
朝食とる	80%	20%	100% (210)
朝食とらない	80%	20%	100% (90)
計	80%	20%	100% (300)

$\phi = 0$

〈授業に集中していない〉

	成績よい	成績よくない	計（N）
朝食とる	20%	80%	100% (90)
朝食とらない	20%	80%	100% (210)
計	20%	80%	100% (300)

$\phi = 0$

◉ 交互作用効果

第３変数のそれぞれのカテゴリーにおいて、独立変数と従属変数に異なった関連がみられることがある。これは、１変数だけでは生じないが、複数の変数が組み合わさることによって生じる効果である。このことを**交互作用効果**（interaction effect）と呼ぶ。

「うなぎと梅干は食べ合わせが悪いので、一緒に食べてはいけません！」といわれたことはないだろうか[3)]。夏バテ防止のため、多くの人びとがうなぎを食べたとしよう。だが、すでに胃が弱っていたようで、食あたりを起こした人も出てきた。さらに、うなぎと梅干の話を知らないで（もしくは、知っていたとしても無視して）、うなぎと一緒に梅干を食べた人もいたとしよう。

図表９-６をみてほしい。梅干を食べたグループでは、うなぎと食あたりが関連しているが、梅干を食べなかったグループでは、うなぎと食あたりが関連していない。第３変数である梅干を「食べた」「食べなかった」というカテゴリーによって、うなぎと食あたりの関連の仕方が異なっているのである。これがまさに交互作用効果である。

図表９-６　うなぎと梅干と食あたり（架空例）

〈梅干を食べた〉

	食あたりあり	食あたりなし	計（N）
うなぎ食べた	74%	26%	100%（150）
うなぎ食べていない	26%	74%	100%（150）
計	50%	50%	100%（300）

ϕ =0.48

〈梅干を食べなかった〉

	食あたりあり	食あたりなし	計（N）
うなぎ食べた	50%	50%	100%（150）
うなぎ食べていない	50%	50%	100%（150）
計	50%	50%	100%（300）

ϕ ＝0

以上、変数間にはさまざまな関係がありうる。したがって、２変数レベルの分析のみで判断してしまうのは早計であり、第３変数を導入して、２変数間の関連について慎重に検討することが大切であろう。

2－2　偏相関係数

連続変数でも前節のエラボレーション、つまり第3変数を用いてふたつの連続変数間の関係をより正確に捉えることが必要になる。

図表9－7ⓐは、小学校高学年の児童の身長と計算能力を調べた散布図である［大村 2006］。点は右肩上がりの直線状に分布する。身長の高い児童ほど計算能力が高いという傾向がある。しかし、身長を独立変数（X）、計算能力を従属変数（Y）と考えて、この図を「背が伸びれば計算も得意になる」と解釈するのは誤りである。

図表9－7　小学生の身長と計算能力の散布図（架空例）

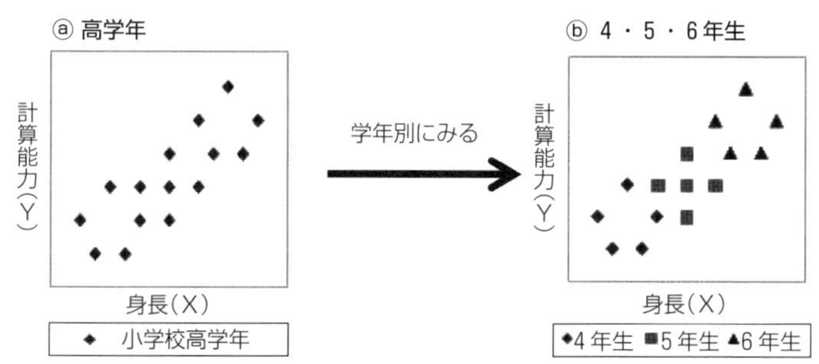

図表9－7ⓑのように「小学校高学年の児童」には4～6年生が混在しているからである。「学年が上がれば背が高くなり、計算能力もアップする」というのがまっとうな解釈であろう。**図表9－7ⓑ**の4～6年生の各グループを個々にみると、点は右肩上がりの直線状になっていない。つまり、学年（T）という第3変数をコントロールして考えると、身長と計算能力とは無関係だとわかる。第3変数（学年）を導入した**図表9－7ⓑ**を見て、「背が伸びれば計算も得意になる」という因果関係を主張する人はいない。しかし**図表9－7ⓐ**だけをみると、誤って解釈する可能性がある。このように連続変数同士の分析でも、事態を見誤らないためには、第3変数の導入が必要になる。

図表9－7ⓑは点をグループ分けすれば第3変数の影響がわかるように作ってあるが、現実データの散布図はより錯綜している。そのため、**偏相関係数**（partial correlation coefficient）という数値を使って判断するのがよい。

偏相関係数

第3変数の影響を取り除いたときの2変数間の相関係数のこと。

偏相関係数とは、第3変数（T）の影響を取り除いたときの独立変数（X）と従属変数（Y）の相関係数のことをいう。「Tの影響を取り除く」とは、先ほどの**図表9-7ⓐ・ⓑ**でいえば、身長（X）と計算能力（Y）の関係を、学年（T）ごとに分析することである。学年ごとに分析すると身長と計算能力は無関係だとわかったが、こうした場合、身長と計算能力の偏相関係数も、ほぼ同様の意味合いでゼロに近くなる。Tを第3変数としたときのXとYの偏相関係数（$r_{XY \cdot T}$）の計算式は以下のとおりである。

$$r_{XY \cdot T} = \frac{\text{XとYの相関係数} - (\text{TとXの相関係数}) \times (\text{TとYの相関係数})}{\sqrt{1 - (\text{TとXの相関係数の2乗})} \times \sqrt{1 - (\text{TとYの相関係数の2乗})}} = \frac{r_{XY} - r_{TX} r_{TY}}{\sqrt{1 - r_{TX}^2}\sqrt{1 - r_{TY}^2}}$$

・$r_{XY \cdot T}$：偏相関係数（例：学年を第3変数としたときの身長と計算能力の偏相関係数）
・r_{XY}　：XとYの相関係数（例：身長と計算能力の相関係数）
・r_{TX}　：TとXの相関係数（例：学年と身長の相関係数）
・r_{TY}　：TとYの相関係数（例：学年と計算能力の相関係数）

数式のポイントは分子部分である。ここで元の相関係数（r_{XY}）からTの影響（$r_{TX}r_{TY}$）を除去している。偏相関係数は－1から＋1までの値をとり、＋1なら完全な正の相関、－1なら完全な負の相関、0なら無相関である。なお元の相関係数（r_{XY}）や、第3変数と元の2変数との相関（r_{TX}, r_{TY}）は、偏相関と区別して「単相関係数」と呼ばれる。偏相関係数（$r_{XY \cdot T}$）はT、X、Yの間に原因・結果の関係を想定しつつ、3種類の単相関係数（r_{XY}, r_{TX}, r_{TY}）と比較しながら解釈する。数値例・計算例と解釈の典型的なパターンを2種類あげておこう。

◉ 擬似関係

図表9-7ⓑのケースが擬似関係である。学年（T）が上がるにつれて身長（X）

が高くなり（$r_{TX}>0$）、計算能力（Y）もアップする（$r_{TY}>0$）。しかし、学年（T）の影響を取り除くと、身長と計算能力の間に直接の関連性はない（$r_{XY\cdot T}\fallingdotseq 0$）。こうした場合、元の単相関係数（$r_{XY}>0$）は「擬似関係」だったと解釈される。意味合いはエラボレーションにおける擬似関係とまったく同じである。数値例・計算例と解釈は以下のとおりである。

- $r_{XY}=0.56$「身長（X）が高い人ほど計算能力（Y）が高い」
- $r_{TX}=0.7$　「学年（T）が上の児童ほど身長（X）が高い」
- $r_{TY}=0.8$　「学年（T）が上の児童ほど計算能力（Y）が高い」

$$r_{XY\cdot T}=\frac{r_{XY}-r_{TX}\,r_{TY}}{\sqrt{1-r_{TX}^2}\sqrt{1-r_{TY}^2}}=\frac{0.56-0.7\times0.8}{\sqrt{1-0.7^2}\sqrt{1-0.8^2}}=\frac{0}{\sqrt{1-0.49}\sqrt{1-0.64}}=0$$

「学年（T）の影響を取り除くと、身長（X）と計算能力（Y）は無相関である」。

◉ 媒介関係

たとえば、ある会社の社員の学歴を調べたところ、学歴（X：教育年数）が高い人ほど現在の給与（Y）が高かったとしよう（$r_{XY}>0$）。ここで初任給（T）を第3変数として導入したところ、学歴が高い人ほど初任給が高く（$r_{TX}>0$）、初任給が高い人ほど現在の給与も高い（$r_{TY}>0$）という関連がみられた。また、初任給（T）を第3変数として、学歴（X）と現在の給与（Y）の偏相関係数を求めると、その値はゼロに近かったとする（$r_{XY\cdot T}\fallingdotseq 0$）。このとき、学歴は初任給に影響を及ぼすことを通じて、間接的に現在の給与に影響を及ぼすものと解釈できる。以上の意味合いは、エラボレーションの「媒介関係」と同じである。数値例・計算例と解釈は以下のとおりである。

- $r_{XY}=0.42$「学歴（X）が高い人ほど現在の給与（Y）が高い」
- $r_{TX}=0.6$　「学歴（X）が高い人ほど初任給（T）が高い」
- $r_{TY}=0.7$　「初任給（T）が高い人ほど現在の給与（Y）が高い」

$$r_{XY\cdot T}=\frac{r_{XY}-r_{TX}\,r_{TY}}{\sqrt{1-r_{TX}^2}\sqrt{1-r_{TY}^2}}=\frac{0.42-0.6\times0.7}{\sqrt{1-0.6^2}\sqrt{1-0.7^2}}=\frac{0}{\sqrt{1-0.36}\sqrt{1-0.49}}=0$$

「初任給（T）の影響を取り除くと学歴（X）と現在の給与（Y）は無相関である」。

3 応用研究：宗教と中絶にたいする態度(2)

第 **6** 章の応用研究で、宗教と中絶にたいする態度の研究についてとりあげた。そこでは、カトリックとプロテスタントを比較し、両者で中絶にたいする態度が異なっていることを確認した。本章の応用研究はその続きである。

第 **6** 章では､宗派によって中絶にたいする態度が異なっているように思われた。だが、その論文の著者らはそこで結論を下すことを思いとどまった。先行研究によって、カトリックとプロテスタントとの間には、欲しい子どもの数に違いがみられることが明らかにされていたからである。著者らはこの点に注目した。カトリックのほうが、多くの子どもを望んでいる。中絶というのは、子どもの数の調節である。そうであるならば、選好する子どもの数と中絶への態度は関連しているのではないか。著者らはそのように推測して、データで確認した。その結果が、**図表 9 - 8** と**図表 9 - 9** である。

図表 9 - 8　宗派と選好する子どもの数

	2 人以下の子ども	3 人以上の子ども	計（N）
カトリック	48%（78）	52%（85）	100%（163）
プロテスタント	73%（175）	27%（65）	100%（240）
計	63%（253）	37%（150）	100%（403）

$\phi=-0.25$

まず、宗派と選好する子どもの数の関係をクロス表によって確認した（**図表 9 - 8**）。このクロス表から、カトリックのほうがプロテスタントよりも、欲しい子どもの数が多いことが確認できる。

図表 9 - 9　選好する子どもの数と中絶にたいする態度

	中絶支持	中絶反対	計
2 人以下の子ども	50%（127）	50%（126）	100%（253）
3 人以上の子ども	25%（38）	75%（112）	100%（150）
計	41%（165）	59%（238）	100%（403）

$\phi=0.24$

また、**図表 9 - 9** のクロス表によると、3 人以上の子ども数を望む人のほうが、2 人以下の子どもを望む人よりも、中絶に反対する比率が高くなっている。すなわち、選好する子どもの数によって、中絶の態度に大きな違いがみられる。

これらのことからすると、やはり「選好する子どもの数」が宗派と妊娠中絶にたいする態度との関連に何らかの影響を及ぼしていることが十分に予想される。そこで著者らは、３重クロス表によるエラボレーションを試みた。結果として**図表９-10**を得た。

図表９-10　選好する子どもの数別にみた宗派と中絶にたいする態度

〈２人以下の子ども〉

	中絶支持	中絶反対	計
カトリック	46%(36)	54%(42)	100%(78)
プロテスタント	52%(91)	48%(84)	100%(175)
計	50%(127)	50%(126)	100%(253)

$\phi=-0.05$

〈３人以上の子ども〉

	中絶支持	中絶反対	計
カトリック	24%(20)	76%(65)	100%(85)
プロテスタント	28%(18)	72%(47)	100%(65)
計	25%(38)	75%(112)	100%(150)

$\phi=-0.05$

選好する子どもの数をコントロールすると、カトリックとプロテスタントの間に、中絶にたいする態度の違いはほとんどみられなくなっている。このことをふまえると、宗派（独立変数）→選好する子どもの数（コントロール変数）→中絶への態度（従属変数）という「媒介関係」が存在していたと考えられる。

社会科学、とりわけ社会学においては、最初はある変数が別のある変数を規定していると思われていたのに、実際にはそれと違った関係（擬似関係、媒介関係、交互作用効果など）であったということがしばしばある。それを見出すことこそが、データ分析のもっとも大きな醍醐味であるといえるかもしれない。慎重に分析を進めて、思わぬ関係を発見していってほしい。

④ 練習問題

※模範解答を法律文化社 HP に掲載（詳しくは、本書 ii 頁）。

①《基礎》以下にあげる文章のうち、正しいものには○、誤っているものには×をつけよ。

(i)　コントロール変数を導入することによって、２変数の関係を明確にすることをエラボレーションという。

(ii)　離散変数のエラボレーションをするために偏相関係数を用い、連続変数のエラボレーションをするときには多重クロス表を作成すればよい。

(iii)　第３変数のそれぞれのカテゴリーにおいて、独立変数と従属変数に異なった関連がみられることを、擬似関係という。

(iv)　第３変数が独立変数と従属変数の間を橋渡しするような関係のことを、媒介関係という。

(v)　交互作用効果とは、第３変数をコントロールすることで、２つの変数の間に関係がなくなることである。

(vi)　偏相関係数とは、第３変数の影響を取り除いたときの２変数間の相関係数のことである。

②《トレーニング》大学生が所属する学部と成績の間に何らかの関係があるかどうかを調べるために、ある大学の法学部、経済学部、文学部の学生の成績を比較してみた。その結果が次にあげる**図表9-11**である。以下の問いに答えよ。

図表9-11　大学学部と成績の関係（架空例）

	優	良	可	計
法学部	40	100	60	200
経済学部	25	75	150	250
文学部	60	60	30	150
計	125	235	240	600

(i)　百分率クロス表を作成せよ。

(ii)　クラメールの連関係数を算出せよ。

(iii)　百分率クロス表とクラメールの連関係数から、学部と成績の関係について、どのようなことが言えるのか、述べよ。

(iv)　上で見られた関係は擬似的な関係であるかもしれない。そうだとしたら、原因としてどのようなことが考えられるのか、説明せよ。

③《発展》女性へのリベラルな態度が、性道徳の乱れと関連しているとの意見がある。それについて確かめるために、「女性は家庭外で仕事を持つべきである」（性別役割分業意識）という考えについての賛否（表側）と、「結婚している女性が夫以外とセックスをすること」に対する意見（表頭）をたずねたとする。それらの関連について、回答者の性別で違いがあるかどうかを知るために、第3変数として性別を導入し、**図表9-12**のような3重クロス表を作成した。以下の問いに答えよ。

図表9-12　男女別にみた性別役割分業意識と性道徳への態度（架空例：人）

男

	よくない	かまわない	計
賛成	86	90	176
反対	29	15	44
計	115	105	220

女

	よくない	かまわない	計
賛成	130	85	215
反対	42	13	55
計	172	98	270

(i)　3重クロス表から、性別役割分業意識、性道徳への態度、性別の関係について記述せよ（百分率を計算してクロス表を読むこと）。

(ii)　男女別にみた性別役割分業意識と性道徳への態度の ϕ 係数をそれぞれ計算せよ。

(iii)　性別役割分業意識と性道徳への態度、そして性別の間の関係は、どのようなものであることを示しているか。交互作用効果があるかどうか、答えよ。

④《発展》内閣府が地域での暮らしの満足度について調査を行っている。その結果に関して、居住する都市規模で何らかの違いが見られるかどうかを調べてみることとした。年齢別の地域での暮らしの満足度を、居住地が人口20万人以上の都市と20万人未満の都市に分けて、３重クロス表を作成した。

図表９−13　都市規模別にみた年齢別地域での暮らしの満足度

人口20万人未満　（単位：人）

	満足＋やや満足	やや不満＋不満	計
18〜29歳	207	64	271
30〜69歳	1271	398	1669
70歳以上	664	104	768
計	2142	566	2708

人口20万人以上　（単位：人）

	満足＋やや満足	やや不満＋不満	計
18〜29歳	108	14	122
30〜69歳	640	101	741
70歳以上	246	29	275
計	994	144	1138

（出典：内閣府「令和２年 地域社会の暮らしに関する世論調査」）

(i)　２つのクロス表から、それぞれの百分率クロス表を作成せよ。

(ii)　２つのクロス表それぞれについて、クラメールの連関係数を算出せよ。

(iii)　作成した百分率クロス表とクラメールの連関から、都市規模、年齢、地域での暮らしの満足度の関係について、どのように考えることができるか、その解釈を述べよ。

⑤《発展》公立小学校に通う６年生男子の永久歯虫歯経験率（X）と、裸眼視力1.0未満（眼鏡等着用者を含む）の児童比率（Y）との相関を、東京23区別のデータ（N ＝23）で調べると、歯が悪い子の多い地域ほど目が悪い子が少ないことがわかる（$r_{XY}= -0.340$）。また社会階層（就業者に占める専門・管理職の割合）（T）が高い地域ほど歯が悪い子が少ないこと（$r_{TX} = -0.504$）、また社会階層の高い地域ほど目が悪い子が多いこともわかった（$r_{TY} = 0.681$）。ここで以下ふたつの問いに答えよ。

（出典：虫歯経験率（DMF 指数）と視力：東京都教育委員会「令和２年度 東京都の学校保健統計調査」、専門・管理職の割合：総務省統計局「平成27年国勢調査就業状態等基本集計　第９−３表」）

(i)　社会階層を第３変数としたときの虫歯経験率と視力1.0未満の児童比率との偏相関係数（$r_{XY \cdot T}$）を求めよ。

(ii)　この偏相関係数および問題文で示した３種類の相関係数について、擬似関係、媒介関係を参考にしながら、自分なりの解釈をしてみよ。なお、第**７**章**２−４**で説明した相関係数の強さ・弱さの目安は、偏相関係数の強さ・弱さの目安としても利用できる。

チェックポイント

□エラボレーションの意味について、理解することができたか？
□３重クロス表を作ることができたか？
□擬似関係、媒介関係、交互作用効果について、それぞれどのような変数間の関係であるか、理解することができたか？
□偏相関係数の意味、計算の仕方、解釈の仕方が理解できたか？

[注]

1）毎年刊行される文部科学白書において、各年度の「全国学力・学習状況調査」の結果から、「朝食の摂取と学力調査の平均正答率の関係」が示されている。小学６年生と中学３年生の国語と算数・数学において、朝食の摂取別に平均正答率がグラフで提示されている。そして，令和３年度版では、「毎日朝食を食べる子供の方が、同調査の平均正答率が高い傾向にあります」と記述されている（令和３年度 文部科学白書：74)。以前には，同省ホームページで「朝ごはん食べて成績アップだね！」とも書かれていて、朝食摂取が成績を上げる効果があるという因果関係が想定されているようにも読めた。

2）教育熱心な親ほど子どもに朝食をとらせる、という影響関係は考えられても、子どもが朝食をとると親が教育熱心になるという影響関係は、まずあり得ないことに注意しよう。

3）実際には、うなぎと梅干の食べ合わせが悪いということに科学的根拠があるわけではないらしい。

第Ⅱ部
推定統計

全体のなかでの位置を把握する

♣ 正規分布

1 本章のねらい

本章から第Ⅱ部推定統計に入る。第Ⅱ部推定統計は大きく推定と検定のふたつに分かれる。本章から第**12**章までは母集団（調査や観察の対象とする集団全体）の分布の推定、第**13**章から第**15**章までは統計的検定について扱う。

本章では、確率分布（連続分布）のひとつで、特徴ある形状を持つ正規分布について学ぶ。自然現象や社会現象のなかには、その母集団が正規分布にしたがうものが少なくない。そういう意味で大切な分布であるが、より重要なのは、正規分布の性質を活用すれば、標本と母集団とをつなぐことが可能になることである。このように、正規分布は「標本から母集団へ」の一般化を扱う推定統計のベースを担う。

本章では、まず、正規分布の特徴と重要性を説明する。つぎに、正規分布を「標準化」した標準正規分布について学ぶ。そこでは、標準化した得点（Z値）の求め方についても触れる。そしてさいごに、標準正規分布表の読み方を解説する。

母平均、母分散、母標準偏差、母数、正規分布、正規分布曲線、標準化、Z値（標準得点）、標準正規分布、標準正規分布表、偏差値、生起確率

② 基本概念

2－1　母集団と標本の特性値

正規分布の説明に入る前に、母集団と標本の特性値（分布の特徴を表す数値）の記号について説明する。

統計学では、母集団と標本の特性値を区別する。記号も母集団と標本によって異なってくるので、ここで整理しておく（**図表10-1**）。

図表10-1　母集団と標本の特性値

	平　均	分　散	標準偏差
母集団	μ（ミュー）	σ^2	σ（シグマ）
標　本	$\overline{X}$	s^2	s

母集団の平均は**母平均** μ（population mean）、分散は**母分散** σ^2（population variance）、標準偏差は**母標準偏差** σ（population standard deviation）という。母平均、母分散、母標準偏差など母集団の特性値を**母数**（parameter）と呼ぶ。母数はその母集団において固有で一定の数値（定数）とみなされる。他方で、標本は抽出によって異なってくるため、標本統計（平均、分散、標準偏差）は変動する。つまり、母数は現実には測定できない理論値であり、また、観測値である標本統計は、母数そのものではなく、母数の推定量として用いられる。

2－2　正規分布

◉ 正規分布とは？

自然現象や社会現象のなかには、母集団の分布が**正規分布**（normal distribution）をとるものが多く存在する。身長や体重、全国規模の試験の点数、製品の標準規格からの誤差（ズレ）などは正規分布にしたがうことが知られている。正規分布は、母集団を前提とする理論的なモデルであり、母集団の平均 μ を軸とした、左右対称の釣鐘状の分布である。その形状からベルカーブとも称される（**図表10-2**）。

図表10-２　釣鐘（左）と正規分布（右）

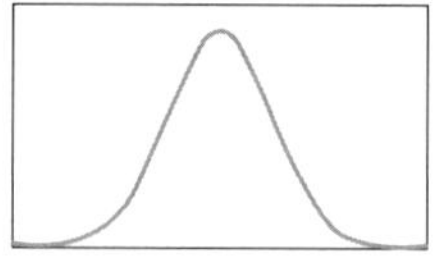

正規分布の確率密度関数（第**2**章を参照）は**正規分布曲線**（normal distribution curve）と呼ばれ、**図表10-３**のように示される。この正規分布はN（μ，σ^2）と表記される。Nはnormal distributionの頭文字Nからとっている。μ（母平均）とσ^2（母分散）には実際の数値が入る。平均が60、標準偏差15の正規分布の場合、N（60, 15^2）と示される。正規分布のデータは、中心の母平均μに近いほど多く、離れるほど少なくなる。理論上では、正規分布曲線の両極はグラフの底辺に無限に近接することになる。また、平均、メディアン、モードは一致する。

図表10-３　正規分布曲線

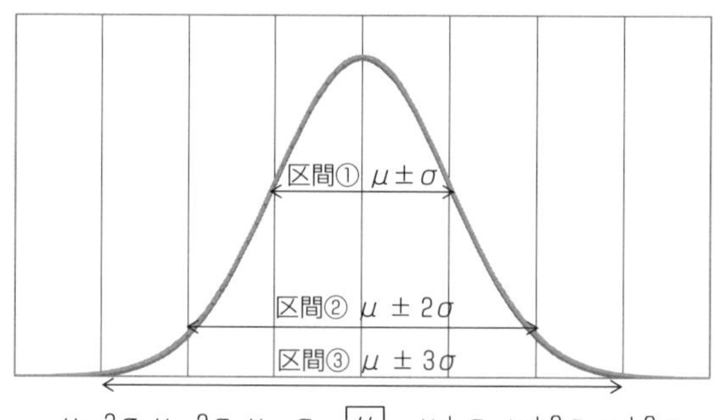

①

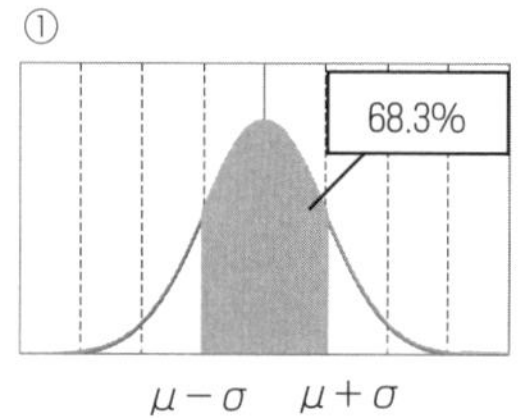

②

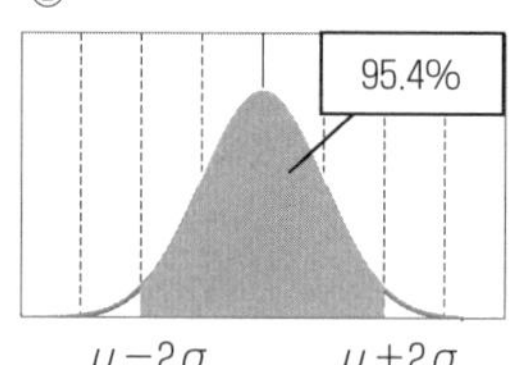

③

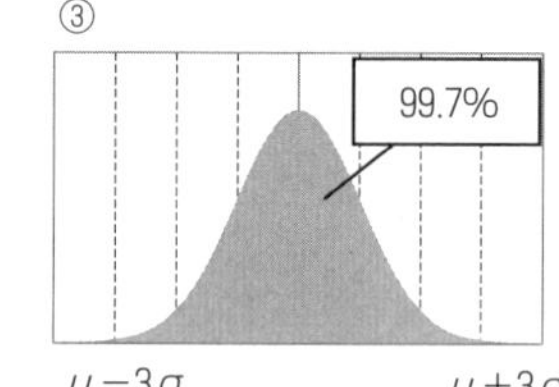

正規分布については、つぎのことがわかっている。全体のデータの68.3%は、平均μを中心にして、両側に**標準偏差**（σ）ひとつ分ずつ離れた区間①（$\mu \pm \sigma$）に含まれる（**図表10-3**：図①の網かけの領域）[1]。同様に、全体の95.4%が、標準偏差ふたつ分ずつ離れた区間②（$\mu \pm 2\sigma$）に、そして、全体の99.7%が、標準偏差3つ分ずつ離れた区間③（$\mu \pm 3\sigma$）に含まれる（それぞれ図②と③の網かけの領域）[2]。

◉ 正規分布の重要性

正規分布の重要性として、代表的なもの3つをあげる。

• 正規分布の重要性 •

(a) 正規分布にしたがう自然・社会現象は多い。
(b) 正規分布を使うと、ある値が全体のなかでどのあたりに位置するのか、確認することができる。
(c) 推定や検定の多くは、母集団や標本平均の分布が正規分布であることを前提にしている。

本章を通じて(a)と(b)を理解したい。(c)については、正規分布が具体的にどのようにかかわってくるのか、次章以降で個別に説明する。

2－3　正規分布から標準正規分布へ

つぎに、正規分布の重要性であげた(b)に移る。そのために、正規分布の**標準化**（standardization）を理解しなくてはいけない。正規分布の標準化とは何か。まずそこから入る。

◉ 標準化とは？

標準化とは、基準が異なるものを、広く相互に比較できるように、同一の基準に変換することである。寸・尺・間、インチ・フィート・ヤードといった異なる長さの単位を、ひとつの共通の単位、たとえば、cmやmに換算して表すことも標準化である。

図表10- 4　標準化のイメージ

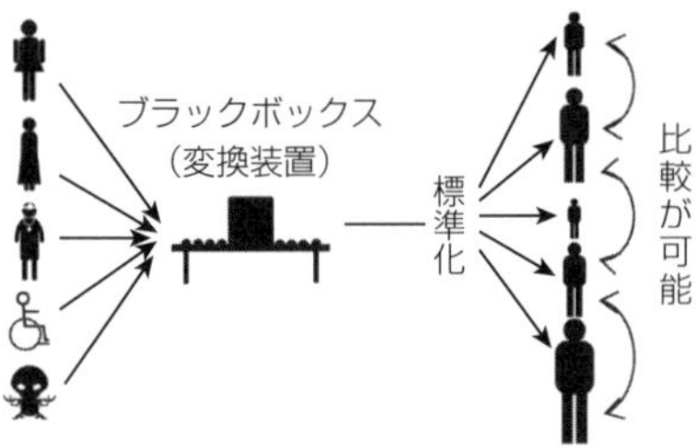

図表10- 4は標準化の概念をイメージしたものである。それは、互いに形の異なるものをブラックボックス（変換装置）に入れて通すと、同じ形に加工されて出てくる、というものである。統計学では、データを標準化することによって、そのデータが集団全体のどのあたりに位置しているのかを確認したり、異なる集団のデータ同士を相互に比較したりする。

◉ 標準正規分布

正規分布をとる任意の値 X_i を標準化する。その値は **Z 値**（Z-score：標準得点）と呼ばれ、つぎの公式によって求められる。

• Z 値（標準得点）の求め方 •

$$Z_i = \frac{X_i - \mu}{\sigma}$$

X_i：任意の値、μ：母平均、σ：母標準偏差

任意の値 X_i から母平均 μ を引いて、母標準偏差 σ で割ればよい。その値が X_i の Z 値（Z_i）となる。この処理を標準化といい、図表10- 4でみたブラックボックス（変換装置）の過程に相当する。

例を使って、標準化の計算練習をしてみよう。男子校の５人の生徒がある全国統一模試を受験した。その模試の数学の点数の分布は $N(52,\ 16^2)$ にしたがっていた。すなわち、平均 μ は52点、標準偏差 σ は16点であり、分布は正規分布になっていた。（ここでは、数学の模試の受験者全員が母集団であることに注意しよう！）以下、かれら５人の数学の点数をそれぞれ標準化する。

$X_1=20$（アキラメくんの点数）——→ $Z_1=\dfrac{20-52}{16}=-2.0$

$X_2=28$（ニガテくんの点数）——→ $Z_2=\dfrac{28-52}{16}=-1.5$

$X_3=52$（フツオくんの点数）—— 標準化 →　$Z_3=\dfrac{52-52}{16}=0$

$X_4=72$（デキルくんの点数）——→ $Z_4=\dfrac{72-52}{16}=+1.25$

$X_5=92$（ジーニャスくんの点数）——→ $Z_5=\dfrac{92-52}{16}=+2.5$

個々のデータは標準化された値、たとえばデキルくんの72点は $Z_4=+1.25$ といった形で表現されることになる。

この一連の作業をかりに正規分布をとる全部のデータにおこなうと、Z値は、N（0，1^2)、すなわち平均0、標準偏差1の正規分布になる。この正規分布は**標準正規分布**（standard normal distribution）と呼ばれる（**図表10-5**）。

図表10-5　標準正規分布

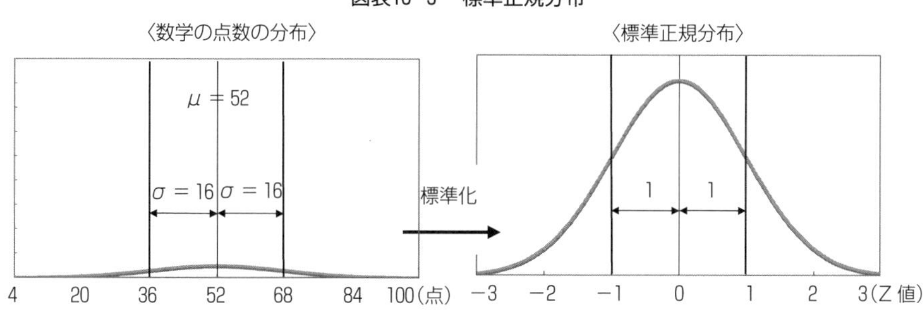

また5人の生徒のZ値を標準正規分布に落とし込むと、**図表10-6**となる。図表の下にある単位に注意してもらいたい。標準正規分布の単位はZ値である。そのZ値の下に、参考として、Z値に対応する数学の点数を添えている。

つぎに、標準化の意義、なぜZ値に変換することが必要なのかについて説明しよう。

図表10-6　5人の生徒の標準正規分布における位置づけ

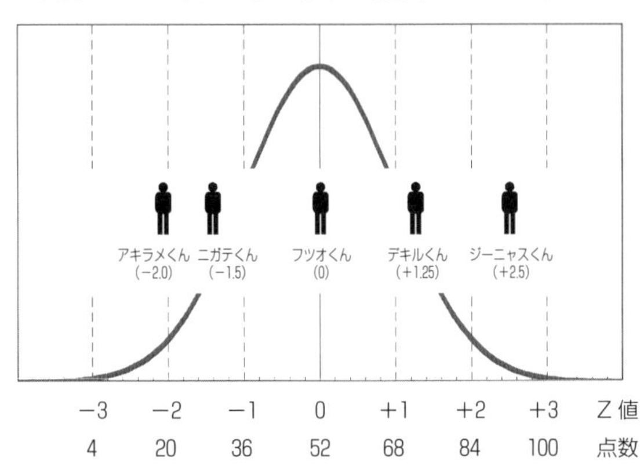

◉ 値の比較

Z値を活用すると、数学と国語というように教科がまったく異なる試験の点数、もしくは同じ教科でも異なる平均と標準偏差を持つ試験の点数同士で、どちらが相対的によいまたは悪い成績なのか､判断することもできる。ここで｢相対的」というのは､「ほかの受験者の成績と比べて」もしくは「受験者全体のなかで」という意味合いで使っている。たとえば、統一模試の国語の平均 μ は数学と同じ52点、ただし標準偏差 σ は12点であったとする。

ニガテくんの国語の点数は28点で、先の数学の点数と同じであった。ニガテくん､「ボクは国語より数学のほうが得意だと思っていたのに……。」この試験結果から、ニガテくんの数学と国語、相対的にどちらのほうがよくできたと判断できるだろうか。

そのためには、ニガテくんの数学のZ値と国語のZ値を比較すればよい。数学のZ値は、上で求めたように－1.5であった。

$$X_2 = 28 \text{（ニガテくんの数学の点数）} \qquad Z_2 = \frac{28-52}{16} = -1.5$$

国語のZ値を求める。

$$X_{2'} = 28 \text{（ニガテくんの国語の点数）} \qquad Z_{2'} = \frac{28-52}{12} = -2.0$$

ニガテくんの数学と国語の点数はどちらも28点だが、数学のZ値は－1.5、国語のZ値は－2.0である。－1.5（数学）＞－2.0（国語）であるから、成績は数学のほうがよいことになる。したがって、今回の統一模試の結果から判断すると、ニガテくんは国語よりも数学のほうがよくできたといえる。ニガテくん自身も「数学が得意」といっていたが、そのとおりになっている。

2－4　標準正規分布表とその使い方

以上、みてきたように、あるデータの値（たとえば、模試の点数）のZ値がわかれば、その値が全体の分布のなかでどこに位置するのかがわかる。それは、全体のどのくらい（割合・比率）がその値より大きい、または小さい値をとるのかを知ることにもつながる。さらに、それを知るためには、**標準正規分布表**（standard normal distribution table）と呼ばれる表の読み方を学ぶ必要がある。

◉ 標準正規分布表

巻末資料1は標準正規分布表である。

表中の数字は、標準正規分布の曲線から下の面積全体を1としたとき、平均と、あるZ値にはさまれた領域の面積を示している。ちなみに、平均の軸を中心とした右と左の半分の面積はどちらも0.5である。この領域の面積は、$P(0 \leqq Z \leqq a)$ と表すことができる（aは変数で $a \geqq 0$）[3]。分布表は、Z値（表中ではaの値）の1の位と小数第1位の2桁が行、小数第2位の1桁が列で示されている。Pは0から1までの値をとる。表ではaが0.00から3.09までの値、Pは0.0000から0.4990までの値が示されている[4]。

◉ 標準正規分布表の使い方

つぎに、標準正規分布表の使い方を説明する。

例として、上で紹介した全国統一模試（数学）のデキルくんのZ値+1.25（点数は72点）とニガテくんのZ値－1.5（点数は28点）を使って、かれらより高い、あるいは低い点数をとった生徒がどれだけいるのかを調べてみよう。

図表10-7のように、デキルくんのZ値+1.25（a＝+1.25）は、表中の1.2の行と0.05の列が交差する値（0.3944）を読めばよい。

0.3944は平均（Z＝0）とデキルくんの点数（Z＝+1.25）とのふたつの値には

さまれた区間の領域であり（**図表10-8**）、全体の面積1に占める面積、つまり比率P（0≦Z≦+1.25）を示している。デキルくんと平均の間には、全体の39%、約4割の生徒が存在することがわかる。

図表10-7　標準正規分布表の読み方

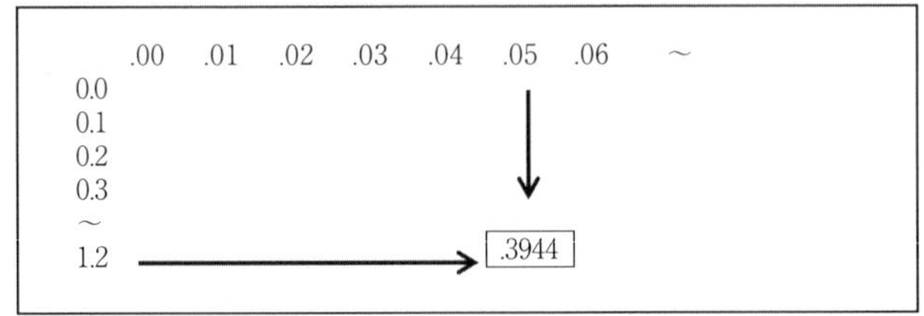

図表10-8　P（0≦Z≦+1.25）の領域

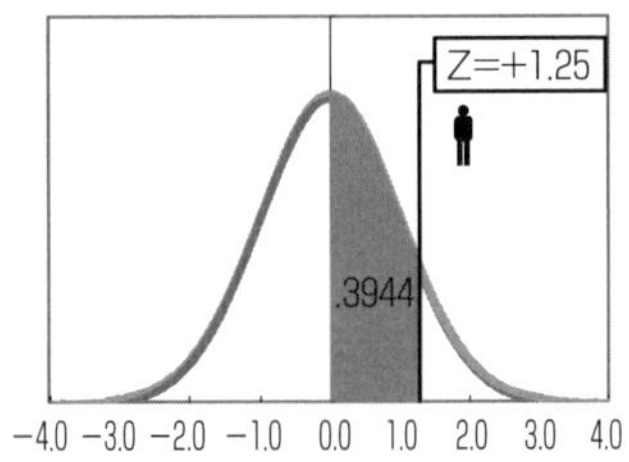

最初に、デキルくんより高い点数をとった生徒が全体でどれだけいるのかを調べたい（**図表10-9**：図①の網かけの領域）。この領域を求めるには、右半分の領域0.5から先に求めた領域0.3944を引けばよい（図①＝図②－図③）。すると、P（+1.25≦Z）＝0.5－0.3944＝0.1056となる。デキルくんより高い点数をとった生徒は、全体の11%で、約1割存在することがわかる。

図表10-9　デキルくんより高い点数をとった生徒の比率の求め方

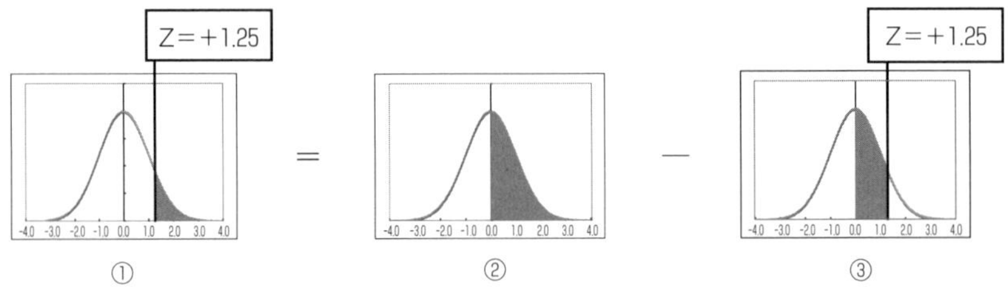

逆に、デキルくんより低い点数をとった生徒の比率を求めるには、全体の面

積１から①の領域（上で求めた値0.1056）を引けばよい。P（Z ≦ +1.25）＝１－0.1056＝0.8944となる。もしくは、図③の領域に左半分の領域0.5を足せばよい。0.3944＋0.5＝0.8944である。どちらのやり方でも同じ値となる。デキルくんより低い点数をとった生徒は全体の89％、約９割いることになる。

つぎに、ニガテくんより高い点数（実際の点数は28点、Z値は－1.5）をとった生徒の比率（**図表10-10**　図④の網かけの領域）は、図⑤の領域に右半分の領域0.5（図⑥）を足せばよい。

図表10-10　ニガテくんより高い点数をとった生徒の比率の求め方

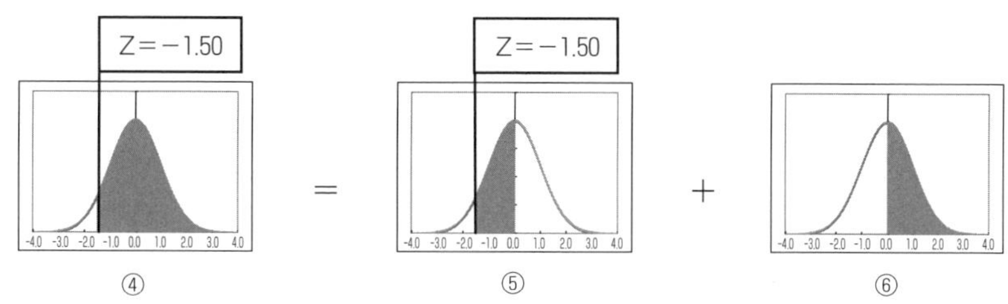

標準正規分布表で、図⑤の領域（平均とZ値 +1.50の区間の領域）を求める[5]。0.4332であることがわかる。ニガテくんより高い点数をとった生徒の比率は、それに右半分の領域0.5（図⑥）を足せばよい。P（－1.50≦ Z）＝0.4332＋0.5＝0.9332となる。全体の９割以上（93％）の生徒はニガテくんより高い点数をとっていることがわかる。

逆に、ニガテくんより低い点数をとった生徒の比率は、全体の１から④の領域（上で求めた値0.9332）を引けばよい。P（Z ≦ －1.50）＝１－0.9332＝0.0668となる。もしくは、左半分の領域から図⑤の領域を引けばよい。0.5－0.4332＝0.0668である。どちらのやり方でも同じ値となる。全体の１割未満（７％）の生徒がニガテくんより低い点数をとっていることがわかる。

このように、標準正規分布表を使って、標準正規分布全体の面積１、右半分・左半分の領域0.5をうまく使えば、Z値を基準としたあらゆる領域（生起確率）を算出することができる。

3 応用研究：受刑者のIQを事例に

知能の発達程度を示す知能指数（IQ）は、母平均μが100、母標準偏差σが15となるように、知能測定の得点を変換した標準得点であり、正規分布をとる。周知のとおり、IQは値が高いほど知能が高く、低いほど知能が低いことを示す。そして、**図表10-11**のように、全体の68％はIQ85～115の間に、95％はIQ70～130の間に含まれる。そして、IQ70以下は知的障害者と規定されている。

図表10-11　IQのパーセンテージ

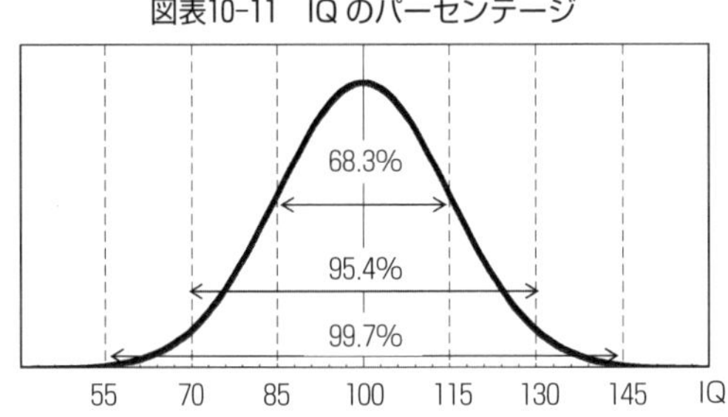

知能測定は20世紀初頭のフランスの心理学者A.ビネーによって発明された。当初の目的は、「知恵おくれ」の子どもを識別して、特別の教育支援を施すためといわれている。その後、低い知能は犯罪や貧困などの社会問題と強く関連して、遺伝的に受け継がれるという見地から、知能測定は、社会で見過ごされている「欠陥者」を発見する手段として、政策にも使用されてきた。[6]

日本では、これまで「犯罪予備軍」の発見手段として、知能測定が実施されたということはない。ただし、受刑者（犯罪者）に対しては、処遇目的の見地から、知能測定が服役直後に実施され、その結果は法務省の『矯正統計年報』のなかで報告されている。**図表10-12**は2005年の受刑者（男子）のIQのヒストグラムである。[7]

図表10-12　新受刑者（男子28,897人）のIQのヒストグラム

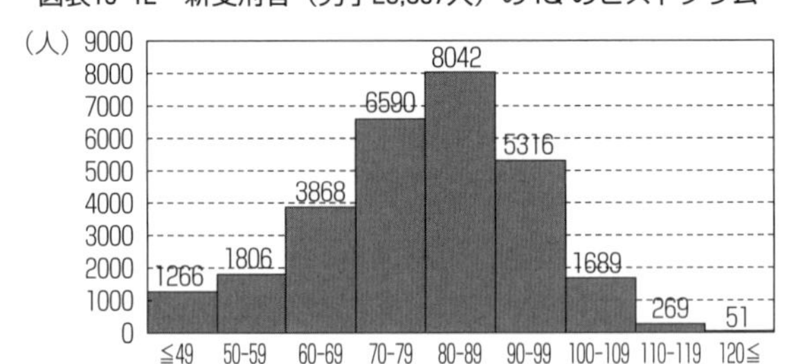

（出典：法務大臣官房司法法制部司法法制課 2005『第107矯正統計年報Ⅰ』）

これをみると、受刑者のIQのヒストグラムは正規分布とほぼ同じ形状をとることがわかる。ただし、受刑者のIQは80台前半を中心とした正規分布であり、一般人の100を中心とした正規分布とは大きく異なる。受刑者全体の約4分の1（6,940人）は「知的障害」とみなされる70未満である。ちなみに、一般人の70未満の出現率は2.3％である。この結果をみるかぎり、受刑者のIQが一般人のIQを大きく下回っているのは明らかである。

受刑者のなかに知的障害者が多く存在するという事実は、山本譲司の著書『獄窓記』（2003年）と『累犯障害者』（2006年）のなかで紹介され、その後、社会にひろく認知されるようになった。彼らの多くは、劣悪な生育環境や社会的な孤立などから、公的福祉サービスを受給することができなかった人たちであり、彼らの障害は、捜査、起訴、裁判段階においても、見過ごされてきた。このような状況をふまえ、管轄である厚生労働省と法務省が連携して、軽微な犯罪を繰り返している障害者を福祉につなぐ支援事業が進められている[8)]。

ここでは、正規分布をとる社会現象として、知能指数（IQ）を紹介した。しかし、人間の知能は複雑で多面的であり、ひとつのモノサシで測ることは困難である。知能測定が政策的に悪用されると、それが特定集団への偏見や差別につながったり、人権問題へと発展する恐れがある。何を目的として、何を測るのか。測定にたいしては、つねに批判的、懐疑的な姿勢を忘れてはならないことを、このIQの事例から読みとることができる。

4 練習問題

※模範解答を法律文化社HPに掲載（詳しくは、本書ii頁）。

①《基礎》以下にあげる現象(i)〜(v)のうち、母集団が正規分布をとるものを選びなさい。

(i)　簡単な試験の採点結果
(ii)　成人男性の中指の長さ（つけ根から先端）
(iii)　ボルトの標準規格からのズレ
(iv)　日本の世帯ごとの所得
(v)　降ってくる雨粒の大きさ

②《基礎》(i)〜(v)の値が母数と標本統計のどちらであるかを答えよ。

(i)　連続テレビドラマの世帯視聴率
(ii)　全国2000人を対象にした世論調査にもとづく出生前診断に対する支持率
(iii)　国勢調査にもとづく日本人の年齢の中央値
(iv)　総務省統計局が毎月実施・公表している完全失業率
(v)　大学入試センター試験の国語の平均点

③《トレーニング》正規分布において、以下の不等式を満たすP（比率または生起確率）またはaを、標準正規分布表を使って求めよ（求められている領域を必ず図に示してから、計算しよう！）。

(i)　P（$0 \leqq Z \leqq +1.50$）　　(v)　P（$-1.75 \leqq Z \leqq -1.50$）
(ii)　P（$-2.15 \leqq Z \leqq 0$）　　(vi)　P（$-0.5 \leqq Z$）
(iii)　P（$-1.78 \leqq Z \leqq +0.04$）　　(vii)　P（$Z \leqq a$）$=0.591$
(iv)　P（$-1.96 \leqq Z \leqq +1.96$）　　(viii)　P（$a \leqq Z \leqq +0.78$）$=0.64$

＊(iv)の± 1.96にはさまれた領域（比率）に要注意！

④《発展》ある全国模試で、国語の点数の分布はN（65.8, 7.5^2）、数学の点数の分布はN（62.2, 14.3^2）にしたがうことがわかっている。

(i)　フツオくんの国語、数学の点数はともに50点だった。フツオくんの場合、国語と数学の成績は、模試を受けたほかの生徒と比べて、どちらのほうがよかったのだろう。

(ii)「スパルタ中学校」は、この国語の成績をもとにして、特進コースを設けようと考えている。受験した生徒のうち上位14％を特進クラスに入れるとすると、その分断点（カッティング・ライン）は何点になるだろう。

⑤《発展》ニガテくんが模擬試験を受けた。後日送られてきた結果には、その点数に併記されて偏差値42が記されていた。ニガテくんは思った。「今回は、まあまあだな。でも、偏差値70とかは、すごくよくできる人なんだろうな。」この模擬試験の点数の分布はN（68.0, 7.5^2）であることがわかっている。

(i)　偏差値70以上の人は何％いることになるだろう。

(ii)　ニガテくんの点数は何点だったのか。

＊割り切れない場合、小数第２位を四捨五入して、小数第１位まで求めよ。

＊＊偏差値（adjusted standard deviation score）は標準得点（Z値の一種）であり、平均μが50、標準偏差σが10の正規分布をとる。偏差値は、つぎのようにZ値を使って、求められる。偏差値$=10\times Z+50$

チェックポイント

□正規分布の特徴とその重要性を理解したか？

□標準化の意味を理解したか。あるデータのZ値を求める（標準化する）ことができたか？

□標準正規分布表を使いこなせたか。集団の平均と標準偏差から、ある値が分布全体のどこに位置するか、見定めることができたか？

[注]

1）全体のデータの68.3%がこの区間に含まれるということを,「この区間に含まれるデータがあらわれる確率は0.683である」といい換えることもできる。このように、ある現象の出現する度合いのことを**生起確率**（occurrence probability）という。

2）ただし、一般的には、$\mu \pm \sigma$、$\mu \pm 2\sigma$、$\mu \pm 3\sigma$よりも、$\mu \pm 1.64\sigma$（90%）、$\mu \pm 1.96\sigma$（95%）、$\mu \pm 2.58\sigma$（99%）のほうをより頻繁に利用する。詳細は第**12**章で学ぶが、いまから頭に入れておこう。

3）P（　）の使い方は第**2**章で学んだ。分布表のPは、0.3849は .3849というように、1の位の0が省略されて表されている。Pは生起確率である。

4）aが3.09以上（それに対応するPが0.4990以上）の値は、現実にはほとんど使われることはない。

5）分布表ではZ値が正の値だけを記載している。しかし、正規分布は左右対称であるから、Zの符号は違っても絶対値が等しい場合（たとえば、+1.5と－1.5）、平均とZ値にはさまれた区間の領域は等しくなる。Z値が－1.50の場合には、代わりに+1.50を使えばよい。

6）政策に使用された例として、1921年のアメリカの移民制限法があげられる。最近では、1990年代半ばにアメリカで出版されて問題となった『ベルカーブ』論争が有名である。著者らは、犯罪や貧困、未婚の母など社会問題の多くは、IQのもっとも低い集団（ベルカーブの左の「すそ野」に位置する集団、人種でいえば、アフリカ系アメリカ人）によって引き起こされていることなどを主張して、物議をかもした。

7）刑法犯と特別法犯をあわせた男子の新受刑者のIQの分布である。知能検査未了の者、知能が低く検査不能の者を含む「テスト不能」（1710人）はデータから除外している。

8）2009年からは、地域生活定着支援センターが全国に設置され、矯正施設から出所する帰住先のない高齢者・障害者の支援に取り組んできた。さらに、2021年には、逮捕されたり、裁判中であったりする高齢者・障害者の被疑者や被告人にたいして、釈放後直ちに必要な福祉サービスを利用できる支援が開始された。

第11章 一部から全体を推し量る（その１）

♣ 標本平均と中心極限定理

1 本章のねらい

前章では、標準正規分布表を用いれば、あるデータの値が全体の分布のなかでどこに位置するのか、どのくらいの頻度で出現するのか（生起確率）について確認できることを学んだ。本章では、「標本平均 $\overline{X}$ の分布をとると正規分布に近くなる」ことについて学ぶ。中心極限定理と呼ばれるこの法則はつぎの点で重要である。この法則を利用すれば、標本から本来未知である母集団の分布の特性（平均や比率など）を推定することができる。すなわち、中心極限定理は標本と母集団をつなぐ「橋渡し」の役割を果たすことになる。次章以降では、この法則をベースにして、母集団の平均や比率を推定したり（第**12**章）、ふたつの集団の間で平均や比率に差があるのか否かを検定する方法（仮説検定）を学んでいく（第**14**章）。

本章では、まず標本に関連する基本的語句を学ぶ。つぎに、標本平均 $\overline{X}$ の分布と中心極限定理の内容を解説する。そしてさいごに、簡単な事例を使って、中心極限定理の法則を確認する。中心極限定理は抽象的な考え方でわかりづらいので、電卓や表計算ソフトを使って地道に計算するなどして、法則のポイントを経験的に押さえておきたい。

標本、標本の大きさ、サンプルサイズ、標本の数、標本平均、標本平均の分布、標本平均の平均、標本平均の標準偏差、中心極限定理、標準誤差、一様分布

② 基本概念

2－1　標本平均の分布

◉ 標本・標本の大きさ・標本の数・標本平均

ここでは、標本に関連する語句の整理をする。

・**標本**（sample）は「分析のために母集団から取り出した部分」であり、「観測データの１組」をさす。データの集まりが標本。**図表11-1**の例でいうと、標本１、標本２、標本３のそれぞれが標本である。

・**標本の大きさ**（sample size：サンプルサイズ）とは、標本内の観測データの数のことである。**図表11-1**の例でいうと、標本の大きさはいずれも12である。N ＝12と表現する。

・**標本の数**（number of samples）とは、標本の組の数のことである。**図表11-1**の例でいうと、標本の数は３つである。

図表11-1　標本の大きさと標本の数

標本 1　9,8,4,6,3,2,5,3,5,5,3,7→標本の大きさは12
標本 2　6,5,9,1,7,1,9,3,9,6,3,2→標本の大きさは12
標本 3　9,1,9,4,9,8,3,3,1,7,8,5→標本の大きさは12
標本の数は３つ

標本平均（sample mean：$\overline{X}$）は、標本の観測データの平均値をさす。第**4**章で習った平均値はここでいう標本平均にあたる。**図表11-1**の「標本１」についていうと、標本平均 $\overline{X}_1$ は $5\left(=\frac{9+8+4+6+3+2+5+3+5+5+3+7}{12}\right)$ である。$\overline{X}_1$ の下付きの添字（1）は標本の番号をさす。

◉ 標本平均の分布

つぎに標本平均 $\overline{X}$ の分布について説明しよう。

通常、分析対象の母集団からの抽出は1回きりで、標本は1組、標本平均はひとつである。特別な理由がないかぎり、同じ母集団から別個に抽出して、何組もの標本をそろえる必要はない。しかし、標本平均の分布を考える際には、多数（無数）の標本と標本平均の存在を想定しなくてはならない。つまり、特定の母集団から、無作為に、一定数のデータ（1組の標本）を抽出して、その標本平均を求める。これを同じ母集団にたいして、何度も繰り返して、多数の標本と標本平均をそろえる。

以上の作業過程を図示したものが**図表11-2**である。ここでは、標本の大きさNを12に設定している。一連の作業は、**母集団→抽出→標本1、標本2、標本3、……、標本k→算出→** $\bar{X}_1, \bar{X}_2, \bar{X}_3, \cdots\cdots, \bar{X}_k$ に示される。この結果、多数の標本（標本1、標本2、標本3、……、標本k）と標本平均（$\bar{X}_1, \bar{X}_2, \bar{X}_3, \cdots\cdots, \bar{X}_k$）が生み出されることになる。ちなみにkは標本の数である。

図表11-2　母集団・標本・標本平均・標本平均の分布

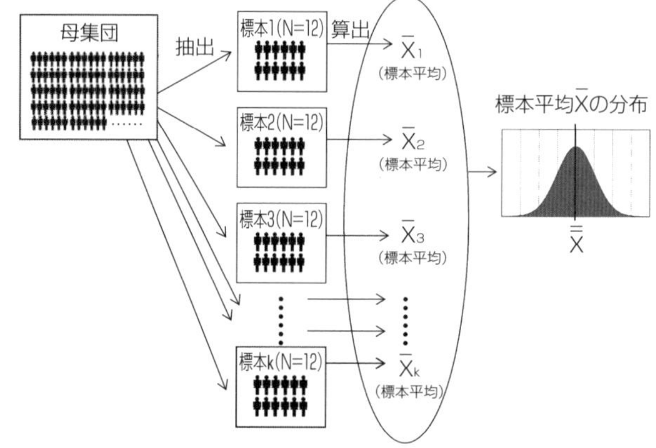

標本平均（だ円の枠で囲んだ箇所）に注目してもらいたい。これからのポイントは、ひとつの標本平均をあたかもひとつの観測データとみなすことである。上記のようにして生み出された多数の標本平均は大小さまざまな値をとることは想像できよう。つまり、「標本平均 $\bar{X}$ は分布する」（第**2**章、第**3**章を参照）。この分布を**標本平均の分布**（distribution of sample means）という。この標本平均の分布を図式化すると、前章で学んだ正規分布に似た形状のグラフ、もしくは

正規分布そのもの（**図表11-2**右端のグラフ）になる。

◉ 標本平均の平均・標本平均の標準偏差（標準誤差）

標本平均の分布（**図表11-2**右端のグラフ）の中軸は**標本平均の平均**（mean of sample means：$\bar{\bar{X}}$）となる。（$\bar{X}$の平均という意味で、$\bar{X}$の上にさらにもうひとつ「—（バー）」がつく。「エックス・バー・バー」と読む）いい換えると、標本平均$\bar{X}$は、標本平均の平均$\bar{\bar{X}}$を中心に、左右対称に分布する。標本平均の平均$\bar{\bar{X}}$はつぎの式で求められる。

$$\bar{\bar{X}} = \frac{\sum_{i=1}^{k} \bar{X}_i}{k} = \frac{\bar{X}_1 + \bar{X}_2 + \bar{X}_3 \cdots\cdots + \bar{X}_k}{k}$$

この式は、Xが$\bar{X}$、$\bar{X}$が$\bar{\bar{X}}$、Nがkに変わっただけで、第**4**章で示した標本の平均値$\bar{X}$の求め方と同じである。

また、標本平均の分布の標準偏差、つまり、**標本平均の標準偏差**（standard deviation of sample means）は$s_{\bar{X}}$と表現され、つぎの式で求められる。

$$s_{\bar{X}} = \sqrt{\frac{\sum_{i=1}^{k}(\bar{X}_i - \bar{\bar{X}})^2}{k-1}} = \sqrt{\frac{(\bar{X}_1 - \bar{\bar{X}})^2 + (\bar{X}_2 - \bar{\bar{X}})^2 + (\bar{X}_3 - \bar{\bar{X}})^2 + \cdots\cdots + (\bar{X}_k - \bar{\bar{X}})^2}{k-1}}$$

この式も、Xが$\bar{X}$、$\bar{X}$が$\bar{\bar{X}}$、Nがkに変わっただけで、第**4**章で示した標本の標準偏差sの求め方と同じである。

2－2　中心極限定理

◉ 中心極限定理

標本平均の分布にかんする基本的な法則が、つぎに学ぶ**中心極限定理**（central limit theorem）である。

中心極限定理

> 標本平均$\bar{X}$の分布は、標本の大きさが大きくなると、それらが抽出された元の母集団が正規分布でなくても、正規分布N（μ，$(\frac{\sigma}{\sqrt{N}})^2$）に近づく。

ここでいう標本（観測データ）とは、無作為に抽出された標本（観測データ）をさしている。つまり、標本（観測データ）が互いに独立していることを前提としている。

では、中心極限定理のポイントをあげよう。

まず、標本平均の分布は、標本の大きさが大きくなるにつれて[1]、つぎのような変化が得られる。

① 標本平均の分布は正規分布に近づく。

② 標本平均の平均 $\overline{\overline{X}}$ は母平均 μ に近づく。

③ 標本平均のばらつき（$s_{\overline{X}}$）は小さくなる。標本平均の標準偏差 $s_{\overline{X}}$ は $\frac{\sigma}{\sqrt{N}}$ に等しくなる。

標本平均の標準偏差 $\frac{\sigma}{\sqrt{N}}$ は**標準誤差**（standard error：略して SE）と呼ばれる。標準誤差という特別ないい方をするのは、標本の標準偏差 s や母集団の標準偏差 σ と区別するためである。

つぎに、重要なことは、標本が抽出された母集団の分布の形状に関係なく、中心極限定理は成り立つ点である。通常、母集団は未知であり、全数調査をおこなわないかぎり、その分布の形状を知ることはできない。したがって、この点は、標本調査による母集団の推定において大きな意味をもってくる。また、母集団が正規分布である場合、標本平均の分布は、近似的ではなく、正規分布そのものになる。

中心極限定理はつぎのことを示唆する。母集団について何も知らなくても、母集団から無作為に抽出した標本の値を使うことによって、母集団の分布の特性（とくに平均）を推測することができるのである。以下に、標本の大きさにともなう標本平均の分布の変化の様子、それが母集団の分布の形状に関係ないことについて、ふたつの事例を使って具体的に確認する。

◉ サイコロを使った事例(1)

ここでは、サイコロの目の出方を用いて、中心極限定理を確認してみよう。

はじめに、サイコロの目の出方、それから母平均 μ と母標準偏差 σ を確認する。サイコロの目の出方は１，２，３，４，５，６の６通りで、それぞれの目の出る確率は等しく $\frac{1}{6}$ である。したがって、サイコロを何回も振って、出た目の値の平均 μ（期待値。第 **2** 章を参照）は3.5となる。実際のサイコロの目に3.5はないが、ここでは理論値として捉える。また、母標準偏差 σ は約1.708となる[2]。

つぎに、作業の説明に移ろう。ここでは、サイコロを１回振って出た目をひとつの観測データとみなす（1～6から無作為にひとつの数字を抽出していることになる）。サイコロをN回振り、N個の観測データをそろえる。これが1組の標本となる。それから、標本内のN個の観測データの平均値、つまり標本平均 $\overline{X}$ を算出する。この作業を何回も（ここでは10回）繰り返す。その結果、10組の標本（標本1～標本10）とそれにともなう10個の標本平均（$\overline{X}_1$～$\overline{X}_{10}$）が生み出されることになる。

では、実際に作業をおこなう。まず標本の大きさを2に設定した標本平均の分布を作成し、つぎに、標本の大きさを4にした標本平均の分布を作成する。そしてさいごに、標本の大きさが異なるふたつの標本平均の分布を比較する。

N＝2の場合はサイコロを2回振る。たとえば、最初、サイコロを2回振って、5と1だった場合、「標本1」は(5, 1)で、その標本平均 $\overline{X}_1$ は3（$= \frac{5+1}{2}$）となる。これを10回繰り返す。**図表11-3**がその結果である。

図表11－3　標本（N＝2）と標本平均

	1回目	2回目	標本平均 $\overline{X}$
標本1	5	1	3
標本2	2	2	2
標本3	1	1	1
標本4	5	4	4.5
標本5	6	4	5
標本6	4	2	3
標本7	6	6	6
標本8	3	6	4.5
標本9	3	5	4
標本10	5	3	4

10個の標本平均はつぎのとおり。

$\overline{X}_1$	$\overline{X}_2$	$\overline{X}_3$	$\overline{X}_4$	$\overline{X}_5$	$\overline{X}_6$	$\overline{X}_7$	$\overline{X}_8$	$\overline{X}_9$	$\overline{X}_{10}$
3	2	1	4.5	5	3	6	4.5	4	4

これら10個の標本平均（★）の分布をプロットしたものが**図表11-4**である。

10個の標本平均は1から6まで散らばっている。母平均 μ（＝3.5）に近い値もあれば離れている値もある。これら10の標本平均の平均 $\overline{\overline{X}}$ は3.7、標準偏差 $s_{\overline{X}}$ は1.476となる[3)]。

図表11-4　標本平均の分布（N＝2の場合）

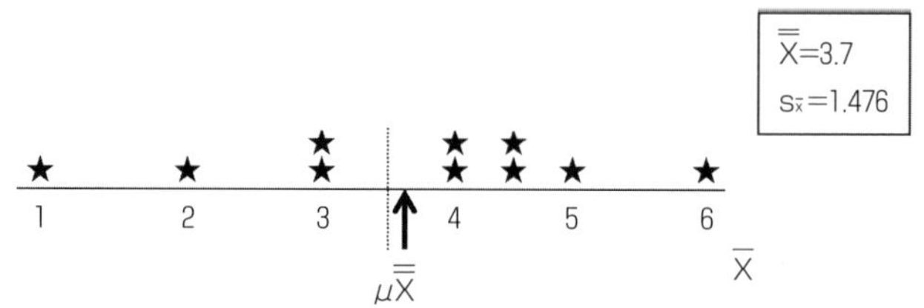

N＝4の場合、今度はサイコロを4回振る。先の作業と同じように、出た4つの目をそれぞれ観測データとみなして1組の標本（N＝4）とする。そして、標本の4つの観測値の平均を標本平均 $\bar{X}$ とみなす。これを同じく10回くり返す。その結果が**図表11-5**である。

図表11ー5　標本（N＝4）と標本平均

	1回目	2回目	3回目	4回目	標本平均 $\bar{X}$
標本1	1	5	2	1	2.25
標本2	6	6	2	3	4.25
標本3	1	3	2	4	2.5
標本4	6	1	6	1	3.5
標本5	4	1	4	4	3.25
標本6	3	3	2	6	3.5
標本7	5	4	6	4	4.75
標本8	4	4	3	4	3.75
標本9	6	2	2	6	4
標本10	1	1	2	2	1.5

10個の標本平均はつぎのとおり。

$\bar{X}_1$	$\bar{X}_2$	$\bar{X}_3$	$\bar{X}_4$	$\bar{X}_5$	$\bar{X}_6$	$\bar{X}_7$	$\bar{X}_8$	$\bar{X}_9$	$\bar{X}_{10}$
2.25	4.25	2.5	3.5	3.25	3.5	4.75	3.75	4	1.5

そして、これら10個の標本平均（★）の分布をプロットしたものが**図表11-6**である。

10個の標本平均の平均 $\bar{\bar{X}}$ は3.325、標準偏差 $s_{\bar{x}}$ は0.986である（いずれも計算過程は省略）。先ほどのN＝2の分布（**図表11-4**）と比較してみよう。

10個の標本平均は集中してきていることが読みとれる。標準偏差 $s_{\bar{x}}$（標本平

図表11-6　標本平均の分布（N＝4の場合）

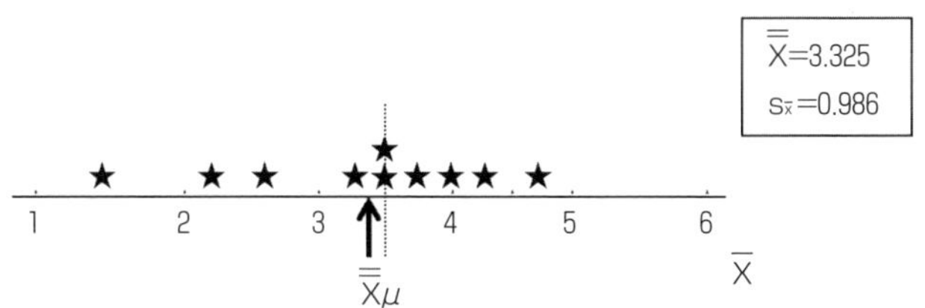

均$\bar{X}$のばらつきの程度）は1.476から0.986と小さくなっている。そして、$\bar{\bar{X}}$は3.7から3.325へと、わずかだが母平均μ（＝3.5）に近づいている。

このように、標本の大きさNを大きくすると、標本平均の平均$\bar{\bar{X}}$と母平均μとの差が小さくなる。これは、もとはといえば、標本平均$\bar{X}$と母平均μとの差が小さくなるからである。標本内の観測データの数Nを多くすれば、標本平均$\bar{X}$はしだいに母平均μ（＝3.5）周辺の数値に集中して、1とか6といった両極端の値はとりにくくなる。たとえば、N＝2の場合、サイコロを振って続けて1の目が出れば、標本平均が1となるが、N＝4の場合、1の目が4回続けて出ないと、標本平均は1にならない。仮にN＝16の場合であれば、標本平均が1となる確率はもっと低くなる。以上のことは、直感的にも把握できるだろう。

◉ サイコロを使った事例(2)

上のサイコロの事例により、中心極限定理のいおうとする内容が「なんとなくわかった」という人もいるだろう。つぎに、同じサイコロの事例を使い、標本平均（標本）の数の設定を10から200に大幅に引き上げた状態で、標本の大きさNを2、4、16と大きくすると、標本平均の分布がどのように変化していくか、視覚的に捉えてみよう。

参考までに、サイコロの確率分布（**図表11-7**）を提示する。これは理論的な分布である。1から6の目の出る確率はいずれも$\frac{1}{6}\fallingdotseq 0.17$で、この分布は、すべての出る事象の確率が等しいことから、**一様分布**（uniform distribution）と呼ばれる。正規分布でないことに注意しておきたい。事例(1)で明記したが、母平均μは3.5、母標準偏差σは1.708である。

標本の大きさNが2、4、16の標本平均の分布は、それぞれ**図表11-8**、**図表**

11-9、**図表11-10**である。いずれも表計算ソフトを用いて、模擬的に作成したシミュレーションであることに注意したい。

図表11-7　サイコロの目の出る確率

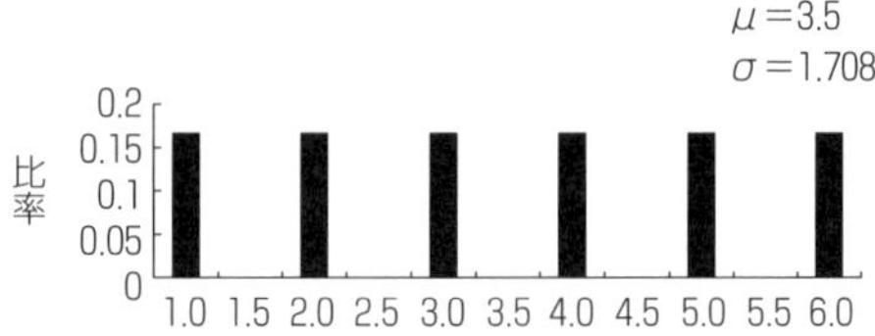

図表11-8　標本平均200の分布（N=2の場合）

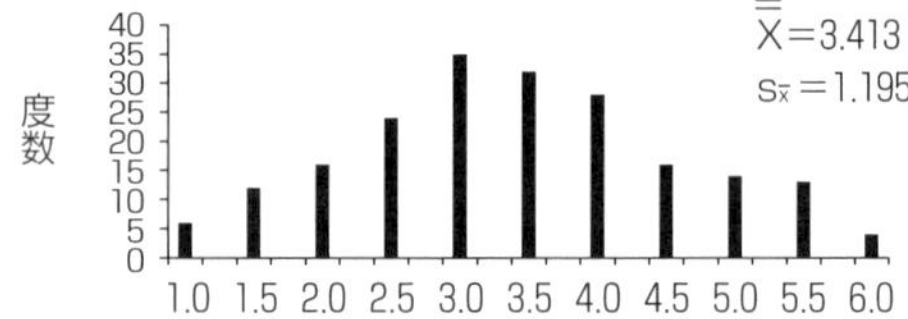

図表11-9　標本平均200の分布（N=4の場合）

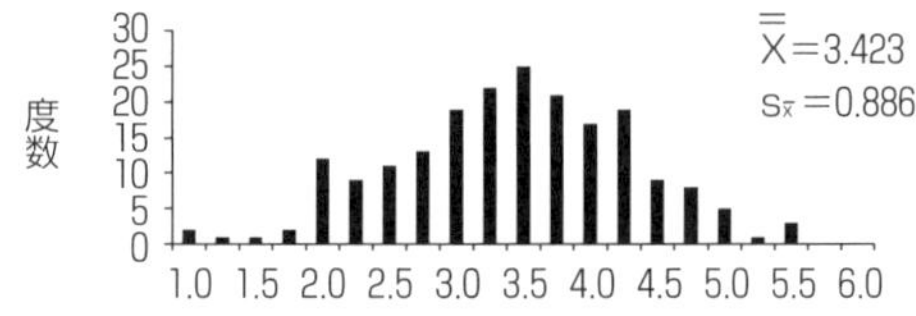

図表11-10　標本平均200の分布（N=16の場合）

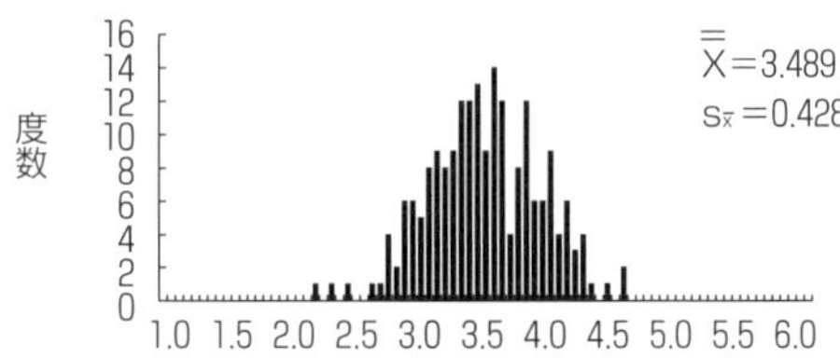

これをみると、標本平均の分布は、標本の大きさが大きくなるにつれて、しだいに3.5を中軸とした左右対象の山型の分布、つまり正規分布に近づいている。さらに、分布のすそ野の幅は狭くなり、標本平均のばらつきが小さくなっていることもわかる。

このような分布の形状の変化は分布の特性値に表れている。標本平均の平均

$\bar{\bar{X}}$は、3.413→3.423→3.489と、母平均μの3.5に近づいている。また、標本平均の標準偏差$s_{\bar{X}}$は、1.195→0.886→0.428と、確実に小さくなっている[4)]。

このように、正規分布でないサイコロの確率分布（一様分布）において、中心極限定理は成り立つことが確認された。ここでは一様分布を扱ったが、他の分布、たとえば、左右に歪んだ分布やU字型の分布などでも同様のことがいえる。それが、中心極限定理である。

中心極限定理が実際どのように使われているのか。次章の母集団(平均や比率)の推定を通じて、中心極限定理の意義をより深く問うてみよう。

3 練習問題

※模範解答を法律文化社HPに掲載(詳しくは、本書ii頁)。

①《基礎》(i)～(iv)の文章について、それが真であるか偽であるかを答えよ。

(i)　N＝400は標本の数のことである。

(ii)　標本平均$\bar{X}$の分布は、標本の大きさが大きくなると、それらが抽出された元の母集団が正規分布でなくても、正規分布に近づく。

(iii)　標本平均$\bar{X}$と母平均μの値は一致する。

(iv)　標準誤差SEを小さくするには、標本の大きさを大きくすればよい。

②《基礎》$\bar{X}$と$\bar{\bar{X}}$、sと$s_{\bar{X}}$のちがいを述べよ。

③《トレーニング》コインを投げて、表が出たら1、裏が出たら0と表現することにする。そして、コインを繰り返し投げて、1または0の数を拾っていく。拾った1ケタの数をひとつの観測データとみなす。以下の問題に答えよ。

(i)　標本の大きさN＝4の標本を20組作成せよ。そして、標本ごとに平均（標本平均）を求めよ。

(ii)　(i)で求めた標本平均をヒストグラム（度数分布図）にせよ。

(iii)　今度は標本の大きさN＝16で同じ作業をおこなおう。

(iv)　(ii)、(iii)で作成したグラフを比較せよ。ふたつの標本平均の分布がどのように異なるかを述べよ。

④《トレーニング》知能指数（IQ）は、母平均μが100、母標準偏差σが15の正規分布にしたがう。標本を無作為に抽出してIQを調べたとする。標本の大きさが、(i)N＝4、(ii)N－8、(iii)N＝16のとき、標本平均の分布の標準誤差をそれぞれ求めよ（割り切れない場合、小数第3位を四捨五入して、小数第2位まで求めよ）。

⑤《発展》18歳男子の身長の分布にかんして、母平均（μ）170.0cm、母標準偏差（σ）5.7cmがわかっている。（厳密には、そのような母集団の情報については知りえないのだが、練習のためにわかっているとしよう。）この母集団から標本の大きさ９の標本を200抽出して、標本平均の平均と標準偏差を求めるとすると、理論的にはそれぞれ何cmになるだろうか。割り切れない場合、小数第２位を四捨五入して、小数第１位まで求めよ。（参考資料：厚生労働省「令和元年国民健康・栄養調査報告」）

チェックポイント

□標本の大きさと標本の数の違いを説明できたか？
□標本平均の分布とは何か説明できたか？
□中心極限定理の内容をいえたか？
□事例（無作為に選んだ標本）を使って、中心極限定理の内容を証明できたか？

［注］

１）標本の大きさ（観測データの数）としては、10〜20であれば充分である［永田 1996］。
２）母平均μおよび母標準偏差σはつぎの計算によって求められる。

$$\mu=1\times\frac{1}{6}+2\times\frac{1}{6}+3\times\frac{1}{6}+4\times\frac{1}{6}+5\times\frac{1}{6}+6\times\frac{1}{6}=3.5$$

$$\sigma=\sqrt{(1-3.5)^2\times\frac{1}{6}+(2-3.5)^2\times\frac{1}{6}+(3-3.5)^2\times\frac{1}{6}+(4-3.5)^2\times\frac{1}{6}+(5-3.5)^2\times\frac{1}{6}+(6-3.5)^2\times\frac{1}{6}}=1.7078\ldots\ldots\fallingdotseq 1.708$$

母標準偏差σの計算式は第**4**章で説明した標本標準偏差sを求める式とは異なっている。理由についてのくわしい説明は省略する。
３）標本平均の平均$\bar{\bar{X}}$と標準偏差$s_{\bar{x}}$の値は、それぞれ143頁で紹介した式に代入して求める。

$$\bar{\bar{X}}=\frac{3+2+1+4.5+5+3+6+4.5+4+4}{10}=3.7$$

$$s_{\bar{x}}=\sqrt{\frac{(3-3.7)^2+(2-3.7)^2+\ldots\ldots+(4-3.7)^2}{10-1}}=\sqrt{\frac{19.6}{9}}=\sqrt{2.1777\ldots\ldots}=1.4757\ldots\ldots\fallingdotseq 1.476$$

４）ちなみに、標準誤差SE（$\frac{\sigma}{\sqrt{N}}$）は、N＝２のときが1.208（$\fallingdotseq\frac{1.708}{\sqrt{2}}$）、N＝４のときが0.854（$=\frac{1.708}{\sqrt{4}}$）、N＝16のときが0.427（$=\frac{1.708}{\sqrt{16}}$）である。本文中の標本平均の標準偏差$s_{\bar{x}}$がそれぞれの標準誤差に近い値をとっていることがわかる。

一部から全体を推し量る（その２）

♣ 母集団の推定

1 本章のねらい

前章で中心極限定理を学んだ。中心極限定理は、標本とそれが抽出された元の母集団をつなぐ役割を果たしていた。本章では、中心極限定理をもとに、現実的には測ることが困難な母集団の平均や比率を、標本の特性（平均や標準偏差、比率）を用いて、推定することを学ぶ。母集団の推定は、世論調査など標本調査のベースとなる統計的手法である。母集団の推定は、次章の仮説検定を経たうえで、第**14**章の集団間の差の検定へとつながる。

本章では、まず、中心極限定理と母平均の推定の関係について考える。つぎに、母平均の区間推定の仕方について説明する。母平均の区間推定は、標本の大きさによって求め方が異なってくる。そこでは、大標本と小標本とに分けて、それぞれの求め方を紹介する。小標本の説明の際には、t分布もあわせて紹介する。そしてさいごに、母集団の比率の区間推定の仕方について説明する。

点推定、区間推定、信頼区間、信頼区間の上限と下限、信頼度、誤差、大標本、小標本、t分布、自由度

② 基本概念

2－1　中心極限定理と母平均の推定

◉ 点推定と区間推定

第1章で、推定とは「標本における一定の法則を母集団にあてはめて推し量る」ことで、「標本を調査すれば確率的に母集団を推定することが可能なのである」と紹介した（**図表1－3**を参照）。

推定には、**点推定**（point estimate）と**区間推定**（interval estimate）のふたつがある。母平均μを例にとれば、点推定は、$\mu=150$というように、推定値を1点、ひとつの値で示す表示法である。通常、標本平均$\overline{X}$を母平均μの最良の推定値とみなす。しかし、1点で表される点推定の推定値は母平均に近似した値になるが、厳密には一致しない。そのため本章では、母集団の区間推定について説明する。区間推定は、$135\leqq\mu\leqq165$というように、推定値を一定の幅をもたせて示す表示法のことである。

◉ 中心極限定理と母平均の区間推定

母集団の区間推定に入る前に、中心極限定理と母集団（ここでは母平均μ）の推定とのつながりを説明しなければならない。中心極限定理は母集団から何度も繰り返し抽出された標本平均の分布についての言明であった（中心極限定理を忘れた人は第11章を参照）。しかし、現実世界では、通常、1回の抽出によって集められた1組の標本、ひとつの標本平均から、母平均の区間推定をおこなうことになる。では、中心極限定理は母平均の区間推定にどのようにかかわってくるのだろうか。

図表12－1は架空の標本平均$\overline{X}$の分布である。標本平均$\overline{X}$は正規分布$N(\mu,(\frac{\sigma}{\sqrt{N}})^2)$または、$N(\mu, SE^2)$にしたがっている。私たちがある母集団から抽出した1組の標本の平均$\overline{X}$はこの分布のどこかに存在することになる。この標本平均$\overline{X}$の分布には、μ（$\fallingdotseq\overline{\overline{X}}$）を中心として両側に標準誤差SEの1.96個分ずつ離れた領域（$\mu\pm1.96$ SE）に網かけをつけている。これは、母集団か

らくり返して抽出された標本平均 $\overline{X}$ の95%はこの網かけ部分に含まれることを意味する（第10章の注2）を参照）。また、標本平均 $\overline{X}$ の分布には、母集団から抽出された3つの任意の標本平均、$\overline{X}_1$（$= \mu - 1.5SE$）、$\overline{X}_2$（$= \mu + 0.5SE$）、$\overline{X}_3$（$= \mu + 2.5SE$）を載せている（図中•で表示）。$\overline{X}_1$ と $\overline{X}_2$ は網かけ部分（$\mu \pm 1.96SE$）の内に位置する標本平均、$\overline{X}_3$は網かけ部分より外に位置している標本平均の例である。

図中では、3つの標本平均に区間（矢印で示されている範囲）がつけられている。いずれも標本平均から両側へ標準誤差1.96個分（±1.96SE）ずつ離れた区間を意味する。区間の横幅は、先ほど標本平均 $\overline{X}$ の分布に網かけをつけた領域と同じ長さである。

図表12-1　標本平均 $\overline{X}$ の分布

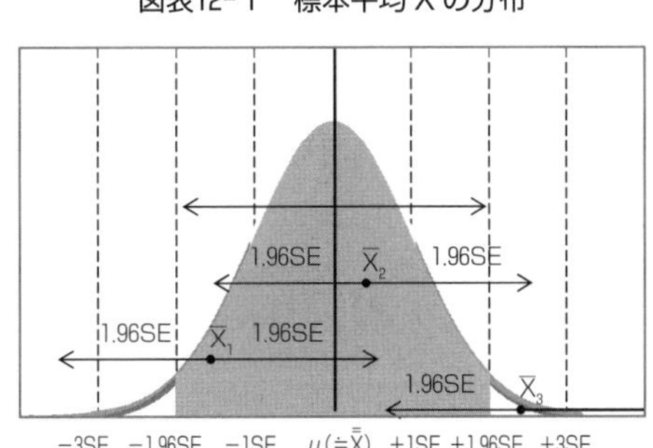

3つの標本平均を中心とした区間は、それぞれ、（その標本が抽出された元の）母集団の平均が位置すると推定される範囲を示している。つまり、母平均 μ はこの区間のどこかに位置すると見当をつけているのである。この標本平均（母平均の点推定値）をはさんで設定される区間を**信頼区間**（confidence interval）と呼ぶ。区間の最小値を**信頼区間の下限**（lower confidence level、区間の左端の値）、最大値を**信頼区間の上限**（upper confidence level、区間の右端の値）と呼ぶ。

図をみると、$\overline{X}_1$、$\overline{X}_2$の信頼区間はどちらも母平均 μ を含んでいる。これは$\overline{X}_1$、$\overline{X}_2$の母平均 μ の推定があたっていることを意味する。いっぽう、$\overline{X}_3$の信頼区間の下限（左端の矢印）は母平均 μ にかかっていない。$\overline{X}_3$のように、分布の網かけ部分より外に位置する標本平均は、その信頼区間に母平均 μ を含まない。すなわち、母平均 μ を誤って推定しているのである。これは、図をみれば明らかである。

◉ 信頼度

$\overline{X}_1$や$\overline{X}_2$は母平均μの推定に見事成功した。今回の場合、$\overline{X}_1$や$\overline{X}_2$のように母平均をあてる標本（標本平均）を引く確率は、標本全体のなかの95％である。これは、分布全体の面積にしめる網かけ部分の面積の割合（％）と同じである。推定した仮説を成り立たせる（ここでは母平均をあてる）確率95％を**信頼度**（confidence level）と呼ぶ。反対に、標本（標本平均）のなかには、$\overline{X}_3$のように、母平均μを推定してもはずしてしまうものがある。今回の場合、母平均を見誤る標本を引いてしまう確率は、標本全体のなかの５％。これは、分布全体の面積にしめる網かけ部分以外の面積の割合と同じになる。

これまで、信頼度を95％（標準誤差1.96個分の区間）に設定して、母平均の推定について説明してきた。信頼度95％は社会学で頻繁に採用されるものである。ただし、扱う事象や状況に応じて調査者の判断で、信頼度を99％（標準誤差2.58個分の区間推定）に上げたり、90％（標準誤差1.64個分の区間推定）に下げたりするので、注意したい。頻繁に使用する信頼度と標準誤差の係数（Z値）の対照を**図表12‐2**にまとめた。

図表12‐2　信頼度と標準誤差の係数の対照一覧

信頼度	90％	95％	99％
標準誤差の係数（Z値）	1.64	1.96	2.58

ここでは、１組の標本、ひとつの標本平均から母平均を推定するまでの過程を説明した。基本的には、ひとつの標本平均を用いて、一定の幅をもたせながら、母平均の推定をおこなうのである。しかし、その向き合っている標本平均は無数の組み合わせからなる標本の平均のひとつ、標本平均の分布（**図表12‐1**）の１点にすぎないことを頭の片隅にとどめておく必要がある。

2－2　母平均μの区間推定

◉ 大標本の場合

上の説明をふまえて、標本平均$\bar{X}$から推定される母平均μの信頼区間はつぎの不等式に表される。

$$\bar{X} - Z \times SE \leqq \mu \leqq \bar{X} + Z \times SE$$

不等式の左辺が信頼区間の下限、右辺が信頼区間の上限となる。Z × SEの部分は**誤差**（μと$\bar{X}$の間のズレ）である。Zは標準得点であり、信頼度95％なら、Zに1.96が入る。

さらに、中心極限定理より、標準誤差SEは$\frac{\sigma}{\sqrt{N}}$である。置き換えるとつぎの式となる。

$$\bar{X} - Z\frac{\sigma}{\sqrt{N}} \leqq \mu \leqq \bar{X} + Z\frac{\sigma}{\sqrt{N}}$$

σは母標準偏差である。σは通常未知であるので、その場合、σの近似値である標本標準偏差sを代わりに使用する。

$$\bar{X} - Z\frac{s}{\sqrt{N}} \leqq \mu \leqq \bar{X} + Z\frac{s}{\sqrt{N}}$$

ただし、これらの式は標本の大きさが大きい（目安として30以上）場合に限る。理由については、あとで述べる。

母平均μ の推定（大標本の場合）

・母標準偏差σがわかっている場合：　$\bar{X}-Z\frac{\sigma}{\sqrt{N}} \leqq \mu \leqq \bar{X}+Z\frac{\sigma}{\sqrt{N}}$

・母標準偏差σがわからない場合　：　$\bar{X}-Z\frac{s}{\sqrt{N}} \leqq \mu \leqq \bar{X}+Z\frac{s}{\sqrt{N}}$

【例12-1】「男女の生活と意識に関する調査」*（2002年）によれば、男女1,074人の平均初交年齢は19.4歳、標準偏差は3.2歳である。これをもとに、信頼度95%のもとで、日本の男女（調査時に16～49歳）の平均初交年齢を区間推定せよ（*性意識や性行動を調べることを目的とした厚生労働省の子ども家庭総合研究事業のひとつ）。

標本平均$\bar{X}$は19.4　標本標準偏差 s は3.2
標本の大きさ N は1074である。
信頼度95%から Z は1.96である。
母平均μの推定（大標本の場合）の式にこれらの数値を代入する。

$$19.4-1.96\frac{3.2}{\sqrt{1074}} \leqq \mu \leqq 19.4+1.96\frac{3.2}{\sqrt{1074}}$$

$$19.208\cdots\cdots \leqq \mu \leqq 19.591\cdots\cdots$$

よって、日本の男女（16～49歳）の平均初交年齢は、信頼度95%のもとで、19.2歳以上19.6歳以下と推定される。

ただし、95%の男女の初交年齢が19.2歳以上19.6歳以下であるということではない。これは、95%の確からしさで、初交年齢の推定平均μが19.2歳以上19.6歳以下に含まれる、ということを意味する。違いをよく理解しておこう。

◉ t 分布

上では、標本の大きさ N が30以上の標本（大標本：large sample）の場合の母平均の推定について説明をした。つぎに、30未満の標本（小標本：small sample）の場合を説明する。

標本の大きさによってなぜ母平均の推定の仕方がちがうのか。

中心極限定理では、「標本平均 $\overline{X}$ の分布は、標本が大きくなるにつれて、正規分布に近づく」といった。では、標本が小さいとき、小標本の場合はどのような分布を描くのか。**図表12-3**のふたつの曲線は、小標本（N＝4）の標本平均の分布と標準正規分布である。小標本の標本平均の分布（図中黒の実線）は**t分布**（t distribution）と呼ばれる。ふたつの分布を比較すると、いくつかの共通点と相違点に気づく。

・t分布は正規分布と同じ左右対称の釣鐘型の分布である。ただし、正規分布と比べると、平たい。つまり、バラツキが大きい。

・t分布は、標本の大きさによって、その形状が変わってくる。標本の大きさが大きくなるにつれて、正規分布に似通ってくる。

小標本（Nが30未満）で母平均を区間推定する場合、標本の大きさに対応したやり方でそれを算出しなくてはならない[1)]。しかし、標本の大きさが30ぐらいになると、t分布は実質的に正規分布とほぼ同じ形状になる。

図表12-3　t分布と標準正規分布

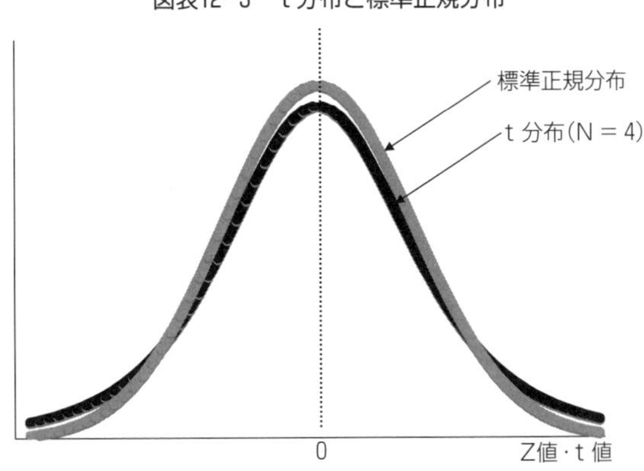

◉ 小標本の場合

つぎに、小標本の母平均の区間推定の仕方を説明しよう。最初に公式を示す。

• 母平均 μ の推定（小標本の場合）•

母標準偏差がわからない場合：　$\bar{X} - t\dfrac{s}{\sqrt{N}} \leqq \mu \leqq \bar{X} + t\dfrac{s}{\sqrt{N}}$

母平均 μ の推定（**大標本の場合**）**の式**とほぼ同じ公式であることがわかる。違う点は、Ｚのところが t に代わっているだけである。Ｚは正規分布の標準得点であったが、t は t 分布の標準得点である。**母平均 μ の推定**（**大標本の場合**）**の式**では、Ｚは信頼度によって決まっていた（95％信頼度なら1.96）。では、t はどのように決めればよいのか。t 値を求めるためには t 分布表を使わなくてはならない。

• t 分布表の読み方 •

巻末資料 2 が t 分布表である。

① 信頼度を決める。たとえば、信頼度95%にする。

② 自由度を求める。**自由度**（df）は N－1 である。たとえば、標本の大きさ N が16の場合、自由度は16－１で15になる。

③ t 分布表を用いて、信頼度95%の列、自由度15の行が交差する数値を選び出す。2.131である。これが公式に用いる t 値となる。

* 表中の標本の大きさ（自由度）が無限大（∞）の行を横向きにみていく。信頼度が90%のときは1.645、95%のときは1.960、99%のときは2.576と、正規分布のＺ得点と同一の値をとっていることがわかる。

資料２　t分布表

信頼度		0.80(80%)	0.90(90%)	0.95(95%)	0.98(98%)	0.99(99%)
有意水準	両側	0.20(20%)	0.10(10%)	0.05(5%)	0.02(2%)	0.01(1%)
	片側	0.10(10%)	0.05(5%)	0.025(2.5%)	0.01(1%)	0.005(0.5%)
自由度↓						
1		3.078	6.314	12.706	31.021	63.657
2		1.886	2.920	4.303	6.965	9.925
3		1.638	2.353	3.182	4.541	5.941
4		1.533	2.132	2.776	3.747	4.504
5		1.476	2.015	2.571	3.365	4.032
6		1.440	1.943	2.447	3.143	3.707
7		1.415	1.995	2.365	2.998	3.499
8		1.397	1.860	2.306	2.896	3.355
9		1.383	1.833	2.267	2.821	3.250
10		1.372	1.912	2.228	2.764	3.169
11		1.363	1.796	2.201	2.718	3.108
12		1.356	1.782	2.179	2.681	3.055
13		1.350	1.771	2.160	2.650	3.012
14		1.345	1.761	2.145	2.624	2.977
15		1.341	1.753	2.131	2.602	2.947
16		1.337	1.745	2.120	2.583	2.921
17		1.333	1.740	2.110	2.567	2.898
18		1.330	1.734	2.101	2.552	2.978
19		1.328	1.729	2.093	2.539	2.981
20		1.325	1.725	2.086	2.528	2.845

では、実際に小標本の事例を使って、母平均の区間推定をおこなってみよう。

【例12-2】 世帯数19,040の町で10世帯を無作為に選んでその世帯員数を調べた。その結果は、5、2、4、7、3、4、2、3、2、1であった。信頼度90％のもとで、この町の平均世帯員数を区間推定せよ。

標本平均 $\overline{X}$ は3.3　標本標準偏差 s は1.767
標本の大きさ N は10　自由度は N － 1 で 9 である。
信頼度数は90％である。
t 値は t 分布表から1.833である。
母平均 μ の推定（小標本の場合）の式にこれらの数値を代入する。

$$3.3-1.833\frac{1.767}{\sqrt{10}} \leqq \mu \leqq 3.3+1.833\frac{1.767}{\sqrt{10}}$$

$$2.275\cdots\cdots \leqq \mu \leqq 4.324\cdots\cdots$$

この町の平均世帯員数は、信頼度90％のもとで、2.28人以上4.32人以下と推定される。

2－3　母集団の比率の区間推定

さいごに、データが順序づけ不可能な離散変数（質的なデータ）の場合における、母集団の比率の区間推定を説明する。たとえば、意識調査の設問では、「はい」または「いいえ」、「支持する」または「支持しない」のどちらか二者選択で回答することがある。回答者は二者選択といった形式で答えるのだが、調査者の関心は回答を集積した標本、そこから推測される母集団がどのような傾向になっているのかにある。個々の回答は集積され、標本の比率 p（たとえば、「はい」と答えた人が全体に占める割合％）といった形式で表されることになる。

母集団の比率 P（標本の比率が小文字 p にたいして、大文字 P となっていることに注意！）の推定の場合、1組の標本に比率はひとつしかないため、標準偏差 s を求めることができない。つまり、公式の標準誤差 $\frac{s}{\sqrt{N}}$ が使えない。では、比率の場合、標本の標準誤差をどうやって求めるのだろうか。

ふたつのカテゴリーからなる離散変数の場合、標本の分散 s^2 は p（1 －p)、標本標準偏差 s は$\sqrt{p(1-p)}$となる。p、（1 − p）はそれぞれ比率である（「はい」の回答率を p とした場合、「いいえ」の回答率は（1 − p）と表される）。**母平均 μ の推定**（大標本の場合）の式の s に$\sqrt{p(1-p)}$を代入すると、母集団の比率 P の区間推定はつぎの公式になる。

• 母集団の比率 P の区間推定 •

$$p-Z\sqrt{\frac{p(1-p)}{N}} \leqq P \leqq p+Z\sqrt{\frac{p(1-p)}{N}}$$

*p は標本比率

【例12- 3】 2019年に内閣府が実施した世論調査には死刑制度存続にかんする質問が含まれている。回答した1,572人のうち、「死刑もやむを得ない」（支持する）と答えたのは全体の80.8% であった。これをもとに、日本で死刑制度存続を支持する人はどのくらいの割合でいるのか、信頼度95％で区間を推定してみよう（出典：内閣府 2020「基本的法制度に関する世論調査」）。

p=0.808、（信頼度95％から）Z=1.96、N=1572である。これらを母集団の比率 P の区間推定の式に代入する。

$$0.808-1.96\sqrt{\frac{0.808(1-0.808)}{1572}} \leqq P \leqq 0.808+1.96\sqrt{\frac{0.808(1-0.808)}{1572}}$$

＝0.01947……
約２％の誤差である。

0.7885……≦ P ≦0.8274……

日本で死刑制度存続に賛成の人は、信頼度95％のもとで、78.9% から 82.7% と推定される。

3　応用研究：ひきこもり大学生の人数

大学生のひきこもりの実態把握を目的にした研究［水田ほか 2009］がある。そこでは全国大学生のひきこもりの人数を把握する際に、母集団の比率の推定を用いている。

調査者らは、全国から満遍なくサンプリングした大学教員を対象に、ひきこもりにかんする質問紙調査をおこなった。質問項目には、ゼミや研究室での担当学生数、長期欠席・欠席がち・休学中の学生の有無、その人数、欠席理由、外出状況や家族以外との人間関係の状況、不登校・ひきこもり状態にある学生への一般的対応などが含まれた。回答をよせた教員が担当する学生総数は1万7958人であった。

これらの学生から、まず長期欠席・欠席がち・休学中の学生のなかで欠席理由として経済的理由・家庭の事情、学業的理由をあげた学生を除いた。そして残りの学生にたいして、ひきこもりの操作的基準（「身体疾患、その他、正当な理由のあるものは除く」「家族以外との人間関係が〔おそらく〕ない・あまりない」）をあてはめ、それに該当する学生を割り出した。その結果、ひきこもり状態に[2)]あると判断された大学生は166人、分析対象となった学生全体の0.92%（$\fallingdotseq \frac{166}{17958}$）を占めることが判明した。

本研究の報告書では、この標本のひきこもりの比率を使って、全国大学生のひきこもりの人数を約2.5万人（点推定）と推定している。また、調査グループのひとり（井出草平）は、別の出版物にて、全国大学生のひきこもりの人数を区間推定の形でより細かな人数を提示している（**図表12-4**）。

図表12-4　全国大学生のひきこもりの推定人数

本調査	全　国
実数	区間推定値（95%信頼区間）
166人	2万1832～2万9624人

ここでは、この区間推定値をどのようにして計算したのか、確認してみたい。

p＝0.0092、95%信頼度からZ=1.96、N=17958である。これらを**母集団の比率Pの区間推定の式**に代入する。

$$0.0092-1.96\sqrt{\frac{0.0092(1-0.0092)}{17958}}\leqq P\leqq 0.0092+1.96\sqrt{\frac{0.0092(1-0.0092)}{17958}}$$

$$0.007803\cdots\cdots\leqq P\leqq 0.01059\cdots\cdots$$

全国大学生のひきこもりの比率は95%信頼度のもとで、0.78～1.06%と推定される。つぎに、この比率をもとに、平成19年度の全国大学生（282万8708人「学校基本調査」より）を母集団として、ひきこもりの人数を区間推定する。

$$2828708\times 0.0078\leqq \text{ひきこもりの人数}\leqq 2828708\times 0.0106$$

$$22063.9\cdots\cdots\leqq \text{ひきこもりの人数}\leqq 29984.3\cdots\cdots$$

全国大学生のひきこもりの推定人数は2万2064～2万9984人となる。上の区間推定値とは少しズレがあるが、同規模の人数を求めることができた（ズレは、計算途中の「まるめ」処理、用いた全国の大学生数の違いなどが考えられる）。また、区間は先の点推定値2.5万人をきちんと含んでいる。

本報告書では、全国の大学の学生相談部署（相談室や保健センターなど）に来談したひきこもり状態にある学生は約3千人（全国の推定値）であったことが報告されている。つまり、先の全国大学生のひきこもりの推定人数と比較すれば、ひきこもりの学生の1割強しか学生相談部署を利用していないことが明らかになる。

このように点推定や区間推定を用いると、サンプルから全体（全国大学生のひきこもりの人数）を推定することができる。さらに、ふたつの推定結果（ひきこもり人数と来談人数）を比較することによって、潜在する問題、ひきこもり学生への支援の必要性を浮かび上がらせ、政策提言につなげることができるのだ。

〔補足〕2021年には、東京都江戸川区（人口69.58万人）がひきこもりの実態を把握するため全数調査をおこなった。その結果、9096人の当事者を把握した。区民76人に１人（1.31%）がひきこもりということになる。この調査の特徴は、調査への回答が当事者と行政の相談窓口をつなぐきっかけになっていることである。「中には、調査を受けて初めて「自分はひきこもりなのか」と問い合わせをしてきた人もいると言うことで、孤立していることを自覚していなかった人たちのニーズの掘り起こしにもなっていると見られます。江戸川区によりますと、調査を通じて、(2022年) 4月の時点で、54人の人たちが、区の担当課とつながったと言うことです」[NHK 2022]。この調査は、ひきこもり問題についての当事者への啓発、区民への発信として機能している点で大きな意味をもつ。標本調査では得がたい、全数調査のつよみともいえよう。

練習問題

※模範解答を法律文化社 HP に掲載（詳しくは、本書 ii 頁）。

①《基礎》以下の記述中の誤りを指摘し、訂正せよ。

全国の学校生徒を対象にした標本調査「平成24年度学校保健統計調査」（文科省）の結果によれば、女子高生（17歳）の体重の平均は52.90kg、標準偏差は8.03kg であった（N＝20,079）。この情報をもとに、信頼度95%のもとで、女子高生（17歳）の平均体重を区間推定すると、52.79kg 以上53.01kg 以下となった。ニガテくんは、95%の女子高生の体重は52.79kg から53.01kg の間に収まるのか、と解釈した。

（出典：東京都総務局統計部 2013「平成24年度学校保健統計調査報告」『東京都の統計』）

②《トレーニング》図表12-5は、標本調査から得られた、ふたり親家庭、母子家庭、父子家庭の平均世帯収入（X）と標準偏差（s）である。信頼度95%を用いて、ふたり親家庭、母子家庭、父子家庭の平均世帯収入を区間推定せよ（小数第２位を四捨五入して、小数第１位まで求めよ）。

図表12-5　ふたり親・母子・父子家庭の世帯収入（税込み）2010年

	N	平均（万円）	標準偏差
ふたり親	1162	626	335
母子家庭	493	294	224
父子家庭	71	550	261

＊計算を簡単にするために数値を丸めている。

（出典：独立行政法人・労働政策研究・研修機構 2012「子どものいる世帯の生活状況および保護者の就業に関する調査」）

③《トレーニング》**図表12-6**は、中学生を対象にした標本調査から得られた性別の自制心の平均得点（X）と標準偏差（s）である。信頼度95％を用いて、男女の自制心の平均得点をそれぞれ区間推定せよ（小数第3位を四捨五入して、小数第2位まで求めよ）。＊調査では、自制心にかんする項目にたいして4点尺度で回答を求めた。得点が高いほど自制心が強いことを意味する。

図表12-6　男女別の自制心 2020年

	N	平均	標準偏差
男子	25	2.89	0.64
女子	25	3.29	0.39

（参考資料：ISRD-JAPAN 実行委員会 2020「第3回国際自己申告非行調査［ISRD3］」の原データ）

④《トレーニング》2022年に朝日新聞が実施した世論調査（郵送）では、憲法第9条（戦争放棄・戦力不保持をうたう条文）を「変えないほうがよい」が全体（1892人）の59％だった。これをもとに、日本で憲法9条改正に反対の人はどのくらいの割合でいるのか、信頼度95％で区間を推定せよ。さらに信頼度99％の場合、区間はどうなるか。
（出典：「改憲「必要」56％ 13年以降で最多 朝日新聞社世論調査」朝日新聞2022年5月3日朝刊 p.1）

⑤《発展》本章の**【例12-3】**を使って問題に答えよ。死刑制度存続を支持する人の推定誤差を±1％未満にしたいとする。標本の大きさをいくら以上にすればよいか。信頼度は同じく95％を用いる（標本の大きさの増加分に応じて、誤差が縮小するわけではないことを確認せよ）。

チェックポイント

□中心極限定理と母平均の推定とのつながりを理解したか？
□母平均の信頼区間を求めることができたか？
□母集団の比率の信頼区間を求めることができたか？

［注］

1）実はt分布による推定法を大標本に適用してもかまわない。しかし、ここでは、第**10**章から第**11**章の知識だけで理解でき、しかも簡単な標準正規分布（Z）による推定法を、大標本の場合に適用できる推定法として紹介した。

2）ここでは広義（欠席がちまたは3ヵ月以上の連続欠席または休学が認められる）のひきこもりを採用している。

偶然と必然を見分ける

♣ 仮説検定

1 本章のねらい

前章で学んだように、標本調査の最終目的は選ばれた標本の性質を明らかにすることではない。標本の性質から母集団の性質を推定することである。前章では、標本の平均値から母集団の平均値を推定する方法を学んだ。本章から第**15**章にかけて、標本のデータから、母集団にかんする仮説の真偽を判定する方法を学ぶ。こうした方法のことを仮説検定という。続く第**14**章から第**15**章で、さまざまな仮説検定の方法を学ぶことになるが、本章では、まず、それらに共通する基本的な考え方を身につけることを目標にしよう。

仮説検定の考え方は、やや難しく感じられるかもしれない。しかし、何度も繰り返して、考え方になじみさえすれば、理解できるだろう。

仮説検定、調査仮説、帰無仮説、p値、有意水準、棄却域、限界値、両側検定、片側検定、第1種の誤り、第2種の誤り

2 基本概念

2－1 仮説検定の考え方

◉ 調査仮説・帰無仮説・p値

母集団にかんする仮説の真偽を標本調査のデータで検証することを、仮説検

定（hypothesis test）という。以下、仮説検定の基本的な考え方について、簡単な具体例をあげて説明しよう。

• 仮説検定 •

母集団にかんする仮説の真偽を標本データから検証すること。

「統計王国」で164人を無作為に選んで調べたところ、女性が98人、男性が66人であった。標本では明らかに女性が多い。この事実から、「統計王国では男性よりも女性のほうが多い」という仮説が成り立つかどうかを検定することにしよう。

この「統計王国では男性よりも女性のほうが多い」という検定したい仮説のことを**調査仮説**（research hypothesis）と呼ぶ。調査仮説にたいする反論としては、統計王国の男女比率は半々（男女の比率に差がない）であるが、無作為抽出による「偶然のいたずら」で、選ばれた標本では、たまたま女性が98人、男性が66人になったのだ、というものが考えられる。「男女比率は半々である」という仮説のことを**帰無仮説**（null hypothesis）という。可能性としては、調査仮説と帰無仮説のどちらも成立しうるから、このままではいわゆる「水かけ論」になってしまう。

• 調査仮説 •

- 母集団にかんする仮説のこと。標本のデータを使って検証する。
- 平均値の差の存在や変数間の関連性の存在など、通常、母集団に何らかの傾向が存在することを述べたもの。

• 帰無仮説 •

- 調査仮説を否定する仮説のこと。
- 「平均値に差がない」「変数間に関連がない」といったように、調査仮説が述べる傾向が実は存在しないという内容を述べた仮説のこと。

そこで仮説検定では、まず、この帰無仮説が正しいという前提に立つ。そして男女半々の母集団から164人の標本を抽出したとき、女性が98人以上というような偏った結果がどのくらいの確率で起きるかを計算する。こうした確率のことを、**p 値**（p value）と呼んでいる。

実際にコンピュータで計算すると、164人中98人以上が女性である確率（p 値）は、約0.8%（0.008）しかないことがわかる。こうしためったに起きないことがたまたま起きたと考えるよりは、はじめから「統計王国では男性よりも女性のほうが多い」と考えるほうが自然である。すなわち、「男女半々」という帰無仮説を捨て、調査仮説を採用するほうが自然な判断である。こうした判断のことを「帰無仮説を棄却し、調査仮説を採択する」と表現する。

• p　値 •

- 帰無仮説が正しいという前提に立ったときに、標本データの傾向が生じる確率のこと。
- この確率が低ければ、帰無仮説を棄却し、調査仮説を採択する。
- この確率が高ければ、帰無仮説を棄却せず、調査仮説を採択しない。

しかし、p 値が約0.8%とはいえ、その確率はゼロではないから、やはり「たまたまそれが起きたのだ」と反論し続けることは可能である。では、p 値がどのくらい低い確率であったら帰無仮説を棄却できるのか。何らかの目安を設けて置かないと、水かけ論は解消されない。いい換えるならば、164人調べて何人以上が女性だったら、「男女半々」という帰無仮説を棄却し、「女性が多い」という調査仮説を採択するのか、その目安が必要である。

◉ 有意水準・棄却域・限界値

そこで**有意水準**（significant level）と呼ばれる目安を決めて、帰無仮説を棄却するかどうかの判断をおこなう。すなわち、164人中98人以上が女性である確率（p 値）を計算したとき、それが有意水準を下回れば、帰無仮説を棄却し、調査仮説を採択する。逆に、有意水準を上回れば、帰無仮説を棄却せず、調査仮説を採択しない。

有意水準としては、通常５％（0.05）とか１％（0.01）といった区切りのよいパーセンテージが選ばれる。たとえば、有意水準を５％とすれば、先ほど計算した98人以上が女性である確率は0.8%だから５％を下回る。よって「男女半々」という帰無仮説を棄却し、「女性が多い」という調査仮説を採択する。一方、調査結果が女性90人、男性74人だったとしよう。コンピュータでｐ値を計算すると、女性が90人以上となる確率は約12％なので、有意水準５％を上回っている。よって、この場合は、男女半々という帰無仮説を棄却せず、調査仮説を採択しない。つまり、「統計王国では男性よりも女性が多い」とはいえない。

• 有意水準 •

- ｐ値がどのくらい低ければ帰無仮説を棄却できるのかを定めた基準のこと。
- ｐ値が有意水準以下なら、帰無仮説を棄却し、調査仮説を採択する。
- ｐ値が有意水準よりも大きければ、帰無仮説を棄却せず、調査仮説を採択しない。

また、ｐ値が有意水準以下なら、この状態（164人中98人が女性である状態）は「統計的に有意である」、ｐ値が有意水準よりも大きければ、この状態（164人中90人が女性である状態）は「統計的に有意ではない」と表現される。

図表13-１は、母集団では「男女半々」とする帰無仮説が正しいという前提に立ったとき、164人の無作為標本に現れる女性の数を横軸にとり、それぞれの女性の数がどの程度の確率で現れるかを縦軸にとったグラフである。この図の意味合いがピンとこない人は、第**11**章で学んださまざまな標本平均の分布図の意味をもう一度思い出してほしい。横軸が「平均」から「人数」に変わっただけで、**図表13-１**も第**11**章の標本平均の分布図も、意味あいはまったく同じである。

図表13-１　164人の標本における女性の数

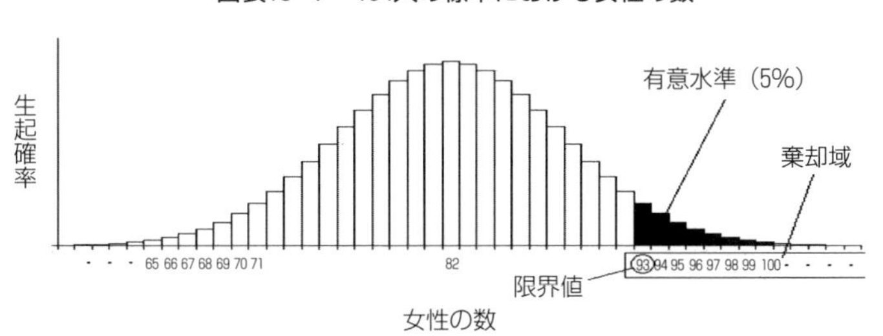

＊母集団の男女比が半々であることを仮定

さて、この**図表13-1**でわかるとおり、有意水準が５％の場合、女性が93人という線が、帰無仮説を棄却できるかどうかの境目の値である。女性が93人以上となる確率が、ちょうど５％だからである。つまり、標本において女性が93人以上なら、男女半々という帰無仮説を棄却し、女性が93人未満なら、帰無仮説を棄却しない。この境目となる93人という数値のことを**限界値**（critical value）と呼び、帰無仮説が棄却される93人以上の領域のことを**棄却域**（rejection region）と呼ぶ。**図表13-1**で示したとおりである。

つまり、標本における女性の数とこの限界値を比較すれば、p値と有意水準を比較したことと同じになる。164人の標本で女性が98人だった場合を例にとれば、この98人と限界値の93人を比べて98人のほうが大きいということと、p値（女性98人以上となる確率＝約0.8％）と有意水準（５％）とを比べてp値が小さいということは、同じことである。いずれにせよ、男女半々という帰無仮説を棄却し、女性のほうが多いという調査仮説を採択する。

●限界値●

・帰無仮説を棄却できるか否かの境目の値のこと。
・検定に用いる統計量（検定統計量）と限界値との大小関係を比較すれば、p値と有意水準を比較したことになる。

●棄却域●

検定統計量がとる値の範囲のうち、帰無仮説を棄却できる範囲のこと。

このように仮説検定の方法には、p値と有意水準とを比較してどちらが大きいかで判定する方法と、検定統計量（上の例では標本での女性数）と限界値とを比較し、検定統計量が棄却域に入るかどうかを確かめる方法とがある。ただし、実際の計算、とくに電卓による手計算では、p値を計算して有意水準と比べるよりも、検定統計量と限界値とを比べるほうが便利な場合が多い。したがって、第**14**章と第**15**章で紹介するさまざまな検定方法は、すべて検定統計量と限界値とを比較する方式でおこなわれる。

◉ 片側検定と両側検定

検定したい調査仮説にはさまざまなタイプのものがある。大きく分けると、上の例の「女性のほうが男性よりも多い」や「女子学生の平均点よりも男子学生の平均点のほうがよい」「年齢と収入には正の相関がある」といったように、大小関係や関連の方向性を明示した仮説と、「男女比はアンバランスである」「女子学生の平均点と男子学生の平均点には差がある」「年齢と収入には相関がある」といったように、大小関係や関連の方向性を明示せず、差異のみ、関連性の存在だけを述べた仮説がある。

たとえば、「統計王国の男女比はアンバランスである」という調査仮説を検定する場合、帰無仮説は先ほど同様に「統計王国の男女比は半々である」となるが、有意水準や棄却域の設定の仕方が異なる。今度は、女性が多い場合でも男性が多い場合でも「男女比はアンバランス」といえるから、**図表13-2**に示したように、有意水準や棄却域を女性が多い場合と男性が多い場合の「両側」に設定する必要がある。このとき有意水準を5％に設定すると、「男女半々」とする帰無仮説の棄却域は、女性数が95人以上および69人以下の領域となる。正確にいえば、女性が95人以上となる確率が約2.5%、69人以下となる確率が約2.5%なので、あわせて有意水準を5％に設定したことになる。

図表13-2　164人の標本における女性の数

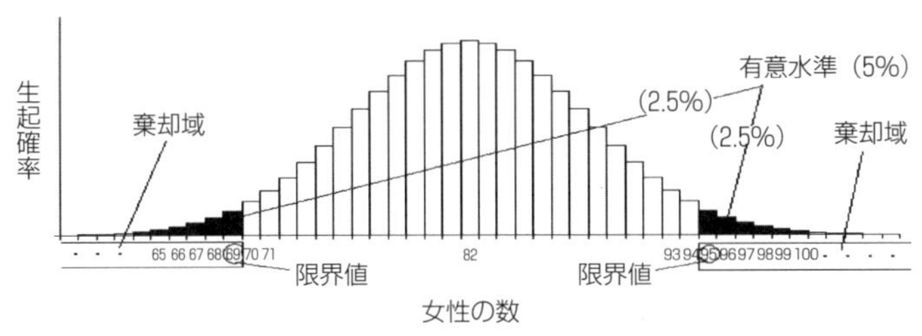

＊母集団の男女比が半々であることを仮定

図表13-2のように、調査仮説が大小関係や関連の方向性を明示せず、差異や関連性の存在だけを述べる場合の検定の方法を**両側検定**（two-tailed test）といい、先ほどの例のように、調査仮説が大小関係や関連の方向性を述べている場合の検定の方法を**片側検定**（one-tailed test）と呼ぶ。それぞれの名称は、**図表13-1**と**図表13-2**において、有意水準と棄却域をそれぞれ、分布の片側あるい

は両側に設定しているところからきている。

両側検定と片側検定

・両側検定：調査仮説が値の大小関係や関連の方向性を明示せず、差異の存在や関連の存在だけを述べている場合の検定法のこと。
・片側検定：調査仮説が値の大小関係や、関連の方向性を述べている場合の検定法のこと。

このように、両側検定であるか片側検定であるかによって、有意水準と棄却域の設定の仕方が異なるから、検定をおこなう際には、自分が検定したい調査仮説が、どちらにふさわしいものであるかを、あらかじめ確認しておく必要がある。差異や関連の方向性を述べた調査仮説なら片側検定、差異や関連の存在のみを述べた調査仮説なら両側検定と覚えておけばよいだろう。

2－2　仮説検定の手順

では、男女比の例を使って仮説検定の一般的な手順を整理して示しておこう。これらの手順は、図表13-3にまとめたので、そちらも参照してほしい。

Step 1　調査仮説と帰無仮説を立てる・両側検定か片側検定かを決める

・調査仮説Ａ：統計王国の男女比はアンバランスである。
・調査仮説Ｂ：統計王国では男性よりも女性のほうが多い。
・帰無仮説　：統計王国の男女比は半々である。

調査仮説Ａの場合には、差異の方向性は示されていないので、両側検定が選ばれる。調査仮説Ｂの場合には、「女性のほうが多い」というふうに、差異の方向性が示されているので、片側検定が選ばれる。

Step 2　有意水準を決める

帰無仮説を棄却するか否かを判断するための有意水準を設定する。社会統計学では、５％あるいは１％を有意水準として設定することが多い。

Step 3　検定統計量を計算する

検定統計量を決定し、それを計算する。本章の例では、標本での女性の数が検定に用いる統計量なので、特別な計算は必要ない。しかし、第**14**章で学ぶ平均値の差の検定では、標本平均の差から t 値という数値を計算し、これを検定に用いる。また第**15**章で学ぶクロス表における関連性の検定（χ^2検定）では、関連の度合いを示すχ^2値を計算して、これを検定に用いる。

Step 4　限界値を確認する

利用する統計量の分布（正規分布、t 分布、χ^2分布など）から、設定した有意水準で、帰無仮説を棄却するための限界値を確認する。

Step 5　検定統計量と限界値を比較して、結論を下す

検定統計量と限界値を比較し、検定統計量が棄却域に入れば、帰無仮説は棄却され、調査仮説は採択される。検定統計量が棄却域に入らなければ、帰無仮説は棄却されず、調査仮説は採択されない。以上の手順を経て、データの統計的分析結果について解釈し、仮説にかんして結論を下すことになる。

図表13-3　仮説検定の手順

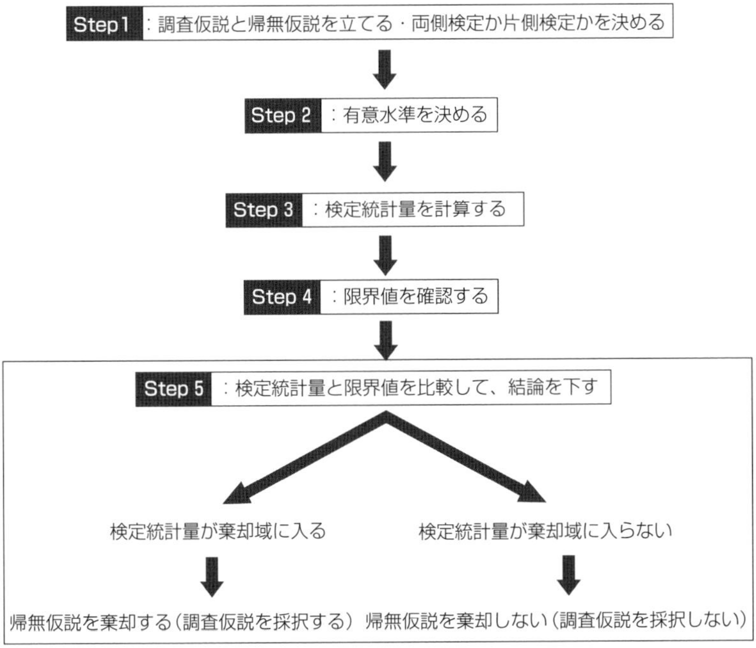

Step 1 ：調査仮説と帰無仮説を立てる・両側検定か片側検定かを決める

↓

Step 2 ：有意水準を決める

↓

Step 3 ：検定統計量を計算する

↓

Step 4 ：限界値を確認する

↓

Step 5 ：検定統計量と限界値を比較して、結論を下す

検定統計量が棄却域に入る	検定統計量が棄却域に入らない
↓	↓
帰無仮説を棄却する（調査仮説を採択する）	帰無仮説を棄却しない（調査仮説を採択しない）

2－3　仮説検定の誤りについて

以上が仮説検定の基本的な考え方であるが、こうした仮説検定による判断が絶対に正しいというわけではない点に注意しよう。

帰無仮説を棄却し調査仮説を採択した場合でも、実際は帰無仮説のほうが正しいことがある。こうした誤りのことを**第１種の誤り**（Type Ⅰ error）と呼ぶ。たとえば、**図表13-２**の例で、164人の標本において女性が95人以上、または69人以下だったとしよう。「統計王国の男女比は半々である」という帰無仮説が正しいとしたとき、こういう人数分布が出現する確率は５％程度しかないので、帰無仮説は棄却され、「統計王国の男女比はアンバランスである」という調査仮説が採択される。しかし、帰無仮説が正しいときに、こうした人数分布が偶然出現する確率が５％程度あるので、結局、第１種の誤りを犯す確率は５％程度だということになる。

このように、第１種の誤りを犯す確率は、設定した有意水準の値に等しい。たとえば、有意水準を１％と決めれば、第１種の誤りを犯す危険性も１％ある。こうした意味で有意水準は別名、危険率と呼ばれる。第１種の誤りを犯す危険を小さくしたければ、有意水準をより低い値に設定すればよい。たとえば５％よりも１％、１％よりも0.1％に設定した方が、第１種の誤りを犯す確率は小さくなる。

図表13-４　仮説検定の誤り

	調査仮説を採択する	帰無仮説を棄却しない
調査仮説が正しい	正しい判定	第２種の誤り
帰無仮説が正しい	第１種の誤り	正しい判定

一方、帰無仮説を棄却せず、調査仮説を採択しない場合でも、実際は調査仮説のほうが正しいという可能性もある。こうした誤りのことを**第２種の誤り**（Type Ⅱ error）と呼ぶ。たとえば、**図表13-２**の例で、164人の標本で女性が90人だったとしよう。棄却域は95人以上または69人以下なので、「統計王国の男女比は半々である」という帰無仮説を棄却せず、調査仮説を採択しないが、実際は、統計王国の男女比はアンバランスであるかもしれない。

第２種の誤りは、第１種の誤りと背中合わせの関係にあるから、有意水準を低く設定して、第１種の誤りの可能性を低くすれば、第２種の誤りの可能性が増大してしまう。かといって、第２種の誤りの可能性を減らそうとして、有意水準を高めに設定すれば、第１種の誤りの可能性が高くなる。

通常は、どちらかといえば、第１種の誤り、すなわち調査仮説が誤って採択されてしまうのを避けることが重視されている。よって、有意水準を５％あるいは１％、といったかなり低い確率に設定することになっている。

3 練習問題

※模範解答を法律文化社 HP に掲載(詳しくは、本書ⅱ頁)。

①《基礎》以下の文章を読み、空欄ⅰ～ⅴを埋めよ。

仮説検定をおこなうには、まず、調査仮説が述べる傾向が、実は存在しないという内容を述べた（　ⅰ　）仮説をたてる。その際、調査仮説の内容に応じて、両側検定をおこなうか、（　ⅱ　）検定をおこなうかを決める。つぎに、（　ⅲ　）を決める。これは（　ⅳ　）種の誤りを犯す確率、すなわち実際には帰無仮説が正しいのに、それを棄却してしまう確率に等しい。つぎに、検定統計量を計算し、限界値を確認する。そして検定統計量と限界値とを比較し、検定統計量が帰無仮説を棄却できる領域、すなわち（　ⅴ　）に入るか否かを判断する。検定統計量が（　ⅴ　）に入るなら、帰無仮説を棄却し、調査仮説を採択する。検定統計量が（　ⅴ　）に入らなければ、帰無仮説を棄却せず、調査仮説を採択しない。

②《基礎》以下の調査仮説について、それに対応する帰無仮説を述べよ。

(ⅰ)　マスクをしたほうが、インフルエンザに感染しにくい。

(ⅱ)　配偶者の有無は、寿命と関連がある。

(ⅲ)　読書をよくする人のほうが英語の成績がよい。

③《トレーニング》本文の「統計王国」の例について、次の問いに答えよ。

(ⅰ)　164人を無作為抽出して、女性98人、男性66人という結果が得られたとする。このデータから「統計王国の男女比はアンバランスである」という調査仮説を有意水準両側５％で検定すると、検定結果はどうなるか。**図表13-2**を見て答えなさい。

(ⅱ)　上の検定結果が誤りであったとすると、この誤りは第１種の誤りか第２種の誤りか。

(ⅲ)　同じく女性71人、男性93人という結果が得られたとする。このデータから「統計王国の男女比はアンバランスである」という調査仮説を有意水準両側５％で検定すると、検定結果はどうなるか。**図表13-2**を見て答えよ。

(iv)　上の検定結果が誤りであったとすると、この誤りは第１種の誤りか第２種の誤りか。

④《発展》日本で2020年（令和２）年に受理された婚姻届（人口動態統計月報（概数）令和３年６月分より）から120件を無作為抽出したところ、うち18件（120件中15％）は２月に受理されていた。下の文章はこの年の２月の婚姻件数が他の月よりも多いと言えるか否かを、この標本から有意水準片側５％で検定する手順を述べたものである(問題の単純化のため各月の日数は等しいものとする)。ｉ～viの空欄に当てはまる語句・数値を下記の選択肢の中から選んで埋めなさい。なお、複数のカッコ内に同じ語句や数値が入ってよい。

この検定の調査仮説は「この年の２月の婚姻件数の全婚姻件数に占める割合は（　i　）よりも大きい」である。よって帰無仮説は「この年の２月の婚姻件数の全婚姻件数に占める割合は（　ii　）である」となる。検定のｐ値は、この帰無仮説が正しいと仮定したとき、標本の120件のうち２月に受理された件数が（　iii　）件以上である確率を意味する。これを実際に計算すると約0.011（1.1％）となる。よって帰無仮説を（　iv　）、調査仮説を（　v　）。したがって結論は「この年の２月の婚姻件数は他の月と比べて多いと（　vi　）」となる。

選択肢：$\frac{1}{12}$（約8.3％）、15％、10、18、棄却し、棄却せず、採択する、採択しない、言える、は言えない

⑤《発展》　次の(i)～(v)の文章はいずれも誤りである。その理由を説明しなさい。

(i)　有意水準は得られた調査データから計算される値であり、調査前にそれを定めてはならない。

(ii)　有意水準は調査結果を見て、帰無仮説が棄却され調査仮説が採択されるように定める必要がある。

(iii)　有意水準が低い値であるほど、帰無仮説が棄却され調査仮説が採択される可能性が高まる。

(iv)　ｐ値が高い値であるほど、帰無仮説が棄却され調査仮説が採択される可能性が高まる。

(v)　我々は正しい検定方法を用いることにより、検定の誤りを回避することができる。

チェックポイント

□仮説検定の基本的な考え方を理解することができたか？

□仮説検定をどのように進めるのか、その手順を覚えたか？

集団間で違いがあるか

♣ 集団間の差の検定

1 本章のねらい

本章では、ふたつの母集団から無作為抽出された標本のデータから、それぞれの母集団の平均や比率の値に差があるかどうかを判断するための検定を紹介する。具体的には、t検定を使ってふたつの集団間に平均の差があるのかどうかを検定する方法と、ふたつの集団間の比率に差があるのかどうかを検定する方法を紹介する。本章は前章の仮説検定の手順を実践する形になるので、適宜、第13章も参照しながら読みすすめるとよい。また、2変数の関連性にかんする仮説検定は、つぎの第15章で扱う。

平均の差の検定、t検定、比率の差の検定

2 基本概念

2－1　2種類の集団間の差の検定（平均の差と比率の差）

いま、都心にあるA市と郊外にあるB市において、それぞれ20人を無作為抽出して、世帯収入にかんする調査データを集めた。そして、このデータを用いて、A市とB市の平均世帯収入に差があるかどうかを調べたい。両市の標本の平均世帯収入を計算すると、A市が550万円、B市が400万円だった（図表14-1）。

A市のほうがB市よりも世帯収入が高い。しかし、母平均と標本平均の間には誤差が生じるので、単純に標本平均を比較しただけで結論づけるのは危険である。こうした状況で役に立つのが、**平均の差の検定**（two sample-test for means）である。本章ではウェルチの**t検定**（Welch's t-test）［Welch 1939］を紹介する。この検定を用いると、標本のデータから母平均に差があるかどうかの見当をつけることができる。

図表14-1　平均の差の検定のイメージ

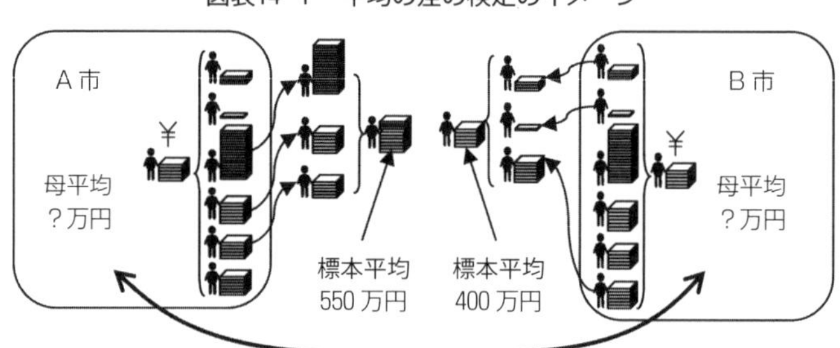

また、日本の1億2千万人の半分が男性（6,000万人）、半分が女性（6,000万人）だったとしよう。そのなかから男女100人ずつを無作為抽出し、与党支持率について調べたところ、男性の30％が与党を支持していたのにたいし、女性は20％が与党を支持していた（**図表14-2**）。この結果をそのまま日本の男性と女性（つまり母集団）に拡張して、男女の与党支持率に差があると考えてよいものか。それとも、この比率の差は誤差の範囲内であって、男女の与党支持率には差がないと考える方がよいのか。こうしたときに利用できるのが、**比率の差の検定**（two sample-test for proportions）である。

図表14-2　比率の差の検定のイメージ[1)]

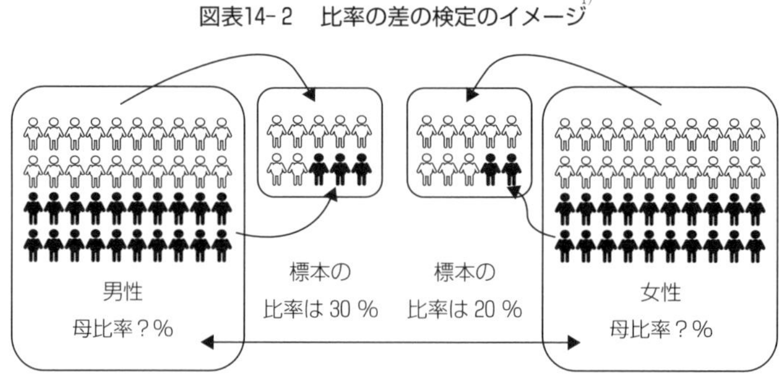

差の検定の勘所（かんどころ）は、母集団間の平均や比率の差を標本の平均や比率から推測する点である。私たちが知りたいのは母集団についての知見であり、そのために標本を利用して推測しているという構図になっている。

2－2　差の検定方法

検定は第**13**章「仮説検定の手順」（図表13-3）に従っておこなう。いま一度、参照してほしい。

◉ 平均の差の検定方法

実際に、平均の差の検定（ウェルチの t 検定）をやってみよう。例として、先の A 市と B 市の世帯収入を使う。図表14-3 は A 市と B 市の世帯収入にかんする標本調査の結果である。このデータをもとに、A 市の平均世帯収入（μ_A）と B 市の平均世帯収入（μ_B）には差があるかどうかを検討してみよう。

Step 1　調査仮説と帰無仮説を立てる・両側検定か片側検定かを決める

図表14-3　A 市と B 市の世帯収入（架空例）

	A 市	B 市
標本の大きさ（N）	20	20
標本平均（$\overline{X}$）	550万円	400万円
標本標準偏差（s）	200万円	100万円

・調査仮説：A 市と B 市の平均世帯収入には差がある。（$\mu_A \neq \mu_B$）
・帰無仮説：A 市と B 市の平均世帯収入には差がない。（$\mu_A = \mu_B$）

この調査仮説の場合は、方向性を問うわけではない（A 市と B 市の平均世帯収入のどちらが多いかが示されているわけではない）ので、両側検定である。

Step 2　有意水準を決める

有意水準を 5 %に定める。

Step 3　検定統計量を計算する

帰無仮説が正しいという前提に立って、検定統計量 t と自由度 df を計算する。[2)]

$$t = \frac{\text{A集団の標本平均} - \text{B集団の標本平均}}{\sqrt{\frac{\text{A集団の標本分散}}{\text{A集団の標本の大きさ}} + \frac{\text{B集団の標本分散}}{\text{B集団の標本の大きさ}}}} = \frac{\overline{X}_A - \overline{X}_B}{\sqrt{\frac{s_A^2}{N_A} + \frac{s_B^2}{N_B}}}$$

$$\text{自由度df} = \frac{\left(\frac{\text{A集団の標本分散}}{\text{A集団の標本の大きさ}} + \frac{\text{B集団の標本分散}}{\text{B集団の標本の大きさ}}\right)^2}{\frac{\left(\frac{\text{A集団の標本分散}}{\text{A集団の標本の大きさ}}\right)^2}{\text{A集団の標本の大きさ}-1} + \frac{\left(\frac{\text{B集団の標本分散}}{\text{B集団の標本の大きさ}}\right)^2}{\text{B集団の標本の大きさ}-1}} = \frac{\left(\frac{s_A^2}{N_A} + \frac{s_B^2}{N_B}\right)^2}{\frac{\left(\frac{s_A^2}{N_A}\right)^2}{N_A-1} + \frac{\left(\frac{s_B^2}{N_B}\right)^2}{N_B-1}}$$

t 値と自由度 df の式に、該当する数値をそれぞれ代入する。

$$\frac{\text{A の標本分散}}{\text{A の標本の大きさ}} = \frac{s_A^2}{N_A} = \frac{200^2}{20} = 2000$$

$$\frac{\text{B の標本分散}}{\text{B の標本の大きさ}} = \frac{s_B^2}{N_B} = \frac{100^2}{20} = 500$$

だから、

$$t = \frac{550 - 400}{\sqrt{\frac{200^2}{20} + \frac{100^2}{20}}} = \frac{150}{\sqrt{2000+500}} = \frac{150}{\sqrt{2500}} = 3.000$$

$$df = \frac{\left(\frac{200^2}{20} + \frac{100^2}{20}\right)^2}{\frac{\left(\frac{200^2}{20}\right)^2}{20-1} + \frac{\left(\frac{100^2}{20}\right)^2}{20-1}} = \frac{2500^2}{\frac{2000^2}{19} + \frac{500^2}{19}} = \frac{6250000}{223684.2105} \fallingdotseq 27.941$$

となる。

Step 4　限界値を確認する

t 分布表を使って、両側検定の限界値を確認する（t 分布表の読み方は第**12**章で学んだ)。自由度 df は27か28のいずれかになるが、より厳しい基準である27のほうを採用する。その結果、有意水準５％で、自由度27の場合、限界値は2.052であることがわかる。

Step 5　検定統計量と限界値を比較して、結論を下す

・t 値が棄却域に入っている場合　⇒統計的に有意である。

帰無仮説を棄却し、調査仮説を採択する。

ふたつの母集団の平均に差がないとはい

えない（＝差がある）。

・ｔ値が棄却域に入っていない場合⇒統計的に有意ではない。

帰無仮説を棄却せず、調査仮説を採択しない。

ふたつの母集団の平均に差があるとはいえない。

算出したｔ値3.000は限界値2.052より大きい（3.000＞2.052）。図示すると、**図表14-４**の状態である。ｔ値3.000はｔ分布の棄却域にはいっている。これは帰無仮説が正しいという前提に立ったとき、算出されたｔが生じる確率は５％以下、つまり、めったに起こらない確率であることを意味している。したがって、統計的に有意であるといえ、帰無仮説は棄却され、調査仮説を採択する。すなわち、Ａ市とＢ市の平均世帯収入には統計的に有意な差があるという結論になる。

図表14-４　検定統計量（＝3.000）と限界値（＝±2.052）

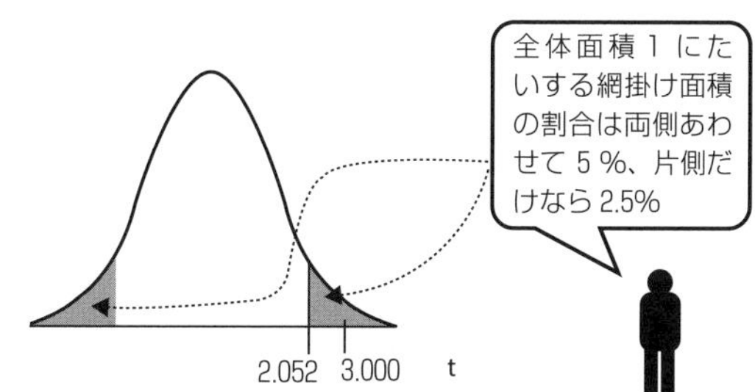

◉ 比率の差の検定方法

つぎに、先に紹介した日本の男女の与党支持率を用いて、比率の差の検定（z検定）をやってみよう。男性6000万人をＡ集団、女性6000万人をＢ集団とする。いま、母集団の男女それぞれに、与党支持者が何人ずついるのかわからない。つまり、男性の母比率（P_A）と女性の母比率（P_B）は不明である。しかし、男性集団Ａと女性集団Ｂから100人ずつを抽出し、そのなかにいる与党支持者を調べたらそれぞれ30人（X_A）と20人（X_B）であった。標本における与党支持者の比率は、男性（標本比率：p_A）が0.300、女性（標本比率：p_B）が0.200である。この数字を用いて、比率の差の検定をおこなうことにする。

Step 1　調査仮説と帰無仮説を立てる・両側検定か片側検定かを決める

・調査仮説：ふたつの母集団の比率に差がある（$P_A \neq P_B$）。

・帰無仮説：ふたつの母集団の比率に差がない（$P_A = P_B$）。

この場合、両側検定である。

Step 2　有意水準を決める

有意水準を５％に定める。

Step 3　検定統計量を計算する

検定統計量Ｚを計算する。標準正規分布に従うつぎの公式でＺを計算する。

$$Z = \frac{\text{A集団の標本比率} - \text{B集団の標本比率}}{\sqrt{(\text{標本全体の比率})\times(1-\text{標本全体の比率})\times(\frac{1}{\text{A集団の標本の大きさ}}+\frac{1}{\text{B集団の標本の大きさ}})}}$$

$$= \frac{p_A - p_B}{\sqrt{p_T(1-p_T)(\frac{1}{N_A}+\frac{1}{N_B})}}$$

＊　p_T：標本全体の比率

まず、Ａ集団とＢ集団を合わせた標本全体の比率（p_T）を次の式で計算する。

$$p_T = \frac{N_A p_T + N_B p_T}{N_A + N_B} = \frac{X_A + X_B}{N_A + N_B}$$

つぎに、数値を入れ、

$$p_T = \frac{100\times0.300+100\times0.200}{100+100} = \frac{30+20}{100+100} = \frac{50}{200} = 0.250$$

Ｚの式に該当する数値を代入する。

$$z = \frac{0.300-0.200}{\sqrt{0.250\times(1-0.250)\times(\frac{1}{100}+\frac{1}{100})}} = \frac{0.100}{\sqrt{0.00375}} = 1.6329\cdots\cdots \fallingdotseq 1.633$$

Step 4　限界値を確認する

有意水準５％（信頼度95％）のときの標準正規分布の限界値1.960と比較する（第**12**章図表12-２を参照）。

・Ｚの値が1.960以上の場合　⇒統計的に有意である。

帰無仮説を棄却し、調査仮説を採択する。

２集団の母比率に差がないとはいえない

（＝差がある）。

・Z の値が1.960より小さい場合⇒統計的に有意ではない。

帰無仮説を棄却せず､調査仮説を採択しない。

2 集団の母比率に差があるとはいえない。

Step 5　検定統計量と限界値を比較して、結論を下す

検定統計量 Z は1.633で、限界値1.960よりも小さい（1.633<1.960）ので、帰無仮説を棄却できない。したがって、統計的に有意とはいえず、男性と女性の与党支持率に差がないという帰無仮説を捨て切れない。すなわち、男性と女性の与党支持率には統計的に有意な差はないと考えられる。

2－3　差の検定の考え方と検定統計量の仕組み

これまでみてきたとおり、集団間の差の検定は母集団から抽出した標本のデータで実施する。ではいったい、どのような仕組みにもとづいて、母集団の一部でしかない標本のデータから母集団間に差があるかどうかを判断するのだろうか。ここでは、平均の差の検定を例にとって、その検定統計量の成り立ちを説明する。

いま一度、**図表14-1**を確認してほしい。標本平均の差は550 － 400 ＝ 150となるが、これをもって「A 市の世帯収入のほうが高い」と素朴に判断するのは好ましくない。なぜなら、選ばれる標本によって標本平均はばらつくので、必ずしも標本平均が母平均とぴったり一致するとはいえないからである（標本平均と母平均の関係については第**11**章を参照）。選ばれる標本によっては、A 市の世帯収入の平均が400万円、B 市の世帯収入の平均も400万円、400 － 400 ＝ 0になることもありえる。標本平均は、理論上、ひとつの値で固定している定数ではなく、変数だからだ。

糸口は、標本の性質と母集団の性質とを結びつけているもの、すなわち第**11**章で学んだ中心極限定理である。中心極限定理によって､標本平均（$\overline{X}$）は、$N(\mu、(\frac{\sigma}{\sqrt{N}})^2)$ に従う確率変数として扱うことができるのであった（確率変数については第 **2** 章を参照）。

A 集団の標本平均 $\overline{X}_A$ も B 集団の標本平均 $\overline{X}_B$ も中心極限定理によって理論上、正規分布に従う確率変数である。正規分布に従うふたつの独立の確率変数（A

集団の標本平均 $\overline{X}_A$ とB集団の標本平均 $\overline{X}_B$）について、正規分布の加法性（再生性）という性質からつぎのことが成り立つ。A集団の標本平均 X_A とB集団の標本平均 $\overline{X}_B$ の差（$\overline{X}_A-\overline{X}_B$）も確率変数であり、確率変数（$\overline{X}_A-\overline{X}_B$）は $N(\mu_A-\mu_B,(\sqrt{\frac{\sigma_A^2}{N_A}+\frac{\sigma_B^2}{N_B}})^2)$ に従う。

これによって理論上、（$\overline{X}_A-\overline{X}_B$）の平均は（$\mu_A-\mu_B$）、標準偏差は $\sqrt{\frac{\sigma_A^2}{N_A}+\frac{\sigma_B^2}{N_B}}$ となる。また、確率変数（$\overline{X}_A-\overline{X}_B$）は正規分布に従うから、標準化すれば、N(0，1)に従う確率変数になる。標準化の式 $z_i=\frac{X_i-\mu}{\sigma}$ は第**10**章で学んだ。これを用いて（$\overline{X}_A-\overline{X}_B$）を標準化すると、

$$Z=\frac{(\overline{X}_A-\overline{X}_B)-(\mu_A-\mu_B)}{\sqrt{\frac{\sigma_A^2}{N_A}+\frac{\sigma_B^2}{N_B}}}$$

となる。この式の分子は、標本平均の差（$\overline{X}_A-\overline{X}_B$）が母平均の差（$\mu_A-\mu_B$）からどれだけズレているかを意味している。また分母は（$\overline{X}_A-\overline{X}_B$）の標準誤差（第**11**章を参照）にあたる。

ここまできたら、もとの関心であるふたつの集団の母平均の間に差があるかどうかに立ち返ろう。母平均の差の検定の帰無仮説「母平均の間に差がない」を思い出してほしい。帰無仮説「母平均の間に差がない」とは $\mu_A-\mu_B=0$ ということである。そうすると、上の標準化した式の（$\mu_A-\mu_B$）の部分は0になり、つぎのように簡略化することができる。

$$Z=\frac{(\overline{X}_A-\overline{X}_B)-0}{\sqrt{\frac{\sigma_A^2}{N_A}+\frac{\sigma_B^2}{N_B}}}=\frac{\overline{X}_A-\overline{X}_B}{\sqrt{\frac{\sigma_A^2}{N_A}+\frac{\sigma_B^2}{N_B}}}$$

この式は母平均の差が0であるという前提の下で、標本平均の差の大きさを示すひとつの指標になっている。Zは正規分布に従っているから、（$\overline{X}_A-\overline{X}_B$）の絶対値が大きくなればなるほど、その生起確率は低くなる（**図表14-5**）。

図表14-5　標準正規分布のイメージ

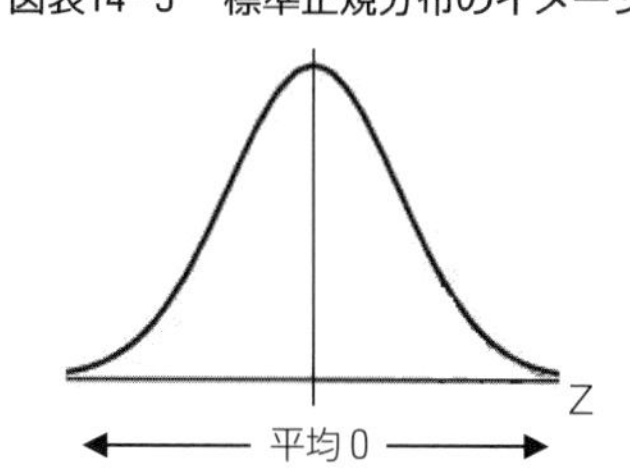

平均（＝0）から離れるほど生起確率は低い

また上記の式は本章**2－2**で出てきた検定統計量ｔ値の公式とほぼ同じ形になっていることを確認してほしい。唯一異なるのは、ｔ値の公式では s_A^2 と s_B^2 となっている箇所がそれぞれ σ_A^2 と σ_B^2 になっている点である。母分散 σ^2 は通常、知ることができないので、実際の計算の際には、この式の σ_A^2 と σ_B^2 に標本から計算した標本分散 s_A^2 と s_B^2 を代入する（標本分散については第**4**章を参照）。そうすると、この式の値は正規分布ではなく正規分布に似たｔ分布に従うことになる（第**12**章を参照）。検定統計量のアルファベットが、標準正規分布に従うＺでなくｔで表記されるのもこうした理由からである。これが検定統計量ｔの基本的な仕組みである。ｔ分布は、自由度によってその形状が異なるので、自由度も計算したうえで、検定の際に用いる。

平均値の差の検定の考え方を平たくいえば、まずはふたつの母集団の間で「差がない」という前提に立ち、手元の標本データを調べてみて、「差がない」とは到底思えないほど集団間の差が大きければ、「差がない」という前提を見直し、「差がある」と結論しようという考え方である。

③ 応用研究：リサイクルにみる態度と行動の矛盾

牛乳パックを洗って乾かし、ためてスーパーの回収箱に入れにいく。みなさんは実行しているだろうか。多くの人が、環境にたいする取り組みは重要だと思っているのに、なかなかそれを行動に移せないのはなぜか。

ここでは、環境配慮行動（牛乳パックなどのリサイクル）に前向きであるにもかかわらず、実際には取り組んでいない人の正当化のメカニズムにかんする研究［篠木2002］を簡単に紹介する。本研究は、Diekmann and Preisendörfer（1988）の態度と行動の不一致にかんする正当化モデルを理論的に検討し、そこから筆者独自の理論的拡張をしたのち、仙台市で実施された社会調査のデータを用いて、仮説を検証していくスタイルの研究である。

調査データを用いた検証では、調査対象者を「環境問題が重要であると考えながらも実際の行動を行っていない個人」（矛盾のある人）と「環境問題が重要であると考え行動を行っている個人」（矛盾のない人）とに分け、ふたつの集団の意識にどのような違いがあるかを明らかにしている。分析手法として、t 検定が採用されている箇所がある。

たとえば、「リサイクルがごみ問題の解決に役立つ」（有効性評価）と思うか、という質問に、「全く役立たない」から「非常に役立つ」の４段階（1～4）で答えてもらい、そして、「矛盾あり」と「矛盾なし」の集団ごとに、平均と標準偏差を算出して、t 値を求め、ふたつの平均に差があるかどうかを検証している（**図表14-6**）。

図表14-6　有効性評価[3]

	平均	標準偏差
矛盾あり（N＝195）	3.59	0.54
矛盾なし（N＝288）	3.66	0.50

t＝1.379　p＝0.17

図表14-6をみると、ふたつの集団の平均値（3.59と3.66）はいずれもかなり高いことがわかる。つぎに、t 検定の結果をみてみよう。表下部の t 値（1.379）にともなう p 値は0.17となっており、５％（あるいは10％）水準で統計的に有意でないことがわかる。これは、矛盾がある人と矛盾のない人で、「リサイクルがごみ問題の解決に役立つ」という考えにおいて、差がないことを意味する。すなわち、環境問題は重要であると考えている人の多くは、リサイクルを実行しない人も含めて、「リサイクルはごみ問題の解決に有効であると考えている」ことがわかる。

また、調査対象者に、「どのくらい手間がかかると思うか」（コスト感の強さ）という質問をして、「全く手間がかからない」から「非常に手間がかかる」の４段階で答えてもらい、その結果についても、有効性評価の分析と同様に、t 検定で分析している（**図表14-7**）。p 値は0.00となり、５％（あるいは１％）水準で統計的に有意である。これは、矛盾がある人のほうが、矛盾のない人よりもリサイクルには「手間がかかる」と考えている（だから、リサイクルを実行しない）ということを示唆している。

図表14-7　コスト感の強さ

	平均	標準偏差
矛盾あり（N＝192）	2.09	0.71
矛盾なし（N＝289）	1.36	0.80

t＝10.326　p＝0.00

こうした分析により、矛盾のある人は、リサイクルはゴミ問題の解決に役立つと思ってはいるものの、「手間がかかる」という理由から、リサイクルをおこなわない傾向があることが明らかにされる。「コストは重要な問題」ではあるが、矛盾のない人にとっては、リサイクルはそれほど負担であるとは受け止められていない。著者は、「実際にリサイクルに取り組んでみると意外に手間を感じなかったり、習慣化によって、手間を感じなくなる可能性がある」と考え、「試しに実行してみることが、主観的なコスト感を低減させるきっかけになるのかもしれない」と述べる。

練習問題

※模範解答を法律文化社 HP に掲載(詳しくは、本書 ii 頁)。

①《基礎》次の文章を読み、ⅰ～ⅴの空欄に、下記の選択肢のなかから正しい語句を選んで埋めよ。

A 集団の平均と B 集団の平均は等しくないとみなせるか否か、あるいは、A 集団の平均は B 集団の平均より大きいとみなせるか否か、このように、（　ⅰ　）に差があるとみなせるかどうかを検定したいときに用いる方法の一つが（　ⅱ　）検定である。

（　ⅱ　）検定で用いる検定統計量は（　ⅱ　）分布に従う。（　ⅱ　）分布は第**12**章でみたように、図で示すと（　ⅲ　）分布とよく似た形状をしているが、（　ⅲ　）分布と比べるとやや平たい。

検定では、一方の集団の平均が他方の集団の平均より大きいとみなせるか否かを検定したい場合は（　ⅳ　）側検定を、一方の集団の平均と他方の集団の平均が等値ではないとみなせるか否かを検定したい場合は（　ⅴ　）側検定をするとよい。

選択肢：平均、分散、相関係数、比率、t、度数、一様、標準正規、片、両

②《トレーニング》第**3**章の【例 3-1】【例 3-2】より、企業の新卒者の初任給についてつぎの結果を得た。

従業員1000人以上の企業の大学新卒者20人：　$\overline{X}=20.98$万円、$s=1.60$万円

従業員1000人以上の企業の高校新卒者20人：　$\overline{X}=16.67$万円、$s=1.20$万円

高校新卒者よりも大学新卒者の平均初任給の方が高いと考えてよいか。適当な調査仮説、帰無仮説を立て、有意水準５％で検定せよ。

③《トレーニング》第**5**章の図表 5-10を使って、「男女間で、自殺は仕方がないと考える人の比率に差がある」という調査仮説を、有意水準５％で検定せよ。

④《発展》2005年実施の「社会階層と社会移動全国調査（Social Stratification and social Mobility 調査：通称 SSM 調査[4]）」には、日本社会を上、中の上、中の下、下の上、下の下、の５層に分けた時、自分はどこに入ると思うかを尋ねる階層帰属意識の質問が

ある。また「チャンスが平等に与えられるなら、競争で貧富の差がついてもしかたがない」に対して、「そう思う」から「そう思わない」の4つの選択肢から回答する質問がある。

図表14-8は、「上」「中の上」と回答した人を「上層に帰属」、「中の下」「下の上」「下の下」と回答した人を「下層に帰属」という2層にまとめ、それぞれ回答者数や平均、標準偏差を示したものである（「そう思う」を1点「そう思わない」を4点として計算）。

図表14-8　チャンスが平等なら競争で貧富の差がついてもしかたがない

	回答者数	平均	標準偏差
上層に帰属	444	1.89	0.82
下層に帰属	1900	2.13	0.90

(i)　平均値の差の検定（t検定）をおこなえば、上層にある者と下層にある者の間で、機会の平等が保たれるなら、結果として貧富の格差がついてもしかたがないという意識に差があるかどうかを判断することができる。その際の調査仮説と帰無仮説は何か？

(ii)　実際に平均値の差の検定（t検定）をしてみよ。

(iii)　検定結果から、何がわかったか述べよ。

＊　④の意識変数の回答はカテゴリカル変数だという議論もあるだろうが、今回は不問としておく。

⑤《発展》**図表14-9**は、内閣府の「青少年のインターネット利用環境実態調査」の令和3年度（2021年度）調査の結果のうち、「平日1日の利用時間のうち、趣味・娯楽にどのくらいの時間インターネットを使うか」という質問に対する北海道と福岡県の青少年（満10歳～満17歳）の回答結果を、この問題用に整理して作成した表である。

図表14-9　平日1日のうち趣味・娯楽にどのくらいの時間インターネットを使うか

階級	階級値（分）	北海道の結果（人）	福岡県の結果（人）
1時間未満	30	8	10
1時間以上2時間未満	90	23	29
2時間以上3時間未満	150	26	30
3時間以上4時間未満	210	24	21
4時間以上5時間未満	270	21	8
5時間以上	330*	23	23
合計	----	125	121

(出典：内閣府「令和3年度 青少年のインターネット利用環境実態調査」より筆者作成。)
＊「5時間以上」を「5時間以上6時間未満」とみなした値。

(i) 北海道と福岡県の平均利用時間の値を計算せよ。小数第1位を四捨五入して、整数で答えよ。

(ii) 北海道と福岡県の利用時間の標準偏差の値を計算せよ。小数第1位を四捨五入して、整数で答えよ。

(iii) 北海道と福岡県の青少年において、趣味・娯楽にインターネットを使う時間に差があると言えるか。t検定を用いて結果を判定せよ。有意水準は5％とする。

チェックポイント

□平均の差の検定を手順に従っておこなうことができたか？

□比率の差の検定を手順に従っておこなうことができたか？

□ t分布を使う意味が理解できたか？

[注]

1）母比率とは母集団の比率のことである。

2）現在、コンピュータの統計ソフトを使えば、このステップ3の検定統計量の計算はコンピュータがやってくれる。ただ、ある程度数式の仕組みを理解しておくほうが、仮にコンピュータがおかしな値を返してきたときにも気がつきやすいと思われる。

3）表計算ソフトを使って本書で紹介している式で計算すると、本書で紹介している値と必ずしもぴったり一致しないかもしれない。この誤差は小数点以下第何位までを有効桁として計算しているかによる誤差などが考えられるが、いずれにせよ結論は変わらない。

4）SSM調査は、1955年から継続して10年ごとに実施している全国調査で、社会学研究において貴重なデータを提供している。データは東京大学社会科学研究所のSSJDAで公開されている。

関連の真偽を判断する

♣ χ^2 検定と相関係数の検定

① 本章のねらい

第**13**章において、仮説検定の意味を理解した。第**14**章では、ふたつの集団間の平均や比率の差の検定について学んだ。最終章となる本章では、2変数間の関連についての仮説検定をおこなう技法について学ぶ。

まず、離散変数同士の関連についての仮説検定として、χ^2値（第**6**章を参照）を用いたχ^2検定を説明する。つぎに、連続変数同士の関連についての仮説検定として、相関係数（第**7**章を参照）を用いた検定を説明する。

これらの検定によって、ふたつの変数間に関連があるかどうかを統計的に判断することができる。ここまで到達すれば、2変数のレベルでは、一通りの分析をマスターすることができたといえるだろう。

χ^2検定、χ^2分布、自由度、相関係数の検定

② 基本概念

2－1　χ^2 検定

◉ χ^2 検定とは？

質的変数を取り扱うことが多い社会科学（とりわけ、社会学）において、クロス表の分析は重要度が高い（第 **5** 章を参照）。標本のデータにおける変数間の関係を、母集団にも一般化できれば、クロス表の分析の有用性はさらに高まる。そのための手法として、**χ^2 検定**（chi-square test for independence）がある。

● χ^2 検定 ●

クロス表におけるふたつの離散変数が関連しているか否かを調べる検定のこと。

◉ χ^2 値と χ^2 分布

χ^2 検定においては χ^2 値を利用することになる。第 **6** 章で χ^2 値を求める公式を提示したが、覚えているだろうか。χ^2 値は、つぎのようにして求めることができた。

$$\chi^2 = \frac{（観測度数－期待度数）の 2 乗}{期待度数} の総和$$

$$\chi^2 = \sum_{i=1}^{k}\sum_{j=1}^{\ell}\frac{(n_{ij}-e_{ij})^2}{e_{ij}} = \sum_{i=1}^{k}\sum_{j=1}^{\ell}\frac{\left(n_{ij}-\frac{n_{i.}n_{.j}}{N}\right)^2}{\frac{n_{i.}n_{.j}}{N}}$$ （i は行、j は列）

χ^2 値は、クロス表の観測度数と期待度数のズレ、すなわち、2 変数が独立な状態からどれだけ離れているかを示している。「独立」とは 2 変数が無関連の状態であり、こうした独立と考えられる状態から離れるほど、2 変数の関連は強いということになる（第 **6** 章を参照）。2 変数の関連の強さは、算出して得た χ^2 値をじっさいに **χ^2 分布**（chi-square distribution）にあてはめて、その生起確率によって判断することになる。確率が小さいほど、観測されたその 2 変数の状態は「起りにくい」、あるいは「めったに起らない」ということを意味する。いい換えれば、変数間の関連が強いということである。

つぎに、χ^2分布を説明しよう。**図表15-1**は自由度１のχ^2分布を描いたものである。横軸はχ^2値を、縦軸は確率密度を示している。網掛け部分が全体の面積にしめる割合は、χ^2値が任意の数値以上の値をとる確率を表したものである。χ^2値は小さくなるにつれて確率は大きくなり（１に近づき)、χ^2値が大きくなるにつれて確率は小さくなる（０に近づいている)。

また、**図表15-1**には、$\chi^2=3$に区切りを入れている。網掛け部分の面積は、χ^2値が３以上となる確率を示している。つまり、自由度１で、χ^2値が３以上になる確率は0.0833、面積でいうと全体の8.3％ぐらいであるということを意味している。

図表15-1　自由度１のχ^2分布

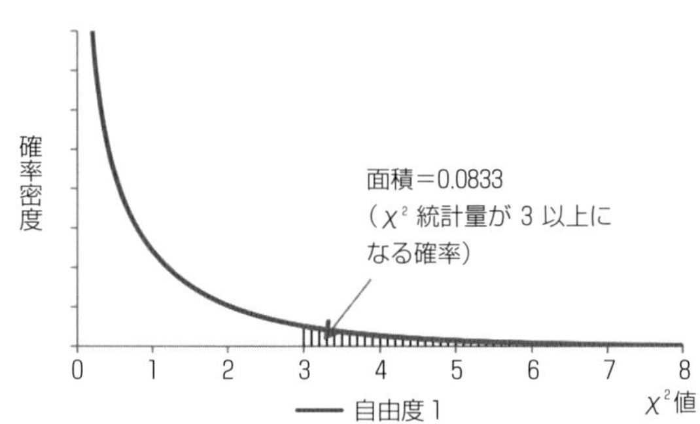

◉ 自由度

χ^2分布の形状は**自由度**（degree of freedom：df）によって異なる。自由度とは、自由な値をとることのできる観測データの数のことである。「自由」という馴染みのある言葉が使われているので理解しやすそうなのだが、実際にはわかりにくい概念である。以下の説明をよく読んで理解を深めてほしい。

まず、２×２表における自由度を求めてみよう（**図表15-2**)。このクロス表の周辺度数はすでに決まっているとする。そして、ａ～ｄの４つのセルのうちひとつのセル、たとえばａの度数が決まれば、残りのｂ、ｃ、ｄのセルの度数は自動的に決まってしまう。つまり、ｂ、ｃ、ｄは、他のセルと関係なく自由な値をとることはできない。したがって、このクロス表の自由度は１になる。

図表15-2　2×2表における自由度[1]（aの度数が固定された場合）

		変数A カテゴリー1	変数A カテゴリー2	計
変数B	カテゴリー1	a	b ＝ 125－ a	125
	カテゴリー2	c ＝ 95－ a	d ＝ 15＋ a	110
	計	95	140	235

では、k×ℓのクロス表ではどうだろう。k×ℓのクロス表の自由度は、（k－1）×（ℓ－1）として求めることができる。すなわち、自由度＝（行数－1）×（列数－1）である。ちなみに、2×2表の場合は、（2－1）×（2－1）＝1となる。

自由度

・統計量を計算するときに自由に変えることができる観測データの数のこと。
・自由度 df ＝（行数－1）×（列数－1）＝（k－1）×（ℓ－1）

こうして求めた自由度を用いて、χ^2検定をおこなう。χ^2分布の形状は、自由度の大きさに従って、**図表15-3**のように、異なってくる。

図表15-3　χ^2分布

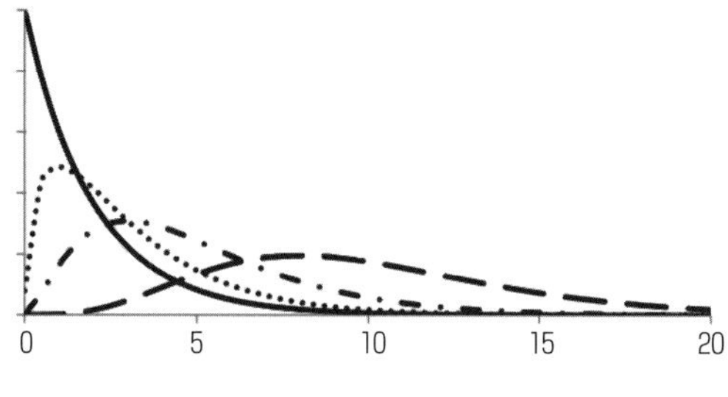

χ^2検定においては、分布の右側の領域が棄却域になる。χ^2値がある有意水準での限界値よりも大きければ、つまり、棄却域に入っていれば、帰無仮説を棄却できる、ということになる。

つぎに、具体例を通して、χ^2検定をマスターしよう。

【例15-1】 ここでは、独身男女の結婚観「今のあなたにとって、結婚することにはなにか利点があると思いますか」という質問にたいする答えを用いて、χ^2検定をおこなってみよう。第**14**章で学んだt検定と同じように、χ^2検定においても「仮説検定の手順」を用いる（第**13**章・第**14**章を参照）。

図表15-4　性別と結婚観についてのクロス表（5173人）

	利点があると思う	利点はないと思う	計
男	1740（65.9%）	901（34.1%）	2641（100.0%）
女	2000（79.0%）	532（21.0%）	2532（100.0%）
計	3740（72.3%）	1433（27.7%）	5173（100.0%）

（出典：国立社会保障・人口問題研究所 2017「第15回出生動向基本調査（結婚と出産に関する全国調査　独身者調査）」）

Step 1　調査仮説と帰無仮説を立てる・両側検定か片側検定かを決める

・調査仮説：性別によって、結婚に利点があるかどうかの考えに差がある。

・帰無仮説：性別によって、結婚に利点があるかどうかの考えに差がない。

χ^2検定においては、ふたつの変数が独立であるかどうかのみを問題にしているので、必ず両側検定である。χ^2値が限界値よりも大きいかどうかを確かめればよい。したがって、棄却域はχ^2分布の右側のみとなる。これを片側検定であると誤解しないようにしよう。

Step 2　有意水準を決める

有意水準は５%とする。

Step 3　検定統計量を計算する

χ^2値を利用して、χ^2検定をおこなう。χ^2値を求めるためには、まず、期待度数を計算しなければならなかった（第**6**章を参照）。

図表15-5　性別と結婚観の期待度数の計算

	利点があると思う	利点はないと思う	計
男	$e_{11}=\frac{2641\times3740}{5173}=1909.403$	$e_{12}=\frac{2641\times1433}{5173}=731.597$	$n_{1.}=2641$
女	$e_{21}=\frac{2532\times3740}{5173}=1830.597$	$e_{22}=\frac{2532\times1433}{5173}=701.403$	$n_{2.}=2532$
計	$n_{.1}=3740$	$n_{.2}=1433$	$N=5173$

つぎに、χ^2値を求める公式 $\chi^2=\sum_{i=1}^{k}\sum_{j=1}^{\ell}\frac{\left(n_{ij}-\frac{n_{i.}n_{.j}}{N}\right)^2}{\frac{n_{i.}n_{.j}}{N}}$（iは行、jは列）に、観測度数と期待度数を代入して、計算してみよう。

図表15-6　性別と結婚観のχ^2値の計算

i行j列	(1, 1)	(1, 2)	(2, 1)	(2, 2)	計
観測度数 n_{ij}	1740	901	2000	532	5173
期待度数 $e_{ij}=\frac{n_{i.}n_{.j}}{N}$	1909.403	731.597	1830.597	701.403	5173
$n_{ij}-e_{ij}$	−169.403	169.403	169.403	−169.403	—
$(n_{ij}-e_{ij})^2$	28697.376	28697.376	28697.376	28697.376	—
$(n_{ij}-e_{ij})^2/e_{ij}$	15.030	39.226	15.677	40.914	110.846

χ^2値は110.846となった。

Step 4　限界値を確認する

χ^2値が棄却域に入るか、入らないかを確認しよう。そのために、**巻末資料3**のχ^2分布表を利用する。χ^2分布表は、行に自由度が、列に有意水準が並ぶ。表のなかの数値は、限界値（第**13**章を参照）であり、χ^2値がこの限界値を超えれば、そのχ^2値は、帰無仮説の棄却域にある。

この例の場合、2×2表だから自由度は1、ステップ2より有意水準は5％（0.05）である。**図表15-7**の該当する箇所をみると、3.8415が限界値であることがわかる。

図表15-7　χ^2分布表

自由度＼有意水準	0.1	0.05	0.025	0.01	0.005	0.001
1	2.7055	3.8415	5.0239	6.6349	7.8794	10.8276
2	4.6052	5.9915	7.3778	9.2103	10.5966	13.8155
3	6.2514	7.8147	9.3484	11.3449	12.8382	16.2662
4	7.7794	9.4877	11.1433	13.2767	14.8603	18.4668
5	9.2364	11.0705	12.8325	15.0863	16.7496	20.5150
·····	·····	·····	·····	·····	·····	·····

Step 5　検定統計量と限界値を比較して、結論を下す

ステップ3で求めたχ^2値110.846は限界値3.8415より大きい（110.846>3.8415）から、統計的に有意である。したがって、帰無仮説を棄却できる（つまり、ふたつの変数は独立であるとはいえない）。こうして、当初の調査仮説は支持され、「性別によって、結婚に利点があるかどうかの考えに差がある」と結論づける。

◉　χ^2検定の注意点

χ^2検定をおこなう際には、いくつかの注意すべき事柄がある。

ひとつは、標本（N:標本の大きさ）が小さいときには利用することができない、ということである。というのも、標本が充分に大きければ、χ^2値はχ^2分布に従うのだが、標本が小さいときにはそうではなくなってしまうからである。一般的な規準としては、すべてのセルの期待度数が5以上でなければならないとされる。

もうひとつは、検定の結果が標本の大きさによって左右される、ということである。標本が大きくなればなるほど、2変数が「独立だ」という帰無仮説が棄却され、2変数が「関連する」という調査仮説が採択されやすくなる。こうした限界があることをよく認識しておこう。

では、実際、標本の大きさの影響はどのようなものであろうか。

図表15-8は、先の**図表15-4**のクロス表を、その比率を変えることなく標本数を約100分の1にしたものである。**図表15-8**のクロス表のχ^2値を計算してみよう。

図表15-8　性別と結婚観についてのクロス表（51人）

	利点があると思う	利点はないと思う	計
男	17（65%）	9（35%）	26（100%）
女	20（80%）	5（20%）	25（100%）
計	37（73%）	14（27%）	51（100%）

図表15-9　χ^2値の計算

i行j列	(1, 1)	(1, 2)	(2, 1)	(2, 2)	計
観測度数 n_{ij}	17	9	20	5	51
期待度数 e_{ij}	18.863	7.137	18.137	6.863	51
$n_{ij} - e_{ij}$	−1.863	1.863	1.863	−1.863	—
$(n_{ij} - e_{ij})^2$	3.470	3.470	3.470	3.470	—
$(n_{ij} - e_{ij})^2/e_{ij}$	0.184	0.486	0.191	0.506	1.367

χ^2値は1.367になった。自由度と有意水準は変わらないので、限界値は先と同様3.8415である。χ^2値1.367は限界値3.8415より小さい（$1.367 < 3.8415$）から、帰無仮説「性別によって、結婚に利点があるかどうかの考えに差がない」は棄却できない。つまり、サンプル数が100倍のときとは反対の結果になったのである。

以上のように、比率は変わらなくても、標本の大きさによって、帰無仮説が採択されたり、棄却されたりするのである。こうした性質があることに、十分注意しなければならない。

2－2　相関係数の検定

◉ 相関係数の検定とは？

つぎに、連続変数間の関連についての仮説を検定する方法を学ぼう。すなわち**相関係数**（第 **7** 章を参照）**の検定**（significant test for correlation coefficient）である。概要はつぎのとおりである。

【例15-2】働き盛りの男性の年齢（X）と個人収入（Y）の関連性を調べる、という例で説明しよう。調査仮説は「年齢が高い人ほど個人収入も高い」である。実際に、20歳〜54歳の男性から55人（N＝55）を無作為抽出したデータ[2)]から、年齢と個人収入の相関係数を計算すると、$r_{XY}=0.48$という正の値を示す。つまり、この標本では年齢が高いほど個人収入も高い。

しかし、同じことが母集団でもいえるとはかぎらない。母集団での相関係数が実はゼロなのに、無作為抽出による「偶然のいたずら」によって、標本では$r_{XY}=0.48$という値がたまたま得られただけなのかもしれない。

そこで、「母集団での相関係数がゼロ」という帰無仮説が正しいという前提に立ち、55人の無作為標本で$r_{XY}=0.48$以上の相関があらわれる確率を計算する。その確率が有意水準（たとえば、5％、1％など）を下回れば、0.48という相関が「偶然のいたずら」である可能性は低いと判断され、母集団でも「年齢が高いほど個人収入も高い」と結論する。逆に、その確率が有意水準を上回るなら、0.48という相関が「偶然のいたずら」である可能性を捨てられないので、母集団では「年齢が高いほど個人収入も高いとはいえない」という結論になる。以下、具体的なステップと計算方法を説明する。

Step 1　調査仮説と帰無仮説を立てる・両側検定か片側検定かを決める

・調査仮説：年齢と個人収入には正の相関がある。

・帰無仮説：年齢と個人収入との相関はゼロである。

調査仮説が「相関の存在」を述べるだけなら、両側検定を採用し、調査仮説が「相関の方向性」について述べていれば、片側検定を採用する。上の例の調査仮説は、相関の方向性（正の相関）に言及しているから、片側検定を採用する（もし、調査仮説がたんに「年齢と個人収入とは相関する」というものなら、両側検定を採用すべきである）。

Step 2　有意水準を決める

この例でも有意水準は5％とする。

Step 3　検定統計量を計算する

検定統計量は標本の相関係数r_{XY}である。ここではχ^2値のような統計量を改めて計算するは必要ない。上の例では、$r_{XY}=0.48$という値がそのまま検定統計量になる。

Step 4　限界値を確認する

「相関係数の検定表」（巻末資料 4）で、標本の大きさ（N）と有意水準（%）に対応した限界値を確認する（図表15-10）。標本の相関係数が限界値を超えれば、母集団での「相関係数がゼロ」という帰無仮説が棄却できる。上の例ではN＝55、有意水準片側 5 %である。そこで、下の図の要領で、検定表の N ＝55の行、有意水準片側 5 %の列をみると、限界値は0.224だとわかる。すなわち、相関係数0.224以上が帰無仮説の棄却域である。

図表15-10　相関係数の検定表

標本の大きさ	有意水準				
	両側	0.10（10%）	0.05（5%）	0.02（2%）	0.01（1%）
N	片側	0.05（5%）	0.025（2.5%）	0.01（1%）	0.005（0.5%）
3		0.988	0.997	1.000	1.000
4		0.900	0.950	0.980	0.990
5		0.805	0.878	0.934	0.959
6		0.729	0.811	0.882	0.917
50		0.235	0.279	0.328	0.361
55		0.224	0.266	0.313	0.345
60		0.214	0.254	0.300	0.330
70		0.198	0.235	0.278	0.306

相関係数の検定表：限界値

Step 5　検定統計量と限界値を比較して、結論を下す

限界値と標本の相関係数を比較し、相関係数が限界値を上回れば、帰無仮説を棄却し、下回れば帰無仮説を棄却しない。ただし、両側検定や、調査仮説が負の相関の存在を述べている場合の片側検定において、標本の相関係数の符号が負を示すときには、それを絶対値に直して表中の限界値と比較する。上の例では、限界値0.224と標本相関係数0.48とを比較する。0.224＜0.48なので、母集団での「相関係数がゼロ」という帰無仮説は棄却できる[3)]。

「母集団における相関係数がゼロ」という帰無仮説が棄却できれば、調査仮説を採択し、帰無仮説が棄却できなければ、調査仮説を採択しない。上の例では、調査仮説「年齢と個人収入には正の相関がある」を採択するから、母集団

においても、「年齢の高い人ほど個人収入が高いといえる」という結論になる。

◉ 相関係数の検定の注意点

相関係数の検定の注意点は、他の検定法と同様に、結果が標本の大きさＮに左右されることである。つまりＮが大きければ、相関係数（の絶対値）がかなり小さくても帰無仮説を棄却できる。たとえば、検定表でＮ＝120のところをみると、有意水準両側５％で検定すれば、ｒ＝±0.16といったかなり弱い相関でも（ぎりぎり）帰無仮説を棄却できることがわかる。同じくＮ＝1000のところをみると、有意水準両側５％ならば、ｒ＝±0.062という、ほとんどゼロに近い相関でも帰無仮説を棄却できる。このように、数百、数千規模の標本で「相関係数の値がゼロである」という帰無仮説が棄却できても、その相関を「強い」とかいうことは決してできないので注意しよう。

③ 応用研究：血液型と性格

「血液型と性格には関係があると信じていますか。」このように問われて、あなたはどのように答えるだろう。血液型と性格の関係は、疑似科学の典型だとされたりもしているが、信じている人は意外に多い。実際、「あの人はＡ型だから」とか、「私は典型的なＢ型の性格」など、日常的な会話でもよく登場する。また、まだよく知らない人にたいして血液型をたずねたりもする。だが、実際のところどうなのであろうか。

ここでは、ランダム・サンプリングの調査のデータを利用して、血液型と性格の関係について検討している研究を紹介しよう［松井 1991］。松井豊は、JNNデータバンクが全国の都市部に居住している13歳から59歳の男女を対象として、年に２回実施している意識調査のデータを利用している。実際には、1980年、1982年、1986年、1988年に実施された計４回の調査結果を分析の対象としている。各年の対象者が約3100人なので、計１万2418人の回答を扱っている。

本研究では、回答者自身の血液型をたずねた質問と、性格を測定するための24の質問項目が分析されている。性格を測定するための質問項目は図表15-11のとおりである。これは、各質問項目が「あてはまる」か、「あてはまらない」かで答えてもらっている。それぞれの年度にかんして、血液型（Ａ、Ｂ、AB、Ｏ）と性格を測定するための質問項目とをクロス集計し、χ^2検定をおこなった。

図表15-11　性格を測定する質問項目

内容	
1　誰とでも気軽につきあう	13　人づきあいが苦手
2　目標を決めて努力する	14　家にお客を呼びパーティするのが好き
3　先頭に立つのが好き	15　何かする時は準備して慎重にやる
4　物事にこだわらない	16　よくほろりとする
5　気晴らしの仕方を知らない	17　気がかわりやすい
6　ものごとにけじめをつける	18　あきらめがよい
7　冗談をいいよく人を笑わす	19　しんぼう強い
8　言い出したら後へ引かない	20　うれしくなるとついはしゃいでしまう
9　人に言われたことを長く気にかけない	21　引っ込み思案
10　友達は多い	22　がまん強いがときには爆発する
11　くよくよ心配する	23　話をするよりだまって考え込む
12　空想にふける	24　人を訪問するのに手ぶらではかっこうが悪い

検定の仕方について説明しておこう。例として、1988年調査の質問項目 4 「物事にこだわらない」を取り上げる。項目への回答（「あてはまる」「あてはまらない」）と血液型（A、B、AB、O）を集計した結果が**図表15-12**である。

図表15-12　質問項目 4 「物事にこだわらない」と血液型のクロス表（3001人）

	あてはまる	あてはまらない	計
A 型	423（35.9%）	756（64.1%）	1179（100.0%）
B 型	292（45.1%）	356（54.9%）	648（100.0%）
AB 型	100（37.2%）	169（62.8%）	269（100.0%）
O 型	388（42.9%）	517（57.1%）	905（100.0%）
計	1203（40.1%）	1798（59.9%）	3001（100.0%）

上記のクロス表のχ^2値を計算すると、19.248になる（計算過程を省略）。また、χ^2分布表から限界値は7.8147である（自由度 3、有意水準 5 %）。χ^2値19.248は限界値7.8147より大きい（19.248>7.8147）。したがって、質問項目 4 について、帰無仮説「血液型にかかわらず回答の傾向は変わらない」を棄却し、調査仮説「血液型によって回答の傾向は変わる」を採択することができる。

このようにしてχ^2検定をおこなった結果、5 %水準で有意であった質問項目は、1980年が 4 、14、19、1982年が 4 、 6 、 7 、1986年が 1 、 4 、 5 、20、そして1988年が 4 、11、15、17であった。各年とも有意である質問項目は多くはない。しかも、それらは各年であまり安定しておらず、4 回とも共通して有意であったのは質問項目 4 の「物事にこだわらない」のみであった。

著者はさらに、この「物事にこだわらない」について検討している。**図表15-13**は各年において、それぞれの血液型で「物事にこだわらない」を肯定している人の比率を示したものである。

図表15-13　「物事にこだわらない」の肯定率（%）

	A型	B型	AB型	O型
1980年	30.6	37.8	34.3	31.8
1982年	33.0	35.6	36.1	39.1
1986年	32.4	38.8	39.9	39.5
1988年	35.9	45.1	37.1	42.9

図表15-13をよくみればわかるとおり、肯定する人が最も多い血液型は80年B型、82年O型、86年AB型、88年B型と、各年でほとんどバラバラであり、一定していない。血液型と性格に何らかの関連があるとするならば、もっと一貫したパターンがあらわれるはずではないのか。

結局のところ、これらの分析から著者は、血液型と性格に関係があるという見方は妥当性を欠いている、と結論している。さて、ここまで読んだ、あなたはどのように思っただろうか。再度たずねてみたい。「血液型と性格には関係があると信じていますか。」

4　練習問題

※模範解答を法律文化社HPに掲載（詳しくは、本書ii頁）。

①《基礎》以下の(i)から(v)の問いに答えよ。

(i)　χ^2検定とはなんのためにおこなうものであるのか、述べよ。

(ii)　k×1のクロス表の自由度は、どのようにして求めることができるのか、述べよ。

(iii)　χ^2検定において、帰無仮説が棄却される棄却域になるのは分布のどちら側であるのか、答えよ。

(iv)　χ^2検定をおこなうときに注意すべきこととして、本章では2つのことを指摘している。その注意点はどのようなことであったか、述べよ。

(v)　相関係数の検定に用いる検定統計量はなんであるのか、答えよ。

②《トレーニング》無作為抽出によって選ばれた国民にたいして、消費税増税にかんする意見「消費税を上げることに賛成か、反対か」をたずねたところ、男性と女性で以下のクロス表のような回答になった。つぎの問いに答えよ。

図表15-14　性別と消費税増税にかんする意見（架空例）

	賛成	反対	計
男性	512	472	984
女性	476	540	1016
計	988	1012	2000

(i)　クロス表から考えられる調査仮説を立てよ。
(ii)　調査仮説にたいして、帰無仮説を述べよ。
(iii)　期待度数を計算せよ。
(iv)　χ^2値を求めよ。小数第 4 位を四捨五入して、小数第 3 位まで求めよ。
(v)　有意水準 5 %でχ^2検定をせよ。
(vi)　χ^2検定の結果、わかったことを簡潔に述べよ。

③《発展》次にあげる**図表15-15**は、「科学技術の発展によるプラス面とマイナス面」に関する意見を居住する都市規模別に見たものである（「無回答」を除外している）。都市規模によって「科学技術の発展」に関する意見に違いがあるかどうか知りたいとする。以下の問に答えなさい。

図表15-15　都市規模別の科学技術の発展に関する意見

	プラス面が多い	両方同じくらいである	マイナス面が多い	計
大都市	249	165	27	441
中都市	361	257	57	675
小都市	223	139	27	389
町村	93	69	11	173
計	926	630	122	1678

（出典：内閣府「平成29年 科学技術と社会に関する世論調査」）

(i)　都市規模と科学技術の発展に関する意見の関連について、クロス表から考えられる調査仮説を立てよ。
(ii)　調査仮説にたいして、帰無仮説を述べよ。
(iii)　期待度数を計算せよ。
(iv)　χ^2値を求めよ。小数第 4 位を四捨五入して、小数第 3 位まで求めよ。
(v)　このクロス表の自由度を述べよ。
(vi)　有意水準 5 %でχ^2検定をして、結論を述べよ。

④《発展》**図表15-16**は、「選択的夫婦別姓制度」に関する意見を年齢別に示したものである（「無回答」を除外している）。年齢によって「選択的夫婦別姓制度」に関する意

見に相違があるかどうかを、有意水準５％でχ^2検定せよ。

図表15-16　年齢別の選択的夫婦別姓制度に関する意見

	現在の制度である夫婦同姓制度を維持した方がよい	現在の制度である夫婦同姓制度を維持した上で、旧姓の通称使用についての法制度を設けた方がよい	選択的夫婦別姓制度を導入した方がよい	計
18～29歳	52	141	129	322
30～39歳	41	155	125	321
40～49歳	80	205	187	472
50～59歳	95	214	142	451
60～69歳	128	233	129	490
70歳以上	382	269	121	772
計	778	1217	833	2828

（出典：内閣府「令和３年 家族の法制に関する世論調査」）

⑤《発展》大学入学共通テストの受験生から10人をランダムに選び、英語と数学の得点の相関係数を計算したところ、0.79という正の相関がみられたとする。つぎの問いに答えよ。

(i)「英語の得点と数学の得点は正の相関を示す」という調査仮説にたいする帰無仮説を述べよ。

(ii) 本章**2－2**で説明した方法で0.79という相関係数を検定せよ。有意水準は片側５％とする。また、この検定結果にもとづいて、英語の得点と数学の得点との関連性について何らかの結論を述べよ。

チェックポイント

□χ^2検定を用いて離散変数同士の関連を検証することができるか？

□相関係数の検定を用いて連続変数同士の関連を検証することができるか？

［注］

１）山田［2000］を参考にした。

２）原・海野［2004：184-187］に掲載された、1995年 SSM 調査データ（N＝6571）の抜粋（N＝100）から、20～54歳の男性55人を選んだものである。この55人は、いわば「標本の標本」なので、単純な無作為標本とはいえないが、ここではこの55人を、単純な無作為標本とみなして分析する。

３）ちなみに相関係数の検定表によると、有意水準を片側１％に設定した場合、N＝55のときの限界値は0.313である。$r_{XY}=0.48>0.313$なので、有意水準片側１％でも、帰無仮説は棄却され、調査仮説が採択される。

参考文献一覧

【第 1 章】

Bohrnstedt, G. W., and D. Knoke, 1988 Statistics for Social Data Analysis 2nd ed., F. E. Peacock.（=1990 海野道郎・中村隆監訳『社会統計学〔学生版〕』ハーベスト社.）

総務省統計局「令和 2 年国勢調査 調査の結果」
https://www.stat.go.jp/data/kokusei/2020/kekka.html.

冨田和己 2008『学校に行けない／行かない／行きたくない――不登校は恥ではないが名誉でもない』へるす出版.

【第 2 章】

秋山裕 2015『統計学基礎講義〔第 2 版〕』慶應義塾大学出版会.

総務省統計局「令和 2 年国勢調査 調査の結果」
https://www.stat.go.jp/data/kokusei/2020/kekka.html.

高木貞治 1983『解析概論〔改訂第三版〕』岩波書店.

和達三樹・十河清 1993『キーポイント確率・統計』岩波書店.

【第 3 章】

厚生労働省「令和元年賃金構造基本統計調査」
https://www.e-stat.go.jp/stat-search/files?page=1&toukei=00450091&tstat=000001011429&year=20190&metadata=1&data=1.

労働政策研究・研修機構「ユースフル労働統計2021」
https://www.jil.go.jp/kokunai/statistics/kako/2021/documents/useful2021.pdf.

総務省統計局「労働力調査」
https://www.e-stat.go.jp/stat-search/database?page=1&toukei=00200531&tstat=000000110001&year=0&metadata=1&data=1.

【第 4 章】

苅部正巳 2007「栄養治療」切池信夫編『新しい診断と治療の ABC47／精神 4　摂食障害』最新医学社：154-162.

厚生労働省「人口動態調査」
https://www.e-stat.go.jp/stat-search?page=1&toukei=00450011&survey= 人口動態調査.

永田夏来 2017『生涯未婚時代』イースト・プレス.

成尾鉄朗 2013「中年期の摂食障害」『臨床精神医学』42（5）：553-559.

日本財団 2021「女性意識調査　第3回少子化に対する意識・国際比較」
https://www.nippon-foundation.or.jp/app/uploads/2021/03/new_pr_20210317_03.pdf.
山田昌弘 2017『底辺への競争』朝日新聞出版.
和田清・嶋根卓也 2009「民間リハビリテーション施設の薬物依存者における違法ドラッグ・大麻種子等の乱用実態に関する研究」厚生労働科学研究費補助金（医薬品・医療機器等レギュラトリーサイエンス総合研究事業）『違法ドラッグの薬物依存形成メカニズムとその乱用実態把握に関する研究』平成20年度分担研究報告書：109-130.

【第5章】

男女共同参画統計研究会『男女共同参画統計データブック2015――日本の女性と男性』ぎょうせい.
独立行政法人国立女性教育会館・伊藤陽一編『男女共同参画統計データブック2012――日本の女性と男性』ぎょうせい.
平野孝典 2016「非正規雇用と自殺――若年層における自殺念慮の計量分析から」『現代の社会病理』（31）：77-94.
本橋豊 2006『自殺が減ったまち――秋田県の挑戦』岩波書店.
――― 2007「一次予防，二次予防，三次予防のバランスがとれた包括的な自殺予防の取り組みで他県の模範に」『GPnet』53（10）：40-43.
警察庁「令和3年中における自殺の状況」
https://www.npa.go.jp/safetylife/seianki/jisatsu/R04/R3jisatsunojoukyou.pdf.
国立教育政策研究所「令和3年度全国学力・学習状況調査「保護者に対する調査」結果（速報）」
https://www.nier.go.jp/21chousakekkahoukoku/kannren_chousa/pdf/21hogosha_summary.pdf.
厚生労働省「令和3年版自殺対策白書」
https://www.mhlw.go.jp/stf/seisakunitsuite/bunya/hukushi_kaigo/seikatsuhogo/jisatsu/jisatsuhakusyo2021.html.
厚生労働省「令和3年度自殺対策に関する意識調査」
https://www.mhlw.go.jp/stf/seisakunitsuite/bunya/hukushi_kaigo/seikatsuhogo/jisatsu/r3_ishikichousa.html.
荻野達史 2008「『当事者』の位相」荻野達史・川北稔・工藤宏司・高山龍太郎編『「ひきこもり」への社会学的アプローチ――メディア・当事者・支援活動』ミネルヴァ書房：127-158.
岡檀 2013『生き心地の良い町――この自殺率の低さには理由がある』講談社.
大村英昭・坂本俊生 2020『新自殺論――自己イメージから自殺を読み解く社会学』青弓社.

【第 6 章】

Frankfort-Nachmias, C. and A. Leon-Guerrero, 2009, Social Statistics for A Diverse Society 5th ed., Pine Forge Press.

国立社会保障・人口問題研究所ホームページ「人口統計資料集2010年版」 http://www.ipss.go.jp/syoushika/tohkei/Popular/Popular2010.asp?chap=0

内閣府「平成16年 男女共同参画社会に関する世論調査」 https://survey.gov-online.go.jp/h16/h16-danjo/index.html.

内閣府「令和 2 年 食生活に関する世論調査」 https://survey.gov-online.go.jp/r02/r02-shokuseikatsu/index.html.

橘木俊詔・浦川邦夫 2006『日本の貧困研究』東京大学出版会.

【第 7 章】

赤川学 2005『子どもが減って何が悪いか！』筑摩書房.

阿藤誠 2000『現代人口学』日本評論社.

肥田野直・瀬谷正敏・大川信明 1961『心理教育統計学』培風館.

Rowntree, D., 1981 Statistics Without Tears: A Primer for Non-mathematicians, Penguin. (=2001加納悟訳『新・涙なしの統計学』新世社.)

盛山和夫 2004『社会調査法入門』有斐閣.

内田治・菅民郎・高橋信 2007『文系にもよくわかる多変量解析〔増補改訂版〕』東京図書.

【第 8 章】

金原克範 1993「個体名と情報受容性」『第15回数理社会学会大会報告要旨集』数理社会学会：6－9.

———2001『〈子〉のつく名前の女の子は頭がいい』洋泉社.

豊田秀樹 1998『調査法講義』朝倉書店.

【第 9 章】

Frankfort-Nachmias, C. and A. Leon-Guerrero, 2009 Social Statistics for a Diverse Society 5th ed., Pine Forge Press.

内閣府「令和 2 年 地域社会の暮らしに関する世論調査」 https://survey.gov-online.go.jp/r02/r02-chiikishakai/index.html.

文部科学省「令和 3 年度文部科学白書」 https://www.mext.go.jp/b_menu/hakusho/html/hpab202001/1420041_00010.htm.

大村平 2006『改訂版多変量解析のはなし』日科技連出版社.

【第10章】

Giddens, A., 1997 Sociology 3rd ed., Polity Press. (=1998 松尾精文ほか訳『社会学〔改訂第

3版)』而立書房.)
Herrnstein, R.J. and C. Murray, 1994 The Bell Curve: Intelligence and Class Structure in American Life, Touchstone Books.
伊豆丸剛史 2021「罪を犯した高齢者・障害者に寄り添う 生きづらさを解きほぐす福祉の力 Part 3 今年度からスタート「入口支援」から見えるもの 誰一人取り残さない地域共生社会の実現をめざして」『厚生労働』2021 (12):14-15.
Vold, G.B. and T. J. Bernard, 1986 Theoretical Criminology 3rd ed., Oxford University Press. (=1990平野龍一・岩井弘融訳『犯罪学——理論的考察』東京大学出版会.)
山本譲司 2003『獄窓記』ポプラ社.
——— 2006『累犯障害者——獄の中の不条理』新潮社.

【第11章】

厚生労働省「令和元年国民健康・栄養調査報告」
https://www.mhlw.go.jp/stf/seisakunitsuite/bunya/kenkou_iryou/kenkou/eiyou/r1-houkoku_00002.html.
永田靖 1996『統計的方法のしくみ——正しく理解するための30の急所』日科技連出版社.

【第12章】

独立行政法人・労働政策研究・研修機構 2012「子どものいる世帯の生活状況および保護者の就業に関する調査」
https://www.jil.go.jp/institute/research/2012/095.html.
井出草平 2009「書評に応えて (書評 井出草平著『ひきこもりの社会学』)」『ソシオロジ』53(3):159-163.
水田一郎・小林哲郎・石谷真一・安住伸子・井出草平・谷口由利子 2009「大学生に見出されるひきこもりの精神医学的な実態把握と援助に関する研究」厚生労働省こころの健康科学研究事業『思春期のひきこもりをもたらす精神科疾患の実態調査と精神医学的治療・援助システムの構築に関する研究』平成20年度分担研究報告書:79-101.
内閣府「令和元年 基本的法制度に関する世論調査」
https://survey.gov-online.go.jp/r01/r01-houseido/index.html.
NHK 2022「NHK みんなでプラス——みんなの声で社会をプラスに変える 東京・江戸川区 ひきこもり 顔の見える大規模調査」
https://www.nhk.or.jp/gendai/comment/0022/topic019.html.
東京都総務局「平成24年度 学校保健統計調査報告」
https://www.toukei.metro.tokyo.lg.jp/ghoken/2012/gh12index.htm.

【第14章】

Diekmann, A. and P. Preisendorfer, 1998, "Environmental Behavior: Discrepancies

Between Aspirations and Reality," Rationality and Society, 10(1)：79-102.
木下宗七 1996『入門統計学』有斐閣ブックス.
内閣府「令和３年度 青少年のインターネット利用環境実態調査」
https://www8.cao.go.jp/youth/youth-harm/chousa/net-jittai_list.html.
篠木幹子 2002「リサイクル行動と正当化のメカニズム――態度と行動の矛盾の解消に関する検討」『社会学評論』53(1)：85-100.
Welch, B.L., 1938, "The Significance of The Difference between Two Means When the Population Variances Are Unequal," Biometrika, 29(3－4): 350-362.
吉田寿夫 1998『本当にわかりやすいすごく大切なことが書いてあるごく初歩の統計の本』北大路書房.

【第15章】

原純輔・海野道郎 2004『社会調査演習〔第２版〕』東京大学出版会.
国立社会保障・人口問題研究所 2017「第15回出生動向基本調査（結婚と出産に関する全国調査 独身者調査）」
https://www.ipss.go.jp/ps-doukou/j/doukou15_s/point15s.asp.
松井豊 1991「血液型による性格の相違に関する統計的検討」『東京都立立川短期大学紀要』24：51-54.
―――1994「分析手法から見た『血液型性格学』」詫摩武俊・佐藤達哉編『現代のエスプリ324　血液型と性格――その史的展開と現在の問題点』至文堂：114-120.
内閣府「平成29年 科学技術と社会に関する世論調査」
https://survey.gov-online.go.jp/h29/h29-kagaku/index.html.
内閣府「令和３年 家族の法制に関する世論調査」
https://survey.gov-online.go.jp/r03/r03-kazoku/index.html.
山田治徳 2000『政策評価の技法』日本評論社.

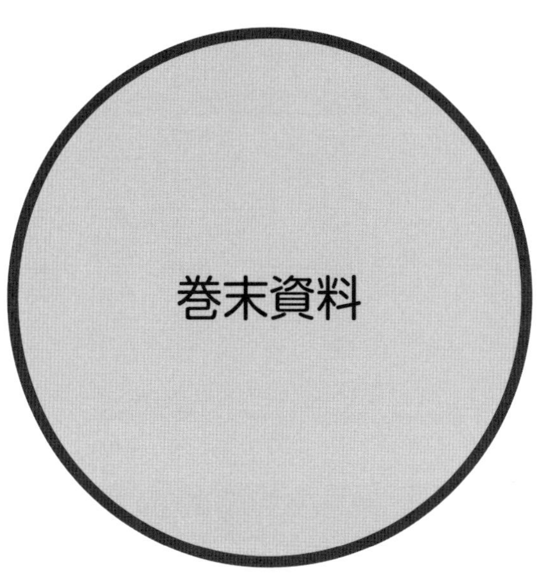
巻末資料

資料１　標準正規分布表

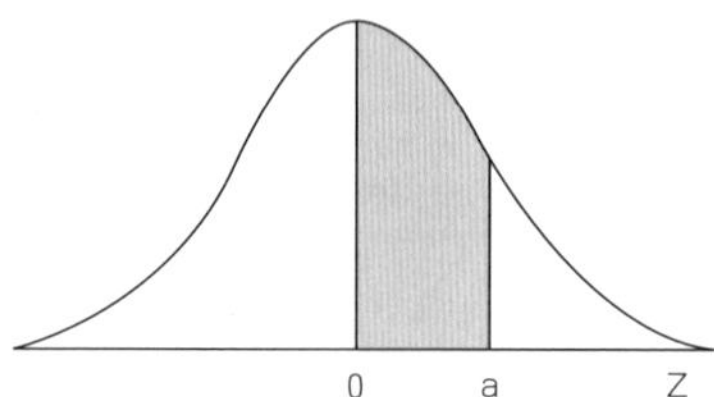

a	.00	.01	.02	.03	.04	.05	.06	.07	.08	.09
0.0	.0000	.0040	.0080	.0120	.0160	.0199	.0239	.0279	.0319	.0359
0.1	.0398	.0438	.0478	.0517	.0557	.0596	.0636	.0675	.0714	.0753
0.2	.0793	.0832	.0871	.0910	.0948	.0987	.1026	.1064	.1103	.1141
0.3	.1179	.1217	.1255	.1293	.1331	.1368	.1406	.1443	.1480	.1517
0.4	.1554	.1591	.1628	.1664	.1700	.1736	.1772	.1808	.1844	.1879
0.5	.1915	.1950	.1985	.2019	.2054	.2088	.2123	.2157	.2190	.2224
0.6	.2257	.2291	.2324	.2357	.2389	.2422,	.2454	.2486	.2517	.2549
0.7	.2580	.2611	.2642	.2673	.2704	.2734	.2764	.2794	.2823	.2852
0.8	.2881	.2910	.2939	.2967	.2995	.3023	.3051	.3078	.3106	.3133
0.9	.3159	.3186	.3212	.3238	.3264	.3289	.3315	.3340	.3365	.3389
1.0	.3413	.3438	.3461	.3485	.3508	.3531	.3554	.3577	.3599	.3621
1.1	.3643	.3665	.3686	.3708	.3729	.3749	.3770	.3790	.3810	.3830
1.2	.3849	.3869	.3888	.3907	.3925	.3944	.3962	.3980	.3997	.4015
1.3	.4032	.4049	.4066	.4082	.4099	.4115	.4131	.4147	.4162	.4177
1.4	.4192	.4207	.4222	.4236	.4251	.4265	.4279	.4292	.4306	.4319
1.5	.4332	.4345	.4357	.4370	.4382	.4394	.4406	.4418	.4429	.4441
1.6	.4452	.4463	.4474	.4484	.4495	.4505	.4515	.4525	.4535	.4545
1.7	.4554	.4564	.4573	.4582	.4591	.4599	.4608	.4616	.4625	.4633
1.8	.4641	.4649	.4656	.4664	.4671	.4678	.4686	.4693	.4699	.4706
1.9	.4713	.4719	.4726	.4732	.4738	.4744	.4750	.4756	.4761	.4767
2.0	.4772	.4778	.4783	.4788	.4793	.4798	.4803	.4808	.4812	.4817
2.1	.4821	.4826	.4830	.4834	.4838	.4842	.4846	.4850	.4854	.4857
2.2	.4861	.4864	.4868	.4871	.4875	.4878	.4881	.4884	.4887	.4890
2.3	.4893	.4896	.4898	.4901	.4904	.4906	.4909	.4911	.4913	.4916
2.4	.4918	.4920	.4922	.4925	.4927	.4929	.4931	.4932	.4934	.4936
2.5	.4938	.4940	.4941	.4943	.4945	.4946	.4948	.4949	.4951	.4952
2.6	.4953	.4955	.4956	.4957	.4959	.4960	.4961	.4962	.4963	.4964
2.7	.4965	.4966	.4967	.4968	.4969	.4970	.4971	.4972	.4973	.4974
2.8	.4974	.4975	.4976	.4977	.4977	.4978	.4979	.4979	.4980	.4981
2.9	.4981	.4982	.4982	.4983	.4984	.4984	.4985	.4985	.4986	.4986
3.0	.4987	.4987	.4987	.4988	.4988	.4989	.4989	.4989	.4990	.4990

ボーンシュテット＆ノーキ　1990『社会統計学〔学生版〕』ハーベスト社（376頁）を加筆修正

資料2　t分布表

信頼度		0.80(80%)	0.90(90%)	0.95(95%)	0.98(98%)	0.99(99%)	0.999(99.9%)
有意水準	両側	0.20(20%)	0.10(10%)	0.05(５%)	0.02(２%)	0.01(１%)	0.001(0.1%)
	片側	0.10(10%)	0.05(５%)	0.025(2.5%)	0.01(１%)	0.005(0.5%)	0.0005(0.05%)
自由度↓							
1		3.078	6.314	12.706	31.821	63.657	636.619
2		1.886	2.920	4.303	6.965	9.925	31.599
3		1.638	2.353	3.182	4.541	5.841	12.924
4		1.533	2.132	2.776	3.747	4.604	8.610
5		1.476	2.015	2.571	3.365	4.032	6.869
6		1.440	1.943	2.447	3.143	3.707	5.959
7		1.415	1.895	2.365	2.998	3.499	5.408
8		1.397	1.860	2.306	2.896	3.355	5.041
9		1.383	1.833	2.262	2.821	3.250	4.781
10		1.372	1.812	2.228	2.764	3.169	4.587
11		1.363	1.796	2.201	2.718	3.106	4.437
12		1.356	1.782	2.179	2.681	3.055	4.318
13		1.350	1.771	2.160	2.650	3.012	4.221
14		1.345	1.761	2.145	2.624	2.977	4.140
15		1.341	1.753	2.131	2.602	2.947	4.073
16		1.337	1.746	2.120	2.583	2.921	4.015
17		1.333	1.740	2.110	2.567	2.898	3.965
18		1.330	1.734	2.101	2.552	2.878	3.922
19		1.328	1.729	2.093	2.539	2.861	3.883
20		1.325	1.725	2.086	2.528	2.845	3.850
21		1.323	1.721	2.080	2.518	2.831	3.819
22		1.321	1.717	2.074	2.508	2.819	3.792
23		1.319	1.714	2.069	2.500	2.807	3.768
24		1.318	1.711	2.064	2.492	2.797	3.745
25		1.316	1.708	2.060	2.485	2.787	3.725
26		1.315	1.706	2.056	2.479	2.779	3.707
27		1.314	1.703	2.052	2.473	2.771	3.690
28		1.313	1.701	2.048	2.467	2.763	3.674
29		1.311	1.699	2.045	2.462	2.756	3.659
30		1.310	1.697	2.042	2.457	2.750	3.646
31		1.309	1.696	2.040	2.453	2.744	3.633
32		1.309	1.694	2.037	2.449	2.738	3.622
33		1.308	1.692	2.035	2.445	2.733	3.611
34		1.307	1.691	2.032	2.441	2.728	3.601
35		1.306	1.690	2.030	2.438	2.724	3.591
36		1.306	1.688	2.028	2.434	2.719	3.582
37		1.305	1.687	2.026	2.431	2.715	3.574
38		1.304	1.686	2.024	2.429	2.712	3.566
39		1.304	1.685	2.023	2.426	2.708	3.558
40		1.303	1.684	2.021	2.423	2.704	3.551
41		1.303	1.683	2.020	2.421	2.701	3.544
42		1.302	1.682	2.018	2.418	2.698	3.538
43		1.302	1.681	2.017	2.416	2.695	3.532
44		1.301	1.680	2.015	2.414	2.692	3.526
45		1.301	1.679	2.014	2.412	2.690	3.520
46		1.300	1.679	2.013	2.410	2.687	3.515
47		1.300	1.678	2.012	2.408	2.685	3.510
48		1.299	1.677	2.011	2.407	2.682	3.505
49		1.299	1.677	2.010	2.405	2.680	3.500
50		1.299	1.676	2.009	2.403	2.678	3.496
60		1.296	1.671	2.000	2.390	2.660	3.460
80		1.292	1.664	1.990	2.374	2.639	3.416
120		1.289	1.658	1.980	2.358	2.617	3.373
240		1.285	1.651	1.970	2.342	2.596	3.332
∞		1.282	1.645	1.960	2.326	2.576	3.291

使い方：あてはまる自由度の値がないときは、ひとつ上の（自由度の値の）行をみる

資料3　χ^2分布表

有意水準 / 自由度	0.1	0.05	0.025	0.01	0.005	0.001
1	2.7055	3.8415	5.0239	6.6349	7.8794	10.8276
2	4.6052	5.9915	7.3778	9.2103	10.5966	13.8155
3	6.2514	7.8147	9.3484	11.3449	12.8382	16.2662
4	7.7794	9.4877	11.1433	13.2767	14.8603	18.4668
5	9.2364	11.0705	12.8325	15.0863	16.7496	20.5150
6	10.6446	12.5916	14.4494	16.8119	18.5476	22.4577
7	12.0170	14.0671	16.0128	18.4753	20.2777	24.3219
8	13.3616	15.5073	17.5345	20.0902	21.9550	26.1245
9	14.6837	16.9190	19.0228	21.6660	23.5894	27.8772
10	15.9872	18.3070	20.4832	23.2093	25.1882	29.5883
11	17.2750	19.6751	21.9200	24.7250	26.7568	31.2641
12	18.5493	21.0261	23.3367	26.2170	28.2995	32.9095
13	19.8119	22.3620	24.7356	27.6882	29.8195	34.5282
14	21.0641	23.6848	26.1189	29.1412	31.3193	36.1233
15	22.3071	24.9958	27.4884	30.5779	32.8013	37.6973
16	23.5418	26.2962	28.8454	31.9999	34.2672	39.2524
17	24.7690	27.5871	30.1910	33.4087	35.7185	40.7902
18	25.9894	28.8693	31.5264	34.8053	37.1565	42.3124
19	27.2036	30.1435	32.8523	36.1909	38.5823	43.8202
20	28.4120	31.4104	34.1696	37.5662	39.9968	45.3147
21	29.6151	32.6706	35.4789	38.9322	41.4011	46.7970
22	30.8133	33.9244	36.7807	40.2894	42.7957	48.2679
23	32.0069	35.1725	38.0756	41.6384	44.1813	49.7282
24	33.1962	36.4150	39.3641	42.9798	45.5585	51.1786
25	34.3816	37.6525	40.6465	44.3141	46.9279	52.6197
26	35.5632	38.8851	41.9232	45.6417	48.2899	54.0520
27	36.7412	40.1133	43.1945	46.9629	49.6449	55.4760
28	37.9159	41.3371	44.4608	48.2782	50.9934	56.8923
29	39.0875	42.5570	45.7223	49.5879	52.3356	58.3012
30	40.2560	43.7730	46.9792	50.8922	53.6720	59.7031
40	51.8051	55.7585	59.3417	63.6907	66.7660	73.4020
50	63.1671	67.5048	71.4202	76.1539	79.4900	86.6608
60	74.3970	79.0819	83.2977	88.3794	91.9517	99.6072
70	85.5270	90.5312	95.0232	100.4252	104.2149	112.3169
80	96.5782	101.8795	106.6286	112.3288	116.3211	124.8392
90	107.5650	113.1453	118.1359	124.1163	128.2989	137.2084
100	118.4980	124.3421	129.5612	135.8067	140.1695	149.4493

資料 4　相関係数の検定表：限界値

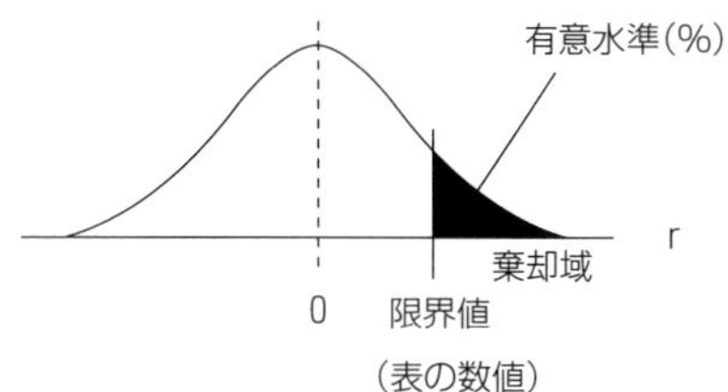

標本の大きさ N		有意水準			
	両側	0.10(10%)	0.05(5%)	0.02(2%)	0.01(1%)
	片側	0.05(5%)	0.025(2.5%)	0.01(1%)	0.005(0.5%)
3		0.988	0.997	1.000	1.000
4		0.900	0.950	0.980	0.990
5		0.805	0.878	0.934	0.959
6		0.729	0.811	0.882	0.917
7		0.669	0.754	0.833	0.875
8		0.621	0.707	0.789	0.834
9		0.582	0.666	0.750	0.798
10		0.549	0.632	0.715	0.765
11		0.521	0.602	0.685	0.735
12		0.497	0.576	0.658	0.708
13		0.476	0.553	0.634	0.684
14		0.458	0.532	0.612	0.661
15		0.441	0.514	0.592	0.641
16		0.426	0.497	0.574	0.623
17		0.412	0.482	0.558	0.606
18		0.400	0.468	0.543	0.590
19		0.389	0.456	0.529	0.575
20		0.378	0.444	0.516	0.561
25		0.337	0.396	0.462	0.505
30		0.306	0.361	0.423	0.463
35		0.283	0.334	0.392	0.430
40		0.264	0.312	0.367	0.403
45		0.248	0.294	0.346	0.380
50		0.235	0.279	0.328	0.361
55		0.224	0.266	0.313	0.345
60		0.214	0.254	0.300	0.330
70		0.198	0.235	0.278	0.306
80		0.185	0.220	0.260	0.286
90		0.174	0.207	0.245	0.270
100		0.165	0.197	0.232	0.256
110		0.151	0.179	0.212	0.234
120		0.135	0.160	0.190	0.210
130		0.117	0.139	0.164	0.182
140		0.095	0.113	0.134	0.149
150		0.082	0.098	0.116	0.129
160		0.067	0.080	0.095	0.105
1000		0.052	0.062	0.074	0.081

使い方：① あてはまるＮの値がないときは、ひとつ上の（Ｎの値の）行をみる
② 両側検定の場合、標本の相関係数が負の値なら絶対値に直して表の値と比較する
③ 負の相関を述べた調査仮説を片側検定する場合も、標本の相関係数が負の値なら絶対値に直す
④ 標本の相関係数の絶対値が表の数値（限界値）を上回れば帰無仮説「相関係数＝0」を棄却

事項索引

あ 行

一様分布 …… 147
因果関係 …… 080
エラボレーション …… 111

か 行

回帰係数 …… 100
回帰式 …… 100
回帰直線 …… 100
回帰分析 …… 100
階級 …… 034
——値 …… 035
χ^2検定 …… 189
χ^2値 …… 076, 077, 189
χ^2分布 …… 189
確率 …… 017
——分布 …… 022
——変数 …… 021
——密度 …… 025
——密度関数 …… 026
——密度曲線 …… 026
仮説 …… 010
——検定 …… 165
片側検定 …… 169, 170
関数 …… 020
観測値 …… 033
棄却域 …… 168
擬似関係 …… 114
記述統計 …… 010
期待値 …… 028
期待度数 …… 077
帰無仮説 …… 165
行 …… 060
行周辺度数 …… 061
共分散 …… 091
行和 …… 061
区間推定 …… 152
クラメールの連関係数 …… 079
クロス表 …… 059
k×ℓ表 …… 065
決定係数 …… 105
限界値 …… 168
交互作用効果 …… 116
誤差 …… 010, 155
コントロール変数 …… 111

さ 行

最小２乗法 …… 101, 102
散布図 …… 086
質的調査 …… 005
社会調査 …… 003
従属変数 …… 080
自由度 …… 158, 190, 191
周辺度数 …… 061
順序づけ可能な離散変数 …… 011
順序づけ不可能な離散変数 …… 011
小標本 …… 156
信頼区間 …… 153
——の下限 …… 153
——の上限 …… 153
信頼度 …… 154
推定 …… 009
——統計 …… 010
生起確率 …… 139
正規分布 …… 127
——曲線 …… 128
絶対度数 …… 035
Ｚ値（標準得点） …… 130
切片 …… 100
セル …… 061
全数調査 …… 008
相関関係 …… 073
相関係数 …… 089
——の検定 …… 195
相対度数 …… 035
属性相関 …… 073

た 行

第１種の誤り …… 172
第２種の誤り …… 172
第３変数 …… 111

大標本 …… 156
多重クロス表 …… 112
中心極限定理 …… 143
調査仮説 …… 165
t 検定 …… 176
t 分布 …… 157
点推定 …… 152
統計学 …… 007
統計的独立 …… 073
独立変数 …… 080
度数 …… 033
　——クロス表 …… 061
度数分布 …… 034
　——多角形 …… 040
　——表 …… 034

な 行

2×2表 …… 064

は 行

媒介関係 …… 115
はずれ値 …… 050
p 値 …… 166
ヒストグラム …… 039
百分率 …… 035
　——クロス表 …… 063
標準化 …… 129
標準誤差 …… 144
標準正規分布 …… 131
　——表 …… 133
標準偏差 …… 051
標本 …… 008, 141
　——抽出 …… 009
　——調査 …… 008
　——の大きさ（サンプルサイズ） …… 141
　——の数 …… 141
標本平均 …… 141
　——の標準偏差 …… 143
　——の分布 …… 142
　——の平均 …… 143
比率の差の検定 …… 176
φ係数 …… 074
分散 …… 051
分布 …… 022
平均値 …… 049
平均の差の検定 …… 176
偏差積和 …… 090
偏差値 …… 138
変数 …… 010
偏相関係数 …… 117, 118
母集団 …… 008
母数 …… 127
母標準偏差 …… 127
母分散 …… 127
母平均 …… 127

ま 行

無作為抽出法 …… 009
メディアン …… 048
モード …… 048

や 行

有意水準 …… 167
有意抽出法 …… 009

ら 行

離散分布 …… 023
離散変数 …… 011
両側検定 …… 169, 170
量的調査 …… 005
累積相対度数 …… 041
　——分布図 …… 042
累積度数 …… 041
　——分布表 …… 041
累積百分率 …… 041
列 …… 060
列周辺度数 …… 061
列和 …… 061
連関係数 …… 074
レンジ …… 051
連続分布 …… 023
連続変数 …… 011

執筆者紹介

執筆順、＊は編者

野村 佳絵子

〔担　当〕第 **1** 章・第 **4** 章・第 **5** 章
〔専　攻〕臨床社会学、社会集団・組織論
〔現　職〕龍谷大学矯正・保護総合センター嘱託研究員

飯島　賢志

〔担　当〕第 **2** 章・第 **14** 章
〔専　攻〕社会階層と社会意識、社会調査法、安心社会の構築
〔現　職〕熊本県立大学総合管理学部准教授

玉本　拓郎

〔担　当〕第 **3** 章
〔専　攻〕社会学理論、情報の社会学
〔現　職〕龍谷大学等非常勤講師

＊田邊　　浩

〔担　当〕第 **6** 章・第 **9** 章・第 **15** 章
〔専　攻〕社会学理論、現代社会論
〔現　職〕金沢大学大学院人間社会環境研究科教授

＊山口　　洋

〔担　当〕第 **7** 章・第 **8** 章・第 **13** 章
〔専　攻〕社会学研究法、社会調査論、階層意識
〔現　職〕佛教大学社会学部准教授

＊津島　昌寛

〔担　当〕第 **10** 章・第 **11** 章・第 **12** 章
〔専　攻〕計量犯罪学、社会病理学
〔現　職〕龍谷大学社会学部教授

Horitsu Bunka Sha

数学嫌いのための社会統計学〔第3版〕

2010年7月25日　初　版第1刷発行
2014年9月30日　第2版第1刷発行
2023年4月10日　第3版第1刷発行
2024年9月10日　第3版第2刷発行

編　者　津島昌寛（つしままさひろ）・山口洋（やまぐちよう）
田邊浩（たなべひろし）

発行者　畑　光

発行所　株式会社　法律文化社

〒603-8053
京都市北区上賀茂岩ヶ垣内町71
電話075(791)7131　FAX 075(721)8400
https://www.hou-bun.com/

印刷：西濃印刷㈱／製本：㈱吉田三誠堂製本所
装幀：仁井谷伴子

ISBN 978-4-589-04268-2